折口信夫の戦後天皇論

中村生雄

法蔵館文庫

本書は一九九五年一一月三〇日、法藏館より刊行された。

目次

第Ⅰ部　折口信夫の戦後天皇論

第Ⅱ部　折口古代学の基礎理論

第Ⅳ部　終章

折口信夫の戦後天皇論

第Ⅰ部　折口信夫の戦後天皇論

1 「女帝考」はなぜ書かれたか

敗戦の衝撃と象徴天皇制

折口信夫は敗戦翌年の昭和二十一年十月、慶応大学国文学研究会での講義をもとにして、「女帝考」と題する論文を発表した[1]。その冒頭で、彼は『古代研究』第二巻に収録した論文「水の女」[2]（昭和二年〜三年発表）に言及し、当論文で日本の皇后の起源をたずねようとした自分の意図が、時勢の変化のために表現に苦慮させられ、志なかばで挫折したと述懐している。そして、やむなく中断したその試みを、いまだ時期尚早のおそれはあるものの、再度開始すべき時が来たと述べるのであった。

周知のように「水の女」では、水の呪力を管理する女性についての古代日本の信仰が主題となり、宮廷内には、そのような聖水信仰にもとづいて、天子の即位のさいの禊に奉仕する女性が存在したことが明らかにされる。そして、天子の妻である皇后とは、もとはそうした〈水の女〉に起源をもったものだということが示唆されたのであった。言うまでもなく、折口の論の運びは多岐にわたって錯綜をきわめ、また考察の方向は奔放に飛び移って、そこから明解な答えを引き出すのは至難のわざだ。しかも、ことが天皇とその配偶者との性的交渉にかかわるものだっただけに、戦後になって彼が回想するとおり、執筆時に不敬をおそれて表現に苦慮したというのも当然の話である。そうはいうものの、「水の女」においても天皇の性的交渉については、大嘗祭の廻立殿での「天の羽衣」の儀を引き合いに出して書きとめられ、さらに昭和三年に発表された「大嘗祭の本義」[3]ではもっとあけすけに、物忌みののちの天子と、そのふんどしを解く女との最初の性交が語られ、本来はこの女性が皇后になったと書いたのである。この猥褻ともとられかねない表現を当局が筆禍事件として立件しなかったのはなぜか、その疑問は今もって未解決だと言うほかない。

ところで、折口が「女帝考」のもとになる講義を行なった昭和二十一年六月と言えば、あの天皇の「人間宣言」が出されて半年後である。折口は翌二十二年の一月になって「天子非即神論」を書き、その初めに、

「『われ　神にあらず』と仰せられた去年の初春の詔旨は、まことに青天より降つた霹靂《カムトケ》の如く、人々の耳を貫いた。その億兆の心おどろきは、深い御心にもお察しの及

ばぬところであつたらうかと思ふ。[4]」

と記して、みずからが受けた衝撃の大きさをつつみかくさず告白している。ただし、「人間宣言」から一年をへたのちに書かれた「天子非即神論」は、天皇の「われ神にあらず」の宣言が古代以来の天皇のありかたと矛盾するものではないことを論証し、結果的には前年十一月に公布された新憲法の象徴天皇制論を支持するものとなった。すなわち折口は、この論文で、もともと日本の天皇は古代から最高位の「詔命伝達者《ミコトモチ》」にすぎなかったのであり、その意味で天皇は「神の聖子」であるよりも「神の使人」と考えるべきだと述べ、折口独自の見方から、象徴天皇制に立脚する新憲法の思想を是認し擁護する意向をしめしたのであった。そしてさらに、「人間宣言」の出てのちの一年間が自分にとっては夢よりもとりとめがなかったと言い、またその一年がすぎて、今は、

「当時あれほどに驚いた『天子非即神』の詔旨の深い思ひを、安らかに諾ふことの出来る日が来たのである。今私は、心静かに青年たちの心に向つて『われ　神にあらず』の詔旨の、正しくして、誤られざる古代的な意義を語ることの出来る心持ちに到達した。[5]」

と書くまでになった。こうして折口は、戦後の日本がつくり上げようとしている天皇理解と自分の天皇理解のあいだの橋渡し作業に、やっと得心がいったことを明らかにしたのであった。

さらにその年の五月、新しい憲法が施行されると、折口は「新憲法」(6)と題する詩を六日付の『朝日新聞』紙上に発表するが、その冒頭の一連は次のようなものであった。

われらの生けることば以《モ》て綴り、
われらの命を捺印《オシテ》し、
　いちじるき　清き紀元を　画日《ヒカ》く――。
うちとよむ　時代の心
句々に充ち　章段にほとばしる――
我が憲法　生きざらめやも。

「人間宣言」を青天の霹靂のように受けとめた昭和二十一年正月から、このような新憲法讃歌を書くまでにいたる一年余が、折口にとってどのような懐疑と煩悶の日々であったかは想像にあまりある。しかし少なくとも、戦争が終わってのち初めて書かれた天皇関連の論考である「女帝考」が、戦前期から敗戦後にいたる折口天皇論の継承と変化を探るさいのキーを提供するであろうことは疑いない。

ただ、「水の女」で着手しながら中途で放棄した皇后の起源についての考察を、敗戦後の折口はなぜ時期尚早と意識しつつも再開したのか。その疑問はにわかに解きがたい。が、この時期、年初の「人間宣言」を受けて、そうした天皇の地位の激変を国民に周知徹底させるべく、〈人間天皇〉の地方巡幸が開始されていた。ちょうどそのような動きと符節を合わせるようにして、折口は「女帝考」の準備に入ったのである。想像するに、このあと予想される天皇の訴追あるいは退位の問題について、折口は何らかの準備をしておかねばならないという衝迫をおぼえたのではなかろうか。臆測を重ねて言うなら、女帝の問題は天皇の退位もしくは譲位という事態が生じた場合の、「中継ぎ天皇」の問題とかかわっていたのではないか。

よく知られているように、折口の独創的見解の一つである「ナカツスメラミコト（中皇命・中天皇）」にかんする議論が、この「中継ぎ天皇」と深いつながりをもっている。一方、戦後の皇室が天皇の退位あるいは譲位という方策によってしか存続の可能性を見出せなくなったとき、しかるべき皇族の一人が「中継ぎ天皇」として暫定的に皇位につくという事態は十分に予測されていた。だとすれば折口は、そのような場合に備えて、世上流布している「中継ぎ天皇」論に機先を制して反駁を加え、自分の信ずる「ナカツスメラミコト」論を再度、世に問うておこうとしたのではないか。

ただし、今のところそれはたんに一つの想定にすぎない。問題は、「ナカツスメラミコト」論を中核的な論拠とする折口の「女帝考」の核心にせまるところから始まるはずだ。

〈神の嫁〉というメタファー

いまだ十分に認識が熟してはいないし、しかも「慎重の上にも慎重を把つてゆかねばならぬ題目」であることも承知のうえで、折口は何かに衝き動かされるようにして「女帝考」を書き始める。まず彼は、女帝の存在は何も日本にだけ限ったものではないけれども、日本の女帝にはきわめて特徴的なかたちがあった、と述べて、折口古代学にとっての女帝研究の必然性を強調する。そのうえで、そうした日本の女帝の特徴を明らかにする手がかりとして彼が注目したのが、飯豊皇女の存在であった。

古代の史実と神話のあわいに身をおくこの特異な女性について、立ち入った議論を紹介するのが本章の目的ではないから、ここでは大略だけを記すにとどめよう。飯豊皇女は『古事記』では忍海郎女《おしぬみ》あるいは飯豊王《いひどよ》、『日本書紀』では飯豊皇女とも忍海部女王とも忍海飯豊青尊とも記される女性で、市辺忍歯別王《いちのへのおしはわけ》（市辺押磐皇子）の妹（あるいは娘）とされる。ちなみに、市辺忍歯別王は履中天皇の子であったが、従兄弟にあたる雄略天皇によって殺された悲運の王子である。その妹が飯豊皇女であるが、彼女は、「女王」とも「尊」とも尊称されているところから、女帝として即位していたと見るものも多く、後代の『扶桑略記』や『皇胤紹運録』などは「飯豊天皇」の名で正式に歴代に入れているほどである。[7]彼女が即位していたとすれば、むろんのこと史上初の女帝ということになる。

さて『古事記』によると、雄略天皇の子である清寧天皇は、即位はしたものの皇后も皇子もなかったため、その死後、皇統を継ぐものが見つからなかった。皇位継承の危機である。『古事記』はそのあとを受けて、

「於レ是、問二日継所知之王一、市辺忍歯別王之妹、忍海郎女、亦名飯豊王、坐二葛城忍海之高木角刺宮一也」

と記しているが、これを本居宣長は、

「是に日継しろしめさむ王《ミコ》を問ふに、市辺忍歯別王の妹《イモ》、忍海郎女、亦の名《みな》は飯豊王、葛城の忍海の高木の角刺宮に坐《ま》しましき。[8]」

と訓み、以後それが通説化してきた。テクストの異同もないわけではなく、問題は簡単ではないが、この宣長の訓みにたいして折口は疑問を呈する。そして、結論的にはこれを、

「こゝに、日継治らさむ王（―のこと）を、市辺忍歯別王の妹、忍海郎女に問ふ。亦の名飯豊王、葛城の忍海の高木の角刺宮に坐《イマ》す。(9)」

と訓むべきだとしたのである。要するに、清寧天皇の跡継ぎを定める段になって廷臣らが適任者を求めて問うたのであるが、宣長説ではそれを誰に問うたのかがはっきりせず、「唯あてもなく」後継者を求めたことになる、と折口は解した。それに比して、折口の採用した訓みにしたがえば、廷臣たちは次の天皇の決定を飯豊皇女にまかせたことになるのである。まことにあざやかな訓みの変更だと言うほかない。

じつはこの段の『古事記』本文の訓みをめぐって、宣長と折口とのあいだに大きなへだたりが生じたのは、両者が『古事記』にたいしてもつ関心の方向が根本的に相違していたことに由来しよう。なぜなら宣長は、ここで『古事記』が飯豊皇女のことを「角刺宮に坐」すと記したのは、清寧の歿後、世に皇位を継ぐべき男子の皇子がおらず、ただ飯豊皇女のみがあったためだと合理的に判断する。そのため彼女はしばらくのあいだ天の下の政

を行ない、廷臣たちにしても、「此の姫尊を除《お》き奉りては、王坐さざれば、天の下の臣連、八十伴緒、おのづから君と戴き仰ぎ奉[10]」ったと解釈するのである。飯豊皇女が皇位についたのは、言ってみればそのような偶然的な事情が重なったためであって、それゆえ彼女は、暫定的に皇位を継いだにしても、その統治期間は短かったのだ、と宣長は言う。『古事記』が、飯豊皇女の宮居を角刺宮と記すものの、彼女を歴代にも数えず、諡号も存在しないのはそうした理由による、というのが宣長の出した結論だ。たしかに辻褄の合った、理詰めの解釈である。宣長が忌み嫌ったさかしらな知が、ここにはからずも顔をのぞかせていると見ていいだろう。

一方の折口は、宣長のとった合理主義的思考を徹底的に斥ける。宣長式の訓みに終始するなら、飯豊皇女は何のとりえもない古代の一皇女にすぎず、彼女が『古事記』の皇統譜上で脚光を浴びたのは、このときたまたま周囲に皇嗣が存在しなかったという外的条件のみによるもので、決して飯豊皇女じしんの能力によるものではなかったことになる。それにひきかえ、折口の見方によれば、この飯豊皇女の話で重要なのは皇統継続の危機そのものではなく、彼女の霊能がそのような天皇家の危機にあたって廷臣たちの期待を集め、しかも彼女はその期待に十二分に応えたというところにあったのである。

さて『古事記』のストーリーによれば、このあと遠く播磨で袁祁《をけ》・意祁《おけ》の二王子の素性が明らかとなり、市辺忍歯別王の遺児にあたるこれら兄弟が、のちにそれぞれ顕宗・仁賢として即位するはこびになる。そして、二人の遺児が見つけ出されたという知らせに接して、「是に其の姨《をば》、飯豊の王、聞き歓ばして、宮に上らしめたまひき」と記すのである。これを見ると、このとき飯豊皇女は、廷臣たちから皇嗣の選定をゆだねられ、その結果が上々の首尾をおさめたことをみずからよろこんでいる。というより、ここの叙述は、彼女が二王子の発見をまえもって予知していたという含みをもって語られていたのである。

つまり、折口の見解をまとめればこうである。父である市辺忍歯別王が雄略に殺されて以来、袁祁・意祁の兄弟は難を避けて行方をくらましていたが、二人の叔母にあたる飯豊皇女の特異な能力によって見つけ出され、相ついで皇位についた。言い換えれば、この飯豊皇女の場合のように、日継ぎの次第を定めるという重大事を行なう人物には特別の霊的資質が必要だった、というのが折口の解釈である。

その点に関連して彼は、皇位の継承者は系譜的に先帝に近いものであるべきなのは言うまでもなく、しかもさらに、「尊位に備るべき先天的聖格の想像出来る方」でなくてはならぬとし、「而も、之を告知するのは、宮廷高巫・女帝などの特異なる天受によるものであつたらしい」(11)と考えたのである。皇位につく資格は、たんに血筋が近いだけでは十分ではなく、「尊位に備るべき先天的聖格」が不可欠であって、しかもそのような聖なる資格の所有者を選び出す能力もまた、特定の人間にしか備わっていないということだ。のちに詳しくふれることになるが、このような考えは、天皇たる資格を血統よりも霊的資質に求めようとする折口独自の見解に由来している。その点はともかく、折口はここで、飯豊皇女はたんなる女帝ではなく、常人には知るよしもない神聖さに感応し、それを天下に告げ知らせる霊能を備えた女性、すなわち「宮廷高巫」であったと見なしたのである。

ところで、この前段で折口は、宣長説と自説との相違を説くにあたって、次のように書いていた。

「つまり、女帝と皇后と、宮廷高巫との間にある、差別と無差別との岐れ目を見出すことが肝要であつたのだ。宣長は、その無差別点まで、其観察において達してゐた。さうして、其を明らかな意識に移すことだけを、せなかつたものと見てよいのだ。と言ふのは、今一段差別点と、其が何の為に岐れて来たかを明確に看て取る必要があつたのである。(12)」

折口は、このように言って、宣長による飯豊皇女説話の解釈は、「女帝・皇后・宮廷高巫」三者間の無差別までは認識していても、それらのあいだに存在する差別点には目が届いていないと批判したのである。ただし、少なくともこの段の解釈において、宣長が女帝と皇后と宮廷高巫のそれぞれについて、相互の概念上の差異を意識したうえで、それら三者の「無差別」を主張したとは到底思えない。それは折口の買い被りである。ありていに言えば、ここでの宣長の関心はもっぱら飯豊皇女に即位の事実があったか否かに向けられていて、彼女の存在を古代の皇后や宮廷の高級巫女の存在とのかかわりで考えようとする視点など持ち合わせていなかったと見るべきだろう。

それより何より、折口じしんにしてからが、みずからの言い分どおり、「女帝・皇后・宮廷高巫」のあいだにある概念上の差異と、それらの差異を生み出すにいたった歴史的な経緯について、さほど明確な説明を与えているわけでもないのである。のちほど見るように、折口はそれを「ナカツスメラミコト」の議論につなげて解こうとしたのであるが、残念ながらそれは中途で放棄されたような格好で擱筆されていて、結局、女帝・皇后・宮廷高巫相互間の体系立った見取図はしめされないままで終わるのである。「女帝考」が未完の論文と評される所以である。

それはそれとして、もう一つ言い添えておくべきことがある。というのは、見てきたように折口はここで、飯豊皇女の「天受」の力が皇統断絶の危機を救ったと解するのだが、そうした特異な力が彼女に備わっていたことを傍証する材料として、『日本書紀』清寧三年条の奇怪な記事について言及しているからである。それは、飯豊皇女が角刺宮で「與夫《まぐ》初交《はひ》」し、そのあと人にこう語ったというものだ。いわく、

「一《ひとはし》女の道を知りぬ。又いづくにぞ異《け》なるべけむ。終《つひ》に男に交《あ》はむことを願《ほり》せじ。」(13)

この記事について、『日本書紀』編者が杓子定規に、「此に夫有りと曰《い》へること、未だ詳ならず」と註をつけているのはご愛敬というものだ。(14) が、さすがに折口は、この奇怪な記事の背後に隠れている意味を見逃さなかった。というより、この記事に触発されて、折口は古代の宮廷高巫のイメージをふくらませていった感さえある。

すなわち、折口によれば、この一見異常な性経験のエピソードこそが、飯豊皇女が高巫であることをしめす証拠なのであった。折口は、この「與夫初交」を、家庭をつくるような通常の男女の性交渉ではなく、「祭祀の上の結婚」だと見たのだ。『日本書紀』編者にあっても宣長においても、ともにひとしく回避されてきたところが、折口の類いまれな眼光によって見抜かれたのである。前者が「まぐはひ」を事実の問題としてしか扱うことができなかったのにたいし、折口はそれを古代祭祀がはらむ性的メタファーとして解くことの

重要さを発見したと言ったらよかろうか。

言うまでもなく、折口が飯豊皇女の「與夫初交」をこのようなコンテクストで解くのは、のちにもふれるように、彼がはやくから古代の女性司祭者の伝統を〈神の嫁〉という独特の折口名彙を通じて考えてきたことの延長上に位置していた。大正十三年の「最古日本の女性生活の根柢」[15]で、折口はつとに女帝と皇后と高級巫女との密接な関係を〈神の嫁〉のイメージを縦糸にして説いていたのであり、その着想は基本的には敗戦後の「女帝考」にまで引きつがれているのである。

ところで、大正末年の折口が〈神の嫁〉のイメージをいかに偏愛していたかは、彼が「神の嫁」[16]というそのものずばりのタイトルの創作を雑誌に連載していたのを見れば十分にうなずける。ただし、この小説は未完に終わり、昭和期に入ると〈神の嫁〉という語句そのものが、折口の文章からは姿を消していく。とはいえ、そのような性的なメタファーによって、古代の神事にかかわる独身の女性が神とのあいだにもっていた関係が見事に形象化されていたことはたしかであり、また古代の神とその祀り手との関係をそのような性的メタファーのたすけをかりて考えようとする志向は、その後の折口の宗教論においても一貫して消え失せたためしはないのである。

神と巫女との神聖な結婚という観念が古代日本人の信仰の根柢にあったという折口の着

想は、琉球採訪の旅によって培われた聞得大君や祝女《ノロ》にたいする関心、あるいは古代日本の采女制や斎王についての関心とも響き合って、折口古代学の基礎構造を形成することになった。そして、「水の女」で主題化された皇后の起源の問題というのは、じつはそのような基礎作業のうえに積み上げられた一つの到達点にほかならなかったのである。神と巫女とのあいだの性交渉という象徴的モチーフが、一方では天皇とその妃との聖婚の問題にも発展し、またもう一方では天神とナカツスメラミコトのあいだの信仰上の強固な結びつきを明らかにしたと見てよかろう。

ナカツスメラミコトと宮廷高巫

大正期の折口が〈神の嫁〉の語であらわそうとしていた神と女性との関係が、古代的信仰における神とその祀り手という一般的な関係から、宮廷内の神祀りの問題に特定化されていくなかで、彼の「ナカツスメラミコト」論は姿をあらわしたと考えていい。〈神の嫁〉の発想が古代的信仰についての折口独自の構造論であったとするなら、「ナカツスメラミコト」論は古代の一時期に登場した女帝史論と称していいもので、彼はそこで、古代の天皇および皇后の問題を、古代的信仰における神とその祀り手の問題としてあらためて構想しなおしたことになろう。先ほど紹介した折口の言い方にならえば、彼はそれを「女帝・

皇后・宮廷高巫」の差別論として展開しようとしたのである。

　折口はまず、『万葉集』にあらわれる「中皇命」の語を「ナカツスメラミコト」と訓むべきだと提唱した喜田貞吉の論を評価し、そのうえで、彼の女帝史論の基礎作業としてナカツスメラミコトの議論に入っていく。ただし、喜田が中皇命の意味を「中継ぎ天皇」と解釈し、先の天皇と次の天皇とのあいだの欠位をうめるために皇位についたのが中皇命だと見ることには反対したのである。というのは、中皇命が「中継ぎ天皇」を意味するものならば、天皇が在位中にもう一人の中皇命が存在するはずがないのに、文献にはそれに反する例が発見できるからである。このように、天皇の存在と中皇命の存在とが並立可能なものであるのならば、中皇命の意味するところは、「天皇と、何かほかとの間にゐられる御方」(17)を指すことになるのではないか、というのが折口の着眼点である。そして一方、天皇《すめらみこと》の「すめら」が最高・最貴の意であり、「みこと」が「御《み》言執《ことも》ち」の略であるとすれば、中皇命《なかつすめらみこと》とは、天皇《すめらみこと》であってしかも「中」に位置するスメラミコトだということになる。

　では、「中」とは天皇と何とのあいだに位置する「中」なのか。それは、

「宮廷で尊崇し、其意を知つて、政を行はれようとした神であつた。宮廷にあつて、

御親ら、随意に御意志をお示しになる神、又は天皇の側から種々の場合に、問ひたまふことある神があつた。その神と天皇との間に立つ仲介者なる聖者、中立ちして神意を伝へる非常に尊い聖語伝達者の意味であつて見れば、天皇と特別の関係に立たれる高巫であることは想像せられる(18)。」

折口にしてはめずらしく明晰なもの言いで、誤解の余地はない。ただし、彼がこの神を「皇祖神」とは明記していない点が、後段で述べる折口の「祖先神否定」の立場と関係していることを、あらかじめ注意しておこう。

それはともかく、ここで彼は、明らかにロイヤル・シャーマンとしての中皇命が、神と天皇とのあいだに介在し、両者を交流させるメディエイターとして機能していたと考えたのである。そこでは、彼女の肉体は予告なしに依り憑いてくる神霊の容器となって、神の聖語を伝達する任務を果たした。また同時に、人間（天皇）の側から発せられるさまざまな問いを、人間になりかわって神に取り次ぐ特殊技能者でもあったわけだ。そして、このような宮廷高巫の存在を折口に確信させたのが、記紀に散見する神がかりと神託についての古典的な記録のほか、大正期に訪れた南島での巫女の生態であったことは言うまでもない。

このように、中皇命は宮廷高巫として宮廷内の神事を管掌するとともに、マツリゴトとしての政治を背後からささえる役割をもっていたのであるが、では実際にどのような出自の女性が中皇命の任についていたのかについて、折口はこう言う。

「御在位中の天皇に対して、最近い御間がらとして、神と天皇との間に立つておいでになる御方が、常にあつたことが考へられる。其は、血縁近い皇族の女性であり、他氏の女性でも、特に宮廷に入り立ちの自由であつた貴婦人、さう言ふ方々の存在が思はれる。(19)」

そういった意味で、神功皇后も飯豊皇女も、ともに記紀は中皇命と記してはいないが、現実にはその役割を帯びて宮廷にあったのである。神功皇后が夫である仲哀天皇の歿後においてもすぐれた霊能力をもって世を治めたのは言うまでもないが、飯豊皇女の場合にしても、その「巫威」のまえには雄略天皇でさえ抗することができず、そのようにして、雄略・清寧の二代にわたって彼女は「神の意志」を聞いていたのだと言うのである。またその結果、さらに清寧の死後においても、袁祁・意祁の二王子が発見されるまで、飯豊皇女は角刺宮でとどこおりなく政務につくことができたはずだということになる。このように、天皇が不在であっても、中皇命が健在であるかぎり宮廷は維持されていく。

そこで、以上の点をふまえ、折口はみずからの女帝論を次のように要約する。

「中天皇が神意を承け、其告げによつて、人間なるすめらみことが、其を実現するのが、宮廷政治の原則だつた。さうして、其両様並行して完備するのが、正常な姿であつたのが、時としては、さうした形が行はれずに、片方のなかつすめらみこと制だけが行はれることがあつた。さうして、其が表面に出て来ることが、稀にはあつた。此がわが国元来の女帝の御姿であつた。だから、なかつすめらみこと単式の制で、別に誰かゞ実際の政務を執れば、国は整うて行つたのである[20]。」

折口はさりげなくこう要約するが、そこには簡単に見過ごせない内容が述べられている。すなわち、中皇命が人間としての天皇と神とを仲介することで国は治められるのだが、この中皇命と天皇とがもっている資格は同等ではない。つまり、政務を執行する人間天皇よりも、天皇と神とを取り次ぐ中皇命のほうが格段に重要な意味をもっていた、と折口は見なしたわけだ。それゆえに、天皇の欠位のさいに中皇命が女帝として即位する事態も生まれたわけだし、そもそもは中皇命単独の制度が本来のかたちで、実務執行者である天皇は二次的・副次的な存在にすぎなかったことになる。折口の論を敷衍して言えば、宮廷祭祀の原則にしたがうかぎり、天皇は断じて宮廷の主役ではなく、中皇命の補助者にすぎないのだ。

天皇制の根幹を揺るがすに足る、このような過激な議論が、むろん戦前に許されるはずはなかった。折口の言説のうちにも、確実に「戦後」が訪れたのである。そして、折口のこうした言説を延長していけば、〈万世一系〉神話に依拠する天皇制は一挙にその根拠を失うのは明白であった。というのは、天皇が神聖にして至尊である根拠は、その血筋によってではなく、中皇命という特殊な霊能力の所有者によって与えられるのであって、しかもその中皇命の地位は決して皇族出身女性の独占ではなかった、というのが折口の見解の帰着するところにほかならないからである。

ともかくここまでで、折口は「ナカツスメラミコト」論にことよせた女帝論をほぼ述べ尽くしたように見える。これ以下、「みこと（命・尊）」号をもって呼ばれる古代の女性を列挙していく行論は、ありていに言って蛇足である。ただし折口は、そのまえにやはりさりげなく、これら中皇命と古代宮廷における后妃との関係をめぐって注目すべき意見をもらしている。それらの点にかんしても、戦前の折口は口を閉ざすことなく何度かほのめかしてはいたが、一段と明瞭に発言するには、戦後のこの「女帝考」をまたなければならなかったのだろう。それは次のようなことである。

古代宮廷政治の核心は詔命伝達信仰にあった。そして、その詔命《ミコト》の内容は天神のもつ霊威力を指していたが、それが人間に伝えられるためには、詔命伝達者《ミコトモチ》の手をへることが必要だった。そのため、詔命の初発者たる天神と、詔命の伝達者にすぎない「みこともち」、すなわち天皇とのあいだに錯覚が生じ、そこから天皇即神説が起こってきたというのである。こうした考えが、「女帝考」の翌年に書かれることになる「天子非即神論」の先取りであることは容易に見てとれよう。明言しているわけではないけれど、このような詔命伝達信仰にたいする浅薄な誤解がもとになって、戦前のような狂信的現人神崇拝をわがもの顔にはびこらせる結果になった、と折口は考えたに相違ない。

というのは、本来の詔命伝達信仰が貫かれたならば、最高・最貴の「みこともち」である天皇だけでなく、臣下の「みこともち」にもあまねく神性が行きわたらねばならなかったにもかかわらず、その点についての認識はきわめて稀薄であった、と彼は書いているからである。天神からの詔命に由来するカリスマは、形式はともかく、その実質が天皇によって独占されてしまったということだ。このあたりからも、すでに戦前の神聖不可侵なる絶対天皇制を棄て、来るべき戦後デモクラシー思想に即応した天皇の位置づけを、折口じしん、自省の念をこめながら模索しつつあったことが見てとれる。

そしてさらにもう一つ、この詔命伝達信仰をめぐって生じた大きな誤解があったと折口は見る。それは、天神の詔命を天皇に取り次ぐ宮廷高巫の存在であるが、彼女たちは〈神の嫁[21]〉であるとともに妃あるいは嬪という天皇の妻妾でもあると錯覚されたということである。つまり、同一の女性が神に属する巫女であると同時に天皇に属する妃嬪でもあるという事態が生じたというのである。そして、そのような誤解を生ぜしめるほどに、祭事のさいの異常生活と彼女らの日常生活とのあいだには大きな懸隔があったと見なすのである。言い換えるなら、宮廷高巫という存在は、霊能にみちたシャーマンの役割を務める非日常的な祭事の時間と、通常の宮廷女性としてすごす日常の時間との、二重の時間を生きていたということになろう。

折口はこれだけのことしか言っていないが、このことがじつは、彼が自説と宣長説との相違としてあげた「女帝・皇后・宮廷高巫」の差別論であったことがわかる。すなわち、以上の折口の議論を論理的に発展させれば、次のようになろう。

そもそも女帝・皇后・宮廷高巫の三者の関係は、中皇命の役割を通じて初めて明瞭に浮上してくる。その場合の中皇命の役割の核心は、天神と天皇との中間にある高級巫女のそれであって、彼女の存在があって初めて、天皇は天皇たりうる。なぜなら、天皇の死後においても彼女が中皇命の任務を果たしているかぎり、次代の天皇は必ずしも必要ではなかったからである。女帝が出現する根拠はそこにあった。

ところが、本来〈神の嫁〉であった中皇命は、同時に天皇の妻妾の役割をも負うことになった。そのような変則的事態が生じるには二つの誤解が重なっていたのだが、その一つは、天皇が最高・最貴の「みこともち」として天神の霊威力の体現者だと錯覚されたためであり、それゆえまた、〈神の嫁〉が〈天皇の嫁〉にと変化する第二の錯覚が生じたというのである。

乱暴を承知で整理してしまうなら、中皇命は、その本来の役割とそれに起因する誤解をもとにして、三つの形態に分かれる。第一は、〈神の嫁〉として天神と天皇との中間にあって両者のあいだを取り次ぐ中皇命、第二は、天皇の死後、〈神の嫁〉でありながら即位する女帝、そして第三の変化として、〈天皇の嫁〉である皇后と、〈神の嫁〉である斎王への分離、という見通しである。ただし、ここで折口じしんは斎王についてはふれていない。

このように整理してみれば、「女帝・皇后・宮廷高巫」の差別論を揚言した折口の意図は一応達せられているかに思える。ただし、これら三様のありかたがどのような歴史的段階に、どのような差異をともなって互いに区別されるようになったのかについて、折口は慎重に口を閉ざしている。ただ、私見をまじえて折口の議論を図式化してみると、おおよそ次ページの図のような変遷をそこに想定することができるだろう。

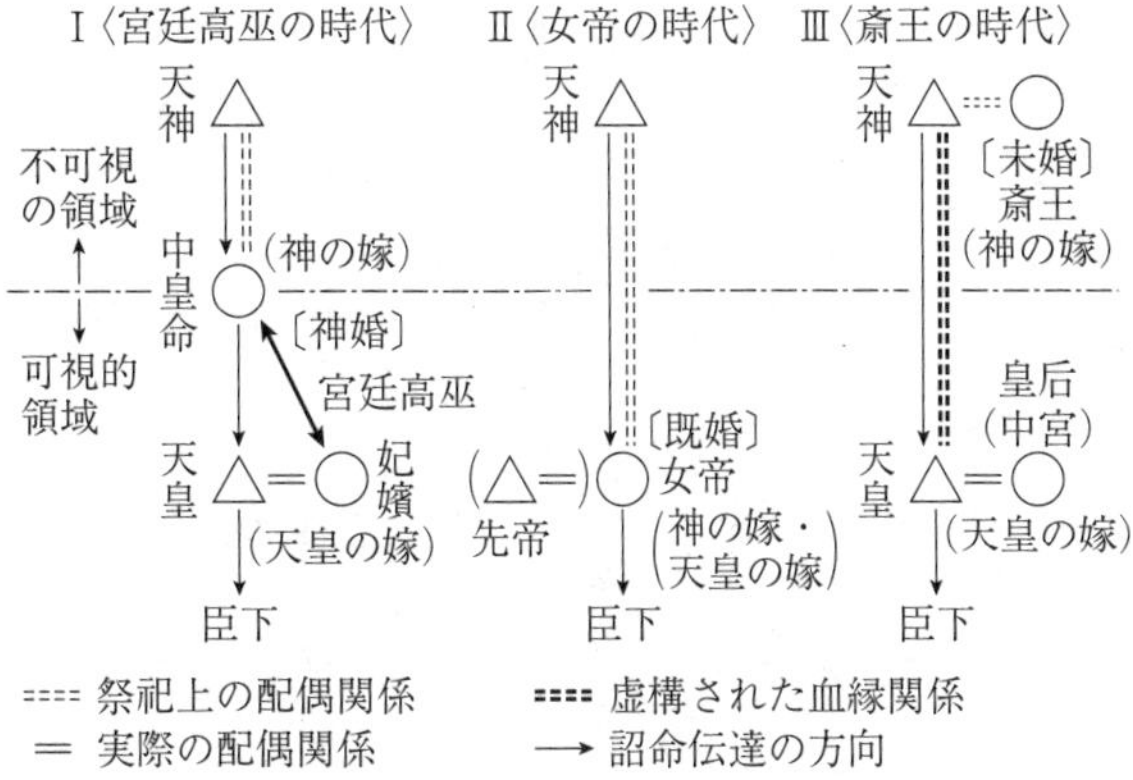

第一は、中皇命が神と天皇との仲介役を果たす古典的なケースである〔Ⅰ〕。ここでの詔命の伝達経路は、霊威の源泉である天神から中皇命と天皇を順次経由して臣下にまで届けられる。また、そのようにして詔命が下達される前提として、天神の神霊を我が身に依り憑かせる中皇命の憑霊があった。つまりこの場合、詔命伝達の正当性は、宮廷高巫の憑霊の事実によって保証されていたのである。そしてまた、折口がそれを〈神の嫁〉の語をもちいて説明したのは、そうした宮廷高巫の憑霊が多く性的メタファーを通じて了解されていたからである。換言すれば、ここで天神から中皇命に詔命が伝達されるのは、それら両者のあいだに「祭祀上の配偶関係」が成立しているからこそなのである。ここでわれわれは、折口が飯豊皇女の「まぐはひ」

は「祭祀の上の結婚」を意味すると述べていたことを思い出しておこう。さらにまたこのケースでは、臣下にたいして天神そのものとしてあらわれる天皇は、〈神の嫁〉をみずからの嫁ともなしえたのである。

ここではこれを、かりに〈宮廷高巫の時代〉と呼んでおこう。

第二は、このような古典的な宮廷祭祀の原則が崩れた場合、具体的には、天皇の死後、中皇命が女帝として即位するケースである〔Ⅱ〕。ここでは、詔命は天神から女帝をへて臣下に下される。先の例で中皇命と天皇とが共同で果たしていた役割を、ここでは宮廷高巫である女帝が一身ににないうことになる。このとき彼女は、かつての〈天皇の嫁〉でありながら、しかも現に〈神の嫁〉である。そしてここでも、詔命伝達の経路と「祭祀上の配偶関係」は重なり合っている(22)。なお、このとき女帝がその霊威力を体現していると見なされる天神は、女帝の性に対応して女神と見なされたはずである。〔Ⅰ〕の天皇が天神の霊威力を独占して天神そのものと見誤られたように、ここで女帝が独占しているかに見える霊威力の源泉が、彼女の性別に即して女神であると観念された可能性は大きい（アマテラスという女性神が皇祖神化していった時期として持統朝・元明朝の女帝の時代が想定されるのは、もちろんこのことと関係があるはずだ）。

この時期はもちろん、〈女帝の時代〉と名づけられる。

そして第三は、本来は〈神の嫁〉でもあったはずの皇后を神の支配下から引き離し、天皇がじしんの嫁として独占するケースである〔Ⅲ〕。ただしこの場合は、もはや皇后が宮廷祭祀を担当することはありえないから、そのための専従担当者として斎王が卜占され、彼女を伊勢という隔離された聖地に閉じ込め、そこで〈神の嫁〉として天神の祭祀に専念させることになる。(23) したがって、このケースにおいては、詔命伝達の経路と「祭祀上の配偶関係」が分離することになる。

〈斎王の時代〉（あるいは〈皇后の時代〉）の到来である。

なお、〈神の嫁〉は本来、人間の視線から隔離された不可視の領域の存在でありながら、同時にまた、不可視の神性を可視的ならしめるための境界的存在であった。それが、〈天皇の嫁〉として可視の領域に下りてくるのは、逸脱であり境界性の喪失である。

折口は述べているわけではないが、いずれにせよこうして、天神とのあいだに「祭祀上の配偶関係」を介在させることのなくなった天皇は、そこであらためて詔命伝達の正当性の根拠をつくり出す必要に迫られたはずである。そこで新しく案出された正当性の根拠が、天皇と天神のあいだを〈血〉の系譜によって結合する観念的な装置としての「皇統譜」にほかならない。宮廷高巫の憑霊能力に依拠していた詔命伝達信仰は、ここでまったく異質なものに変質したと言っていい。すなわち、皇統譜という排他的な〈血〉の通路を介して下される〈神勅〉あるいは〈言依《ことよ》さし〉の権威が、かつての詔命の権威に取って代わることになったのだ。天皇の権威は、それまでの〈性〉のモチーフにかわって、〈血〉のモチーフによって主張されることになったのである。

そして折口は、少し先回りして言えば、このような〈血〉のモチーフの導入が天皇制にとって取り返しのつかない誤りであったことを、おなじ時期、相当あからさまに言い切っていたのでもあった。

「系図につながる神」の否定

折口信夫が戦後初めての天皇関連の論考として発表した「女帝考」の議論を、私意をまじえて敷衍すれば、以上のようになろうか。煎じ詰めれば、折口はこの論考で、日本の天皇の本質を古代日本の祭祀のありように即して明らかにしようとした。その結果、天皇という表向きの権威をささえるものとして、その背後の宮廷高巫の存在に照明があてられ、彼女らと天神とのあいだで行なわれる「祭祀の上の結婚」こそが、天皇の権威の源泉であると考えたわけだ。言い換えれば、巫女の霊能こそが天皇の尊貴性の基礎だということである。これは文字どおり、戦前・戦中に鼓吹された狂信的な天皇即神論の根拠を突きくずすものであったことがわかる。

そこでわれわれは再び、では、彼が戦後いち早く、実質的には未完の論文であるのも十分承知で「女帝考」を発表する気になったのはなぜか、という最初の疑問に連れ戻されることになる。そうした疑問に立ち戻ってあらためて気づくことは、おなじ昭和二十一年に、折口が新しい時代に向けた独自の神道論を唱え始めているという事実である。

昭和二十一年の八月、折口は、神社本庁が主催した関東地区神職講習会において「神道宗教化の意義」と題する講演を行なった。おそらく「女帝考」執筆中か、あるいは脱稿後まもないときのことと思われる。この講演記録が公刊されるのは翌年十月のことになるのだが、その講演において、日本の神道の将来を憂い、年若い神職たちに向かって、戦前の国家神道の誤りを率直に認め、新しい神道家の任務を説いて倦まない折口の胸中では、同時に一方で、戦後の皇室の行方、ことに皇室内における皇后の意味を明確化すべく、苦渋にみちた暗闘が繰り拡げられていたことになる。

ここで折口は、まず何ゆえに日本はこうして敗戦の苦しみをなめなければならなかったのかと問い、その理由が、敗戦までの日本人の神にたいする誤った態度にあるとして、次のような強い口調で日本人の無信仰ぶりを責めている。

「戦争中の我々の信仰を省みると神に対して悔いずには居られない。我々は様々祈願をしたけれど、我々の動機には、利己的なことが多かつた。さうして神々の敗北といふことを考へなかつた。我々は神々が何故敗けなければならなかつたか、と言ふ理論を考へなければ、これからの日本国民生活は、めちゃ〳〵になる。

（中略）それほど我々は奇蹟を信じてゐた。神を宗教情熱的に信じてゐなかつたのに、奇蹟を信じてゐた。しかし、我々側には一つも現れず、向うばかりに現れた。それは、古代過去の信仰の形骸のみを持つてゐて、現に神を信じなかつたのだ。だから過去の信仰の形骸のみにたよつて、心の中に現実に神の信仰を持つてゐないのだから、敗けるのは信仰的に必然だと考へられた。[24]」

このような日本人の無信仰ぶりを白日のもとにさらしたのは、折口によればキリスト教、およびその信徒の情熱であった。そのようなアメリカ兵士の情熱を、彼は「十字軍を起すやうな情熱」と形容している。また、この未曾有の敗北にいたった責任は、会場の聴衆だけでなく、折口じしんをふくんだ「神に仕へる者」がとるほかない、とも述べる。このような悲痛きわまりない敗者の心情は、おなじころの詩作である「神やぶれたまふ」の終わりに近い一連の、まこと—我神を忘れつ—。
国びとぞ　神を失ふ—。
然いたむ神の心を
いつの日か　なごめまをさむ。(25)

の呻きと響き合っている。

日本人が、このように神を忘れ、神を失うにいたった原因について、見てきたように折口は、神道から宗教本来の情熱が失われたためだと見たが、その点を指して、彼はまた神道の「倫理化」「道徳化」だと言い、今後新しく神道がよみがえるためには、倫理にも道徳にも堕さない神道の「宗教化」が求められねばならぬと断ずる。この場合の神道の「倫理化」「道徳化」が、神道を宗教にあらずとした「国家神道」において極まったのは念を押すまでもない。このように考えるとき折口の念頭にあった「宗教」の理想型は、言うまでもなくキリスト教であった。また、身近には、これまでの神道家が嫌悪してきた教派神道、および富士・御嶽などの修験系宗派が、「倫理化」「道徳化」への道を進まず、宗教の本道を守ってきたと見なされるのであった。ただし、そこには残念ながら理論が不足していた、と折口は言う。そして、その理論を補うものが、「宗教的自覚者」にほかならない。

キリスト教において次々と義人があらわれたように、今こそ神道においてもこうした自覚者の出現が待たれるのだ。

このようにして折口は、キリスト教をモデルになぞらえつつ神道の真の「宗教化」を力説するのであるが、終わり近くになって日本神道の神観念にふれてじつに重大な発言をすることになる。それは、日本の神の「祖先神化」現象にたいする批判である。つまり、神を祖先神と見るところから、日本神道の非「宗教化」が始まったというのだ。

祖先神の対極に位置する神の実例として、折口は当然キリスト教のゴッドのことを思い描いていたようだ。そして、それに相当する日本の神格として彼がとりあげるのが高産霊神・神産霊神の二柱の神であった。折口によれば、これら二神も『日本書紀』などの語るところでは、われわれをこの世に生み出した祖先の神だと解釈できないことはないのだが、その生み方が異なると言う。すなわち、タカミムスビもカミムスビも「むすび」の神で、生命の根本である「たま」を物に密着させ、それを大きく育てる術を行なう神なのである。またこれらの神の力によって、生命は活動を開始し、万物が生成するのだ。したがってまた、これらの神は天地の外に分離し、超越してあらわれる、と折口は説く。ここには紛れもなく、聖霊のはたらきによって人類を創造したキリスト教のゴッドの観念が顔をのぞかせている。

日本の神の本質をこのような「むすび」の霊力に求める考えは、それ自体としてみれば決して目新しいものではない。折口の大胆さは、そのような「むすび」の神を祖先神から断固として切り離すことを要求した点だ。彼は言う。

「先我々が、神様と人間との系図を分離すること——其は長いこと伝へられたので最正しいこと、されてゐる——から考へねばならぬ。つまり、系図につながつてゐる神と、それにつながらぬ神とを区別して考へねばならぬ。それによつて系図につながる神と、宗教上の神とが岐れて来る。[26]」

こう述べたあとで折口は、明治以降になって天照大神を唯一人の神として祀るようになり、それが植民地にまで拡げられた事実を手厳しく指摘して、稿を閉じるのである。むろんのことここでは、アマテラスが「系図につながる神」であって、それが神道の「宗教化」には何の益ももたらさない神であることが断言されているのだ。「系図につながる神」であるアマテラスでなく、系図につながらない「宗教上の神」であるタカミムスビ・カミムスビの二神こそが、新時代の神道の顔にならなくてはならぬ、と言うのである。

敗戦翌年の夏に、折口はこのような神道改革論を打ち出した。その議論の方向は、国家神道を否定し、またその国家神道の最奥に奉られていたアマテラスを明確に斥けるものであった。そればかりか、折口はこのときの講演では、アマテラスを斥ける必要を説いたのみならず、「天皇と手を切る」ことさえ必要だと言って、聴衆に衝撃を与えたという[27]。そして、そうしたアマテラス排斥論の論拠としてあげられたのが、アマテラスの祖先神性にほかならなかったのである。だがこのとき、折口はもう一方で「女帝考」に挑み、日本の皇后の起源に肉薄すべく苦闘していたのでもあった。図式化のそしりはまぬかれまいが、このとき折口の眼前には、「系図につながる神」アマテラスの子孫としての天皇と、「系図につながらぬ神」とのあいだに「祭祀の上の結婚」を行なう宮廷高巫とのコントラストが、くっきりと映し出されていたに相違ない。

ところで、先に便宜的に〈斎王の時代〉と呼んでおいたケースで初めて皇后の存在が明確になるのであるが、そのようにして尋ねあてられた皇后の起源は、その向こうに中皇命を透かし見ることで辛うじて視野に入ってくるものであった。皇后の起源を究明しようとして開始された折口の「女帝考」は、皮肉なことに、皇后がもともと身に帯びていたはずの古代祭祀上の特筆すべき任務の終了を確認する結果となったのである。とりわけ女性の身にそなわった呪的な感応性を研ぎすますことで、不可視の神との「祭祀の上の結婚」を我が身にきざみつけた宮廷高巫の末裔たちは、ここではひたすら天皇の性的パートナーとして振る舞うことだけが期待される。そしてもう片方では、そのような皇后の成立と踵を接するようにして、完全に〈性〉を剝奪され〈神の嫁〉を演技させられる斎王の悲劇が舞台にかけられることになったのだ。

宮廷高巫の没落――。折口が「女帝考」で見届けざるをえなかったのは、じしんの肉体に豊かにそなわった資質によって天皇と神との架け橋となった一群の女性たちの末路であった。みずからの霊的な資質によって天皇を神の力の地上における代行者たらしめた宮廷高巫は、たんなる〈天皇の嫁〉と、制度化され観念化された〈神の嫁〉へと、二極分解をとげることになった。そして、かつて彼女たちが身をもって果たした天皇と神との仲介の役割は、天皇と神々とが〈血〉によって接続しているとする皇統譜の観念によって置き換えられたのである。

むろん折口は、「女帝考」でそこまで立ち入って述べているわけではない。そればかりか、同時期の講演「神道宗教化の意義」においても、そうした発言はされなかったらしい。だが、そこで彼が「系図につながる神」からの解放を説き、さらにまた「民族教より人類教へ」の離陸を切望したうらには、神と人間とを〈血〉を介して結びつけようとした日本神話にたいする根強い嫌悪感がわだかまっていたと考えざるをえないのである。換言すれば、〈血〉の幻想によって神と人間とが地つづきとなり、そのために人間の神にたいする態度が不純なものになるということである。つまりそれは、次章で詳しく検討するように、神を祖先あるいは祖霊あつかいするということなのだ。

折口の求める神はそのように卑俗なものであってはならなかった。タカミムスビ・カミムスビの「むすび」の力にあらわれるような、生命の根源をなす不可視の霊威こそが、折口の思い描く神の原像であったのだ。そのような神の原像に近づきうるものは、みずからの肉体に霊的な資質をみたした巫女《みこ》であって、皇統譜という〈制度〉に安住する皇子《みこ》などではなかった――、折口がそこまで過激な思想をもつにいたったかどうか断言はできないが、敗戦の翌年に書かれた「女帝考」と「神道宗教化の意義」の二篇を合わせ鏡のようにして読み重ねてみると、どうやら相当に尖鋭な〈万世一系〉否定論に行き着くよりほかないという印象はぬぐいがたいのである。

そのことは、ちょうどおなじ時期の内輪の談話で、折口が天皇の未来像について語った内容のことを考えれば、思いなかばにすぎるというものだろう。愛弟子をまえにした折口は、そのときこう言ったと伝えられる。

「今の天皇は、宗教家になってくだされればよかった。ローマ法王のような、神道の教主になるとよかった。芸術の方でそういう位置につくということはなかなかむずかしいことだが、宗教の教主になるのならば、日本の天皇の歴史的伝統から言ってもなれるはずなのだから。[28]」

「ローマ法王のような」という形容は、この時期の折口のキリスト教にたいする過大な評価がもたらした表現と見るべきだろうが、それにしても、天皇の今後の身の処し方について、折口は過去のいっさいの行きがかりを捨て、切迫した気持で思案を重ねていたことがわかる。ここで折口が繰り返しもちいている「教主」の語は、神の間近に仕え、神の意志を大衆に向かって力強く説く、生きた宗教家の姿を指しているだろう。それにひきかえ、これまでの皇室の姿は、皇祖神と天皇とが〈万世一系〉という虚構の糸で結び合わされ、そこに排他的な祖先崇拝の感情をはびこらせていた、と折口は見なしたようだ。天皇はそのような祖先神に仕えるべきではなく、〈血〉とも〈系図〉とも無縁の「宗教上の神」に仕えるべきだというのだ。そして、そのような実質をともなった真の「教主」になるためにも、天皇は皇統譜というフィクションのうえにあぐらをかくべきでなく、「教主」たるに足る霊的な資質をみずから備えるべく格別の精進を積むべきだということになる。

もはや事態は明らかだろう。折口が時期尚早をもかえりみず「女帝考」執筆にとりかかり、宮廷高巫の帰趨に関心を集中させ、そこから皇后の起源に説き及んだのは、敗戦後の

「神道の宗教化」、さらには「天皇の教主化」という折口流日本改造プランの構想にもとづく必然的な営為なのであった。

そしてもう一段踏み込んで推測してみれば、折口が「女帝・皇后・宮廷高巫」の異同を究明することで古代宮廷祭祀の霊的・宗教的な個性を明瞭に浮きあがらせようとし、そのためのキー概念として中皇命の語義にこだわりをしめしたのは、やはり彼が、ナカツスメラミコトを「中継ぎ天皇」と解する「俗説」にたいし警鐘を鳴らしておく必要を感じたからに相違ない。というのは、「中継ぎ天皇」という考えそのものが、折口の目から見れば、天皇を皇統譜という〈血〉のフィクションのなかに置き、そこで祖先神崇拝を培養する思想にほかならなかったからである。もしも占領軍の政策によって皇室制度の大規模な「民主化」が要求されたとき、無定見な政治家などが「中継ぎ天皇」論によって安易な皇室延命策をはかろうとしたならば、そのときこそ、天皇の宗教的な生命は完全に終わりを告げるであろう――、昭和二十一年の夏、一見無関係に見える折口信夫の仕事の背後に一貫していたのは、このような危機の意識であったろうと思う(29)。

註

(1) 折口信夫「女帝考」、『折口信夫全集』第二〇巻、中央公論社、一九六七年、所収。

(2) 折口信夫「水の女」、『折口信夫全集』第二巻、所収。
(3) 折口信夫「大嘗祭の本義」、『折口信夫全集』第三巻、所収。
(4) 折口信夫「天子非即神論」、『折口信夫全集』第二〇巻、六二頁。
(5) 同、六三頁。
(6) 折口信夫『近代悲傷集』、『折口信夫全集』第二三巻、二九一頁。
(7) 『古事記』（真福寺本）下巻の標題の割註に「起㆓大雀皇帝㆒尽㆓豊御食炊屋比売命㆒、凡十九天皇」と記される「十九天皇」には、飯豊皇女が含まれていると見るのが一般的である。この部分は後人の加筆とされるが、いずれにせよ『古事記』の本文テクストじたいに飯豊皇女の即位を事実と判定させる余地があったのはたしかである。
(8) 『古事記伝』巻四三「甕栗宮巻」（『本居宣長全集』第一二巻、筑摩書房、一九七四年、三二九頁）。
(9) 折口信夫「女帝考」四頁。
(10) 『本居宣長全集』第一二巻、三三二頁。
(11) 折口信夫「女帝考」四頁。
(12) 同、三頁。
(13) 『日本書紀』清寧三年七月条。
(14) 宣長にいたっては、この『日本書紀』の記事について、「此の事を事の因《チナミ》もなきに、ふと此《ココ》に記されたるは、何の由ぞや、記しざまいと拙し、殊に於㆓角刺宮㆒と云ことも、用なく聞ゆ」(『本居宣長全集』第一二巻、三三一頁)と、まるで道学者のような口吻をもらしている。

(15) 折口信夫「最古日本の女性生活の根柢」、『折口信夫全集』第二巻、所収。

(16) 折口信夫「神の嫁」、『折口信夫全集』第二四巻、所収。

(17) 折口信夫「女帝考」一〇頁。

(18) 同、一一頁。

折口が「中皇命」をナカツスメラミコトと訓んで、それを「宮廷神と天子との中間に立つ一種のすめらみことの意味」らしいと考えたのは、大正十三年の「最古日本の女性生活の根柢」まで遡る。そののち彼は、「神道に現れた民族論理」「大嘗祭の本義」「万葉集研究」など、昭和三年前後の諸論考で中皇命についてしきりに言及することになる。しかし、それらいずれにおいても、戦後の「女帝考」におけるほどには、「女帝・皇后・宮廷高巫」のあいだにある相違が明確には整理されていない。

なお、折口がとりわけこの時期に中皇命について頻繁に論及したのは、昭和度大嘗祭を目前にして、そこで皇后の果たす役割をめぐって折口じしん何かを発言すべき責務を感じていたらしいことと関係していよう。というのは、「大嘗祭の本義」の別稿(『折口博士記念古代研究所紀要』三、一九七七年)で、彼は大嘗祭への皇后の関与について暗示的な発言をしているからである。もっとも、そこでの折口の発言は、極度にぼかされた表現のため、率直に言ってほとんどとらえどころがない。

(19) 同、一一―一二頁。

このように折口は、「女帝考」では中皇命は皇族出身の場合も他氏の出身の場合もあったと考えているようであるが、戦前はそのあいだに区別をおいていたらしい。すなわち、もともとは天皇の近親の宮廷高巫が中皇命で、他氏出身の高級巫女はきさきと称されたと考えたらしい（「万葉集の研究」、『折口信夫全集』第一巻、所収、「日本文学史I」、『折口信夫全集ノート編』第二巻、所収）。

（20）同、一四—一五頁。

（21）「女帝考」のこの箇所で、折口はなぜか「神の嫁」でなく「神の妃」の語をもちいているが、それが以前からの〈神の嫁〉のイメージを前提にした語であることは間違いない。

（22）ただし、もと皇后（もしくは皇太子妃）が女帝として即位するケースは元明で終わり、以後の元正・孝謙の場合は独身の女帝となる。これは、彼女らが負うべき祭祀上の役割としての〈神の嫁〉性が現実的な地盤を失ったために、より単純化して言えば、彼女らの呪的霊能力が衰弱したために、逆に〈神の嫁〉の形式だけが観念的に肥大し、処女性が要求されたことを物語っている。このような過渡的段階をへて、次のステップである斎王制では、文字どおり〈神の嫁〉の処女性が過剰なまでに要求されることになろう。

（23）なぜか折口は、宮廷高巫論の延長上で斎王を論ずることをしていない。だが、伊勢の地に幽閉されるようなかたちで未婚の皇女が皇祖神の奉仕に専念させられるのは、やはり天皇の超越的な権威の確立に見合った制度であって、「女帝考」の視野の先に当然おさめられるべき問題であった。

この問題をめぐっては、斎宮制の成立を古代における巫女的霊能の没落過程と関連させて論じた倉塚曄子の画期的な研究（「斎宮論」、『巫女の文化』平凡社、一九七九年、所収）を参照しないわけにはいかない。倉塚によれば、かつての氏族的血縁関係のなかで重視されてきたヒメの呪的霊能は、律令国家の祭祀組織の確立とともに邪魔なものとなり、その結果、不要となった宮廷内のヒメの霊能は遠く伊勢に逐いはらわれたのである。また、そのようにして逐いはらわれた斎王の霊的な位置が女帝のそれと無関係でなかったことは、斎王派遣が制度化された天武期以降において、斎王が卜定されなかった時期が女帝の代に集中するという事実によって、何よりも雄弁に物語られているという。すなわち、「祭祀の上の結婚」によって神と直接に交流する立場にある女帝にとって、「祭祀の上の結婚」の擬制である斎宮制度は論理的に不必要であったわけだ。

なお、倉塚は、持統の「高天原広野姫」という諡号や、女帝でありながら彼女が「日の皇子」と讃えられた事実などから、持統の場合、皇祖神アマテラスとみずからとを結びつける「血統意識」がとくに情緒的に感受できたのであろうとし、そこから女神であるアマテラスの神格の確立が女帝である持統の精神性と深く結びついていたはずだと述べる。

(24) 折口信夫「神道宗教化の意義」、『折口信夫全集』第二〇巻、四四六頁。
(25) 折口信夫『近代悲傷集』三二八頁。
(26) 折口信夫「神道宗教化の意義」四六〇頁。
(27) 西村亨編『折口信夫事典』大修館書店、一九八八年、五二二頁。

また、昭和二十二年二月の「民族教より人類教へ」という短文には、神道が真の宗教にならなかった原因をめぐって、次のような一節が見られる。

「それは先第一に、我々自身が神道を宗教として認めなかつたことであるが、現在は幸、此心配はなくなつた。第二には、神道と宮廷との関係が非常に深かつたことが大きな障碍だつた。神道と宮廷とが特に結ばれて考へられて来た為に、神道は国民道徳の源泉だと考へられ、余りにも道徳的に理会されて来たのである。この国民道徳と密接な関係のある神道が、世界の宗教になることはむつかしい。」（『折口信夫全集』第二〇巻、四四〇頁）

(28) 池田弥三郎「私製・折口信夫年譜」（『まれびとの座』中公文庫、一九七七年、一三九頁）昭和二十一年七月の項。

(29) 「神道の宗教化」「天皇の教主化」のための第一の要件として、戦後すぐの折口は、次章で見るとおり「系図につながる神」の拒否と「宗教上の神」への期待を明らかにしたが、やがてそのような新しい神観念は、「既存者」という、これまた折口独自の名彙をもちいて発展的に語られることになる（「道徳の発生」、『折口信夫全集』第一五巻、所収）。

2　日本神道の〈対抗宗教改革〉プラン

折口信夫の敗戦認識

神道は宗教でなければならない。

第二次大戦後、このことを口をきわめて言いつづけたのは折口信夫であった。周知のとおり、折口は敗戦という未曾有の出来事を「神やぶれたまふ」という悲痛な心の叫びとともに表現し、さらにそのような「神々の敗北」の真の原因を、われわれ日本人の信仰が不純であった点に見たのである。また、日本人の信仰が不純であったというとき、その不純な信仰の対極にあるものとして折口が思い描いていたものが、前章でもふれたように、戦勝国アメリカの国民の、宗教にたいするひたむきな純粋さなのであった。

昭和二十一年八月に行なわれた「神道宗教化の意義」というタイトルの講演で、折口は、そうした日本人の信仰の不純さを彼じしんに予感させた出来事について回想している。それはまだ敗戦まえのころ、折口がキリスト教の牧師たちをまえにして日本古典について講演を行なったときのことだというが、そのとき彼ら牧師たちの口からもれた次のようなことば、すなわち、

「或はあめりかの青年達は、我々と違つて、この戦争にゐるされむを回復する為に起された十字軍のやうな、非常な情熱を持ち初めてゐるかもしれない。[1]」

という予測に、心底から驚愕したというのである。

日本人のキリスト教聖職者が、敵国の若いキリスト教徒の心意について、当時どのような根拠にもとづいてこう語ったのか、それは知るよしもない。臆測をめぐらして言えば、これは当日の折口の講演の趣旨にたいする、最大級の皮肉でありあてこすりであったかもしれない。というのは、折口はおそらく日本文学報国会の主要メンバーの一人として、大戦中、敵性思想のもちぬしと断じられていたキリスト教の牧師たちに、少しでも時局に協調的な姿勢をとらせるべく、日本古典についての「啓蒙」を行なったはずだからである。[2]そして、談たまたま日本青年の信仰心の問題に及び、聴衆のなかからこのような挑発的な意見が投げかけられたのではなかったか、と想像してみるのも面白い。

さて、このことばを聞いた折口は、日々日本の上空を襲って来る爆撃機上の兵士たちが、まるで聖地エルサレムを奪回すべく東方へ向かった十字軍兵士たちと変わらぬ宗教的情熱をもって、日本の都市という都市を絨毯爆撃のえじきにしようとしている姿を想像し、悪夢にうなされるような気分を味わったにちがいない。それとも折口は、政治的野心や貪欲な東方貿易による荒かせぎなどといった世俗的な動機がなかったとは言えぬ大方の十字軍兵士とはちがって、どこまでも無垢で純粋な信仰心で我が身を犠牲にした悲運の少年十字軍たちの面影を、そこに想像したのかもしれない。

いずれにせよ、戦争中に耳にしたこの話は折口の心に一本の鋭いトゲのようにして突きささったようで、これより少しまえ、彼は別のところでこうも言っていたのである。

「昭和二十年の夏のことでした。

まさか、終戦のみじめな事実が、日々刻々に近寄つてゐようとは考へもつきませんでした。その或日、ふつと或啓示が胸に浮んで来るやうな気持ちがして、愕然と致しました。それはこんな話を聞いたのです。あめりかの青年達がひよつとすると、あのえるされむを回復する為に出来るだけの努力を費した、十字軍における彼らの祖先の情熱をもつて、この戦争に努力してゐるのではなからうか、と。もし、さうだつたら、われ〱は、この戦争に勝ち目があるだらうかといふ、静かな反省が起つても来ました。(3)」

こちらのほうでは、この話をしたのがキリスト教の牧師であるかどうかが曖昧にされている。「年譜」によると、昭和二十年七月の下旬、折口は日本文学報国会の委嘱で名古屋・静岡あたりに講演旅行を行なっているから、(4)そのうちのいずれかの講演をキリスト教関係者が聴講したのかもしれない。残念ながら、今のところ真相はわからない。

したがって、先の「神道宗教化の意義」で語られていた情況設定は少し割引きして考えたほうがいいのかもしれない。なぜならそれが、キリスト教と日本神道の差異を際立たせるための単純なレトリックでなかったとは断言できないからである。が、いずれであれ、すでに硫黄島の玉砕も報じられ、最愛の養嗣子・藤井春洋の死を認めざるをえなくなっていた大戦末期に、折口はこうした想定をこころみた挙げ句、暗澹たる思いに打ちひしがれたのであった。このとき折口は、敗色濃い日本という国の行く手を大きくはばむものとして、敵国アメリカのキリスト教という宗教、さらにはそのキリスト教の信仰に生命を賭ける若者たちの力に、言い知れぬ脅威をおぼえたに相違ない。

先の講演のつづきで折口が、当時の日本人のありさまを評して、次のように否定的に語っているのを読むと、そのころの折口の焦燥感、無力感がどのようなものであったかが手にとるようにわかる。

「さうして日本人はその時、神様に対して、宗教的な情熱を持つてゐなかつた。我々にも、十字軍を起すやうな情熱はないのだ。今度の戦争に、伊勢神宮や熱田神宮等の如く、多くの戦災神社があつた時に、誰が、十字軍の時にようろつぱ人の持つてゐたやうな、情熱を持つてゐたらうか。信仰の前途を憂ふる気持はあつたが、それをどうしようといふ気持ちは現れなかつた。つまり、世の中のさうした事々にも、個人の生活を考へる方へ傾いてゐて、戦災によつて、特に宗教情熱をよび起したものはなかつた。(5)」

折口にとって、日米戦争における敗北とは、彼我の軍事力の差がもたらしたものでもなければ、経済力の差がもたらしたものでもなかった。それはひたすら、両者の宗教的情熱の多寡にかかっていたのだ。さながら、聖地エルサレムを異教徒の手から奪還すべしというような、いわば宗教的大義にしたがって戦った連合軍兵士と、表面では聖戦だの日本精神だのと威勢のいいことをとなえながら、伊勢や熱田などの国家的聖地をさえ身を挺して守ることのなかった利己的な日本人との、民族としての節操のちがいを、容赦ない口調で折口はえぐり出す。国家を敗北にみちびいた原因を、ひとにぎりの軍部や政治家の責任に帰すのでもなく、はたまた一億総懺悔という自虐のナルシズムに解消するのでもない、折口に固有の敗戦認識の構図が、これらの歯嚙みしながら吐き出されたことばをとおして浮かびあがってくる。[6]

その敗戦認識の構図を一言でいえば、連合国国民と我が日本国民との信仰心の相違、さらにはそのような信仰心の相違を生み出した彼我の宗教の相違にほかならない。そして折口は、結論的に、彼らのキリスト教がほんものの「宗教」であったのにたいし、日本の神道はいまだ「宗教」以前の状態にあったと断定する。

つまり、「神道は宗教以外のものではない。だが成立した宗教ではない。(中略)まだ完全に成立してゐないだけの宗教である」[7]ということだ。だからこそ、冒頭に書いたように、戦後の神道は宗教にならねばならないのであった。

「われ神にあらず」

ポツダム宣言を受諾し、戦争の終結を国民に告げる天皇のラジオ放送を聞いて、折口信夫は次のようにうたっている。

大君の宣りたまふべき詔旨《ミコト》かは―。然《シカ》るみことを　われ聴かむとす
大君の　民にむかひて　あはれよと宣らす詔旨《ミコト》に　涕噏みたり
畏さは　まをすゝべなし―。民くさの深きなげきも　聞《キコ》しめさせむ
悲しみに堪へよと　宣らせ給へども、然宣《シカノ》る声も、哭かし給へり(8)

このときの折口の衝撃の大きさがどのようなものであったか、それは彼が玉音放送を聴いて即座に箱根の山荘に籠り、なんと四十日もの時間をかけて、敗戦にいたる原因と来るべき学問のありかたに思いをめぐらしていたことをみればわかる。ちなみにこの箱根入山の心境を、折口は、「八月十五日の後、直に山に入り、四旬下らず。心の向ふ所を定めむとなり」と説明し、

しづかなる山野《ヤマノ》に入りて　思ふべく　あまりにくるし―。国はやぶれぬ

と正直にうたっている(9)。失意のほどが思いやられる歌だ。

ところで、先の歌にもあらわれているとおり、折口は天皇個人に敗戦の責任をもとめるどころか、むしろその内面的な苦衷を思いやって、深く同情している。「あまりにくるし

―。国はやぶれぬ」の思いは、折口じしんの痛切な心境である以上に、国民に向かって敗戦を告げる天皇の心境を思いやったものでもあったろう。そうであればいっそう折口は、天皇をこのような立場に追いやった重臣や軍人にたいして、はりつけにしてやりたいほどの怒りを感じたのであった[10]。

だが、敗戦という国家存亡の時に際会しても、折口は即座に動き始めはしなかった。四十日間の箱根山荘籠りも、何らかの具体的な行動に着手する準備のためとか、特定の問題を熟考するためというものではなかったらしい。それよりも、身近な弟子に告げたとおり、仕事をする張り合いも失せてしまったから、とりあえずは心を養うことが大切だと考えて山籠りをした[11]、というのが率直なところだろう。

こういった点は、敗戦前後の柳田国男が、「いよいよ働かねばならぬ世」が来たと感じ、さながら堰を切ったかのように「新国学談」三部作を刊行し、戦後社会の再建に挺身していったのとは正反対である。折口にとって、八月十五日の天皇みずからによる敗北宣言は痛恨きわまりない出来事であったが、それによって何かがすぐに始まるというような性質のものではなかったのである。意外なことだが、この年の後半、折口の身のまわりは平穏だったと言うべきだろう。

しかし、折口の平穏な日常とは反対に、戦後の日本社会は急激に変わっていった。その激烈な変化は、遠からず折口の仕事にも根本的な見直しをせまるものとなるだろう。変化の第一撃は、まず昭和二十年十二月十五日にGHQから発せられた「神道指令」であり、また、この占領軍による国家神道解体命令に追い討ちをかけるようにして、翌年元旦に発表された天皇じしんの「人間宣言」であった。

とりわけこの「人間宣言」にたいする折口の驚きは深刻で、この衝撃を受けたのち、それについて次のように公に発言するまで、じつに一年間の猶予が必要だったほどである。昭和二十二年一月の「天子非即神論」の書き出しには、こうある。

「現実しくも　宣りたまふかな。大御言　かむながら　神といまさず　今は
（中略）『われ　神にあらず』と仰せられた去年の初春の詔旨は、まことに青天より降つた霹靂《カムトケ》の如く、人々の耳を貫いた。その億兆の心おどろきは、深い御心にもお察しの及ばぬところであつたらうかと思ふ。
（中略）当時あれほどに驚いた『天子非即神』の詔旨の深い思ひを、安らかに諾ふことの出来る日が来たのである。今私は、心静かに青年たちの心に向つて『われ　神にあらず』の詔旨の、正しくして、誤られざる古代的な意義を語ることの出来る心持ちに到達した。[12]」

「われ神にあらず」の衝撃をまざまざと思い起こし、またその意味するところを今やっと語ろうと言う折口のこの決意を読んでみると、彼にとっての真の戦後は昭和二十一年の「人間宣言」とともに開幕し、「天子非即神論」を書き始めた昭和二十二年の初めは、学者としての戦後の開始であったことがわかる[13]。

　折口にしてみれば、無条件降伏という国家レヴェルの敗北宣言はいまだ抽象的な出来事にすぎなかった。そして、翌年の天皇の「人間宣言」こそが、青天の霹靂のごとき衝撃として有無をいわさず祖国の滅亡を認めさせ、折口の戦後を画す事件となった。なぜなら、先の玉音放送にさいしての歌には、まだ敗戦という事実をどことなくよそごとのように見ている余裕が感じられるが、「現実しくも　宣りたまふかな。大御言　かむながら　神といまさず　今は」の歌には、そのような呑気なところはない。日本国家の無条件降伏は折口を呆然自失の状態に陥らせたが、それはまだ彼の学問を危機に追い込んだわけではなかった。国家の危機が折口じしんの心情の危機を引き起こし、さらには折口の学問の危機をあらわにしていくには、「神道指令」や「人間宣言」という巨大な〈外圧〉が必要だったということである。

　いずれにせよ、今や問題点ははっきり一点に絞り込まれた。言うまでもなくそれは、「われ神にあらず」と宣言した天皇の存在をいかに理解すべきか、という焦眉の課題にほかならない。そのために折口は、天皇による「人間宣言」を聞きとどけてから、じつに一年という時間を費してきたのである。

もっとも、「人間宣言」そのものにたいする折口の直接的な印象が、何も伝わっていないわけではない。たとえば、昭和二十一年一月に「心深き春」と題して発表された五首のうちの次の一首、

いさゝかも　民の心をやぶることなかりし君も、おとろへたまふ(14)

には、国民に向かって「われ神にあらず」と語る天皇にたいする、折口の率直な気持がしめされている。折口みずからこの歌に込めた意図を説明して、

「『おとろへたまふ』というのは、今の天子の御様子。何も無理をなさらなかった天子が、こういう悲運をごらんになったという。その悲しみを歌っているのだ。(15)」

と語っているとおり、「人間宣言」直後の天皇は、彼にとってはひたすら気づかうべき対象となっていた。同年二月から始まった天皇の地方巡幸の様子を見るにつけ、「おとろへ

たまふ」天皇の悲運を思いやる折口の鬱々たる気持は、片時も晴れることはなかったであろう。この年の八月の講演で述べた次の一節などには、この時期の折口の底知れぬ絶望と、またそれゆえの切迫した救世主待望の気分がよくあらわれている。

「ともかく日本の神々がやぶれ、それと非常に関係深い天子様とその御一族が衰へた時、何故義人が出ないかといふことは、悲しむべきことだ。其程我々は生活の性根を失つてゐる。我々のこの気持ちを表してくれる義人が一人もゐないと言ふことだ。」(16)

皇室が未曾有の危機に陥っている今、キリスト教の義人に匹敵するほどの傑物でなければ誰がこの国家的難局から民びとを救い出せるのか、と折口は慨嘆する。天皇の苦衷が思いやられればなおのこと、天皇に代わる救世主の出現に思いは募っていく。

そして、この問題を天皇個人にたいする私的で性急な感情から離れて、戦後の日本社会における天皇の存在意義という一般的な問題として公的に語るために、折口は一年間の月日を要したのである。

「天子非即神論」にいたるまで

昭和二十二年一月の「天子非即神論」によって、折口信夫は初めて学問的対象としての天皇について論じた。むろん戦前においても、彼は大嘗祭の考察などをとおして天皇の本質にせまろうとしていたが、そこでは天皇はあたかも自明の存在であるかのようにして扱われていた。だが、天皇を神聖にして不可侵とする国家の体制が音をたてて崩れおち、あろうことか天皇その人が「われ神にあらず」と宣言するにおよんで、天皇はもはや自明の存在ではありえなくなったのである。

さて、この「天子非即神論」における折口の主張は、周知のとおり、これまでの天子即神論の証拠とされてきた「あらひと神」「あきつ神」「大君は神にしませば」などの古典の用例を吟味し、それらが天皇に固有の表現ではないこと、また文学上の誇張された表現にすぎないことを確認することであった。言い換えれば、古典にあらわれるかぎりにおいて、天皇を神そのものと見なすことはむずかしく、それをあえて神だと言い張ったのは維新前後の国学者たちにほかならない、というのである。

なお「天子非即神論」では、ややもすると折口は戦前から一貫して自分が非即神論の主張者であるかのようなニュアンスで語っているが、これはあまりフェアーではない。というのは、これよりはやく、昭和二十一年十一月の「神道観の改革」という講演で、折口は次のように言って、これまでの自分が天子即神論者であったことを公認していたからである。

「『天子』はデリケートなので、まちがえずに聞いてもらいたい。われわれにとって大事なことだ。天子を『あらひと神（現人神）』という。現人神は生き神だとするのを『天子即神論』、そうでないとするのを『天子非即神論』と名付けている。私は天子非即神論をとっている。しかし、これは恥ずかしいが、ごく最近まで、戦争がすむまで、天子即神論だった。われわれのしていた学問の伝統が近代そうなって、それが強力にわれわれの頭を支配したからである。(17)」

これほど明からさまにみずからの不明を恥じている内容だったためなのか、この講演は最近にいたるまで公表されることがなかった。そんな事情にも影響されてだろう、折口の見解に戦前と戦後の変更はなく、「天子即神論のごときも、折口はそれを肯定する言辞を吐いていない(18)」と言われたりしたこともあったが、それは決して正確でないことが明らかになってきている。(19)また何よりこの時期の折口じしん、上述の「天子非即神論」の中身をさらに詳細に展開した昭和二十二年七月の「宮廷生活の幻想」で、戦前の天子即神論の元凶が平田派の国学者であることを指摘するとともに、それを証明するために古代の宣命や歌など国文学上の資料がもちいられたのだから、われわれ国文学に携わるものは大いに責任があると認めているのである[20]。

このような経緯をながめてみると、戦後の折口にとって「天子非即神論」は、新しい時代に向けてみずからの学問上の立場、ことに天皇という存在を折口じしんどのように理解しているかを明らかにする公式の機会だったことがわかる。先に引いたとおり、前年年初の「人間宣言」から受けた自分じしんの衝撃のことから切り出し、一年間もの空白をへた末、今おもむろに「われ神にあらず」の意義を説こうという語り口に照らしても、また発表場所が『夕刊新大阪』という日刊紙であった点から考えても、このことは容易に納得がいこう。「天子非即神論」は、戦後の日本にあって折口信夫の学問が生き残れるか否かをうらなう試金石の役割を負っていたと言ってもいい。

だが、問題はそれにとどまるものではなかった。なぜなら、このようにみずからの学問的良心にかけて天皇は神にあらずと内外に宣言し、とりわけ敗戦にいたるまで日本人のすべてを呪縛しつづけてきた天子即神論の誤りを、率直な自己反省とともに認めた以上、折口はここで否定された旧来の天皇像に代わる新たな天皇像を公にする責任があるからである。学問上の天皇理解の変更は、理の当然として、政治的・法制的な次元での天皇の存在にも変更をせまらずにはいないはずだからである。

もっとも、現実の世界は思いのほか素早く動いていった。おそらく折口は、現実に先んじるかたちで、かくあるべしという具体的な天皇像を描ききれずに苦しんでいたはずだ。ありていに言ってこの一年、折口はめまぐるしく動く現実をまえにして、模様眺めをしていたと言えなくもない。

というのは、折口が天皇問題について学問的レヴェルの発言を控えていた昭和二十一年の一年間は、政治的・法制的な意味での天皇問題が確実に新しい段階に踏み出していく時期にあたっていたからである。実際のところ、新年早々の国民すべてを驚愕させた「人間宣言」を実践して見せるかのように、翌月から天皇は神から人になった我が身を文字どおり国民の視線にさらすべく地方巡幸に精を出して、戦争犯罪人としての訴追や退位・譲位の可能性をきわどく切り抜けていこうとしていたし、また「国体」の存続をめぐって一進一退を繰り返していた憲法問題が十一月の公布によって、何はともあれ象徴天皇制という新たな形式を獲得できたからである。このように歩一歩と先行していく現実の動きを目にしては、折口ならずとも、いつまでも模様眺めばかりしているわけにはいかないだろう。

もっとも折口だとて、「天子非即神論」の発表まで、四囲の情勢をただ腕をこまぬいて見守っていたわけではない。すでに昭和二十一年五月からは、折口が戦後もっとも心血をそそいだとされる「神道概論」の講義を国学院大学において開始しているし、また同年十月には「女帝考」を発表して、ナカツスメラミコトの語をキーワードにして日本における天皇の起源を論じていたからである。

また、そのような日本神道や天皇の起源についての原理論的考察ばかりでなく、敗戦後の社会にあって天皇はいかに振る舞うべきかという、いわば情況論的課題についても、折口は沈黙を決め込んでいたわけではなかった。

「むすび」の神による〈対抗宗教改革〉

たとえば、昭和二十一年六月に録音された先述の「神道の新しい方向」で折口は、十字軍にも匹敵するアメリカ青年たちの宗教的情熱を高く評価し、日本にあってもそのような宗教的な気運がたかまり、そこから「義人」が出てくることを待望している。もちろん義人ということばは、キリスト教における宗教的情熱の最高度の体現者をさして使われているのだが、それに引きつづいて折口は、同様の宗教的情熱のたかまりを明治維新前後の教派神道の輩出現象のうちに認め、それらの動きのなかからほんとうの「指導者」「自覚者」が出て来たらどんなによかったか、と残念がっている。[21]すなわち、神道が国家神道として道徳化してしまうのでなく、真に宗教らしい発展をとげるならば、日本においても聖書に登場する義人にひけをとらない「自覚者」、いわば「神を感得する人」があらわれるにちがいないと述べるのである[22]。

このように折口は、キリスト教徒の情熱にも負けぬ情熱を神道家らがもち、さらにそのうちから、旧約の預言者や使徒らをも凌駕する義人よ出でよ、と叫ぶ。

しかし言うまでもなく、旧態依然たる日本の神道のままではそんなことが実現するはずはない。そこで折口が強調するのが、冒頭にも述べたとおり、神道は宗教にならなければならぬという一点である。言ってみれば折口がこのとき意図したのは、圧倒的なキリスト教勢力の進撃を迎え撃つために、日本神道界が総力をあげて行なうべき〈対抗宗教改革〉だったということになる。

かつては圧倒的な軍事力にものを言わせて日本本土にひたひたと押し寄せて来たアメリカ軍、そして今や新しい統治者として旧体制のすべてをこともなげに叩きつぶしていくGHQ——、それらの強大な力を背後からささえているのがキリスト教徒の情熱だったとしたらどうか。これを深刻に危惧した折口の立場は、勃興する新教勢力に包囲されて初めて、立ち遅れていた自己改革に重い腰をあげざるをえなくなった旧教側のエリート聖職者に似ていなくもない。

さて、このような〈対抗宗教改革〉を実現するために、言い換えれば、日本の神道が真の宗教として再生するために何が必要かというとき、「神道の新しい方向」において折口が説いているのは、次の二つのテーマに集約される。

その一つは、神道は多神教から一神教にならなければならないということであり、そしてもう一つは、そこでの神は祖先神ではなく「むすび」の神でなくてはならないということであった。

まず、第一の問題についての折口の言い分はこうだ。神道は卑近な言い方では八百万《やおよろず》の神々にたいする信仰だというがそれは間違いで、事実においてはそのなかからアマテラスやタカミムスビなどの特定の神が選ばれていく傾向があった。またそうした傾向は、仏教の場合で言えば多くの仏菩薩のなかから時代時代に応じて信仰の中心となる特定の仏菩薩が選ばれてきた歴史とも共通する現象で、結局、日本人の信仰には本性上そうした一神教的傾向がそなわっているというのである。

また、第二の問題にかんしてはこう説明する。これまでの神道を誤らせてきた一因は、神々をすぐさま祖先神のごとくにとらえ、神々と人間とを系図によって関係づけてきたところにある。だが、日本の神々は祖先だから尊いのではない。むしろ、もろもろの身体のなかに魂を植えつけること、すなわち「むすび」(産霊)という聖なる技術を行なう神だからこそ日本の神は尊いのであって、そういう生命の根源をなすタカミムスビやカミムスビの神こそが我が神道教の中心に据えられねばならない、と。

この「むすび」の神の提唱は、折口の神観念の根本にある〈たま〉という根源的威力をめぐる独自の理解からきており、必ずしもわかりやすいものではないが、同様に戦後の新しい神として「むすび」の神に言及している「神道宗教化の意義」の次の一節を読むと、その内容がいくぶんか明瞭になるかもしれない。

「生物の根本になるたまがあるが、それが理想的な形に入れられると、その物質も生命を持ち、物質も大きくなり、霊魂も亦大きく発達する。その霊《タマ》が働くことが出来、その術をむすぶといふのだ。むすぶは霊魂を物に密著させることになる。霊魂をもの丶中に入れて、それが育つやうな術を行ふことだ。つまりむすびの神は、其等の術を行ふ主たる神だ。この神の力によつて生命が活動し、万物が出来て来る。だからその神は天地の外に分離して、超越して表れてゐるのだ。神をつくる神、其から分化した人をつくる神は、其が我々の生命をこの世に齎したことになり、それが高産霊神・神産霊神であらうが、これを祖先神だと考へることは、第一義的ではない。[23]」

ここで折口の霊魂論に深入りする余裕はないが、ともかくかつて「大嘗祭の本義」(昭和三年)や「原始信仰」(昭和六年)あたりで論じていたとおり、「万物の威力の根元」としての〈たま〉がそれぞれの身体に入ることで生命力が発動する、との考えは一貫している。折口の言う〈たま〉とは、あらゆるものの生命活動の根源となる不可視の力なのである。[24]

さて、戦後の折口はこのような自説を足場として、さらに一歩を踏み出そうとする。それがここで説かれる「むすび」の技術であり、そのような技術のもちぬしこそを、これまでのような系図につながる神ではない、ほんとうの神として奉じていかねばならないと主張するわけだ。そして、そのような「むすび」の神の発見こそが、日本の神道が欧米のキリスト教に負けない真の宗教になるための必須の条件なのだ、と力説されることになる。

なるほど、それまでも折口は古代信仰の重要な要素として「むすび」のはたらきについてはしばしば口にしていた。たとえば「原始信仰」では、〈たま〉が「肉体に結びつく力」、さらには「生命《イノチ》を生ぜしめる力」という考えにまで発展してできたのが「産霊《ムスビ》の信仰」[25]であって、タカミムスビ・カミムスビの神はそうした神の原《もと》のかたちであると述べていたし、「即位御前紀」(昭和十五年)では、「むすび」を「もの丶発生・生産を掌る霊性の霊力」であり、また「物に霊を密著せしめて、其によつて発育させる威力」だとも説明していた。[26]

だが、その時点での「むすび」は、もちろんのこと折口にとって〈対抗宗教改革〉のための武器という、いわば戦略的な概念にまでたかめられてはいなかった。

それが戦後になると、先ほど「神道宗教化の意義」から引いた一節の最後でふれられているように「むすび」の神と祖先神との差異がとりわけ強調され、「むすび」の神は新時代の要請に応ずる独自の神格として一挙に浮上してくる。

とはいうものの、「むすび」の神が祖先神だと誤認されたのはずいぶん古いことで、すでに『新撰姓氏録』における氏族の神別・皇別・蕃別の三分類で、神別の氏族にはタカミムスビの子孫が圧倒的に多いことからもそれがうかがえるし、そもそも『日本書紀』その他の表現じたいにも「むすび」の神が祖先神だと感じられる理由はあったと述べて、次のようにつづける。


「高御産巣日神・神産巣日神も祖先神として記録してゐるが、この二神はどう考へても祖先神ではない。昔から日本人は、偉い神々を祖先神と考へやすかつたのだ。」[27]

「それは、我々をこの世に生み出してくれたからだと考へることが祖先神となる。併しその生み方が違ふ。つまりこの肉体に生命を与へ、生命の発展のもとの霊魂を与

へる神といふことになる。魂を生みつけると言ふので、高産神霊・神産神霊となる。」(28)

つまり、万物に生命を付与し、それを生成発展せしめる力の源が「むすび」の神の本質であり、それは親が子を生むというような生殖の関係でとらえられた祖先神の考えとは似て非なるものだと言いたいのだろう。誤解をおそれずに言えば、折口はここで、「むすび」の神とは万物の創造に関与する超越的な神なのであって、個々の氏族の祖先を神として奉じただけの祖先神と混同するのは断じて許されない、と主張していることになろう。

こう言うと、これほど大胆で革新的な見解をこの時期の折口が公にしたのかと疑われそうだが、先ほどの引用で彼がムスビの神を「天地の外に分離して、超越して表れてゐる」と説明しているのが何よりの証拠であるし、そればかりか、おなじ講演記録の最後の段落で明らかにされる次のようなくだりを読んでみると、当時の折口の決意が並み大抵のものではなかったことが判明するはずだ。

「先我々が、神様と人間との系図を分離すること――其は長いこと伝へられたので最正しいことゝされてゐる――から考へねばならぬ。つまり、系図につながつてゐる神と、それにつながらぬ神とを区別して考へねばならぬ。それによつて系図につながる神と、宗教上の神とが岐れて来る。(29)」

神と人とを系図によってむすびつけること、すなわち、神々と人間とのあいだに親と子の生殖の関係を持ち込むこと——、これこそが、折口には日本の神道を不純なものとした最大の要因だと映ったのである。神と人とのあいだに血筋という虚構を挿入し、両者を系図でむすんで地つづきにしてしまったがゆえに、日本人の信仰からは神に向かう緊張が消え失せ、ありうべき宗教的情熱は打算と利己主義にとって代わられたのだ、と。

神と人とが血筋によって連続するのでなく、神が「天地の外に分離し」、人から「超越して表れ」てこそ、人間は神をひたすら畏れ、大智の及ばぬ神の意にしたがうべく宗教的情熱をいだくことができる。ところが日本人は、本来そういう超越性をそなえていた「むすび」の神すらをも祖先神にまで引きおろして人間の領分にとりこもうとし、その結果、日本人は神々への畏れの感情をなくし、傲岸不遜の民になりはてた——、折口の正直な気持はこうであったにちがいない。

そうであれば、折口のしめすべき〈対抗宗教改革〉のプランはおのずから明白だ。祖先神、すなわち「系図につながる神」が日本の神道を不純にし、その必然的な結果として「神やぶれたまふ」の悲劇が招来された。そうであれば、今やなすべきことは、「系図につながる神」を捨てて「宗教上の神」を求めなければならず、それはとりもなおさず、古来から伝えられてきた「むすび」の神の復権にほかならない、ということである。

このように見てくると、折口のとなえる〈対抗宗教改革〉の過激な内容が、いやがうえにも鮮明になってくる。すなわち、「系図につながる神」を否定して「宗教上の神」を奉ずると言い、またその「宗教上の神」が日本においては「むすび」の神以外にないということであれば、それは当然、皇室の祖先神としてのアマテラス、さらには日本国家の宗廟たる伊勢神宮の主神としてのアマテラスが、その最高神の地位を「むすび」の神に譲り渡さねばならないことを意味するからだ。

だが、戦後の神道界に向けた、折口のこの過激きわまりない改革案は、次のような婉曲な表現でしか語られていない。すなわち、先の引用のように、日本では「系図につながる神」が優勢となって「宗教上の神」が忘れられていった事情を示唆したうえで、折口は次のように遠まわしにアマテラスの退場をうながすだけである。

「明治になつてから研究が合理的になり、冷やかに考へられ、情熱が学問の知識として考へられた。それ故に天照大神にまで到達して、そこでとまつてしまふ。そして唯一人の神として天照大神を考へ、植民地へ行けば天照大神を正しく祀らねばならぬと言ふことは、或時代の神道家の消化し切れない理論を、斯様におしつけて来たものと思はれる。これは、明治以降の神様のまつり方の特色だ。[30]」

日本の神々のうちから唯一の神を選ぶという作業において、明治以降の神道家は皇室の祖先神たるアマテラスを選び、その先の「むすび」の神を無視することになった。しかも、そうした祖先神の信仰を、海外の植民地において他の民族にまで強要する愚を犯した。それもこれも、もとはと言えば神道が国家の道徳の基本として合理化され、本来の宗教的情熱を失ったためにほかならない。

こうして、折口の〈対抗宗教改革〉のプランは、おのずと神道と皇室との歴史的関係を清算すべきだという、これまでの通念からすれば驚天動地の方向へと進んでいく。

「系図につながる神」とは何か

むろんのこと、八月十五日の作歌から見てとれるように、折口信夫にとって天皇の存在は理性の対象ではなく心情の対象であったから、戦後の日本神道の死命を制する彼の〈対抗宗教改革〉のプランにおいても、天皇の地位あるいは皇室の制度の変革がストレートに提示されることはなかった。折口はむしろそのような制度論的な論及をことさら避け、もっぱら神道における信仰上の純粋さの回復、という問題に集約して事態の核心を明らかにしようとしているように見える。

だが、その問題に入るまえに確認しておかなければならないことがある。それは、これまでほとんど関心を引くことのなかったことだが、折口が日本神道の不純さの最たるものと考えていたらしい祖先神という観念、つまり「系図につながる神」の内容についてである。

「系図につながる神」と言えば、誰でも即座に思い起こすのが前節でもふれた皇祖神としてのアマテラスにほかならないが、ここで折口は、ひとり皇室の祖先神崇拝としてのアマテラス信仰だけをとりあげて批判しているわけではあるまい。むしろ折口の批判の矛先は、日本人一般の信仰の底流をなす祖霊崇拝の心情に向けられていたのではないか。

ちなみに岡野弘彦氏の語ったところによると、折口は熱心な本願寺門徒であった生家の影響で蓮如の「御文章」から宗教的な情操を養い、その結果、一度たりとも「祖先をまつる」ということばを口にしなかったという[31]。なぜなら、浄土真宗は阿弥陀仏のみを本尊とし、他の日本仏教諸宗が容認する祖先祭祀をことさらに拒否する宗教であったからである。

またこの問題は、周知のとおり折口の〈まれびと〉の観念と柳田国男の〈祖霊〉の観念の対立として、晩年の両者の対話「日本人の神と霊魂の観念そのほか[32]」においても相容れないまま平行線をたどったのであった。これは本章のテーマからははずれる問題だから立ち入っては述べないが、そこでの両者の対立点は一言でいえば、柳田の〈祖霊〉が個々のイエの祖先であって、それがときとともに浄化されて神となり、田の神、山の神として子孫たちの生活を守護していくというのにたいし、折口の〈まれびと〉は決して個々のイエの祖先ではなくムラ全体の祖先であり、ときとしてそれはこの世に災いをもたらしたりする畏るべき威霊だと考えられたところにある。柳田の神は子孫をあたたかく見守り恩恵をもたらすものだが、折口の神は未知の他界から折りおり人の世を訪れ、人びとを畏怖させて再び彼方に去っていく得体の知れぬ力であった。

こうして見ると、先の「系図につながる神」と「宗教上の神」の性格の相違が、そのまま柳田の〈祖霊〉と折口の〈まれびと〉の性格の相違にぴったり重なっているということができる。折口による「系図につながる神」の批判は、近代における皇室祭祀のありかたにたいする異議申し立てであるとともに、それ以上に柳田的な祖霊信仰擁護論への批判であったと見て間違いないのである。

だとすると、平素ほとんど柳田にたいする批判を口にしなかった折口が、昭和二十一年二月に、例の天皇の「人間宣言」を思いやった歌を弟子たちに披露したあと、次のようなことを言ったという理由が、にわかに重みを帯びてくる。

「神道の神学ができなくては、宗教でないね。柳田先生のような方が、その体系を立てなければいけないのだが、先生には、宗教的情熱がない。」[33]

日ごろの師にたいする丁重な振る舞いからするとずいぶん容赦のない柳田批判だが、それにもまして気になるのは、これが柳田の学説にたいする批判ではなく、柳田の生き方そのものにたいする批判になっているということだろう。しかもその批判の理由を、柳田には「宗教的情熱がない」ことだと一刀両断のごとく言い放っている点は、われわれの目を釘づけにしてやまない。もちろんそれはわれわれが、この時期の折口が日本の敗戦の原因を、敵国兵士の旺盛な宗教的情熱にたいして我が国民にはそれがあまりに足りなかった点にもとめていたことを知っているからである。

このとき折口が、それをどこまで意識していたのか知るよしもないが、こののちの折口の神道宗教化にかけた熱意、および柳田の祖霊一元論的な神観念へのかたくなな拒否の姿勢を見ると、「系図につながる神」にたいする否定的態度が、どこかで必ず柳田的なイエ重視の思想、あるいはそのための祖先祭祀の肯定的評価にたいする違和感と重なっていると断言できよう。

そしてもう一つ、「系図につながる神」を排する折口の姿勢を吟味するさいに、見逃してはならない点が残っている。それは、「系図」というものにたいする折口の独自の理解に関係している。というのは、折口がしばしばもちいてきた「系図」ということばは、『尊卑分脈』が収録する貴族の家系図や近世以降の武家の系図のごとき、文書としての系図だけを意味していたわけではなかったからである。

折口によれば、系図とは古くは「つぎ」と呼ばれ、テクスト化される以前の口頭伝承で伝えられるのが本来であった。なぜなら、日本人の信仰によれば天皇とか村君は不滅の人格であって、その威力の源泉となっている外来魂を「継ぐ」ところから「つぎ」という観念があらわれたからである。それが記録されたのが「つぎぶみ（纂記・譜第）」で、のちの系図の原型はここにもとめられる。また天皇家の場合、それはとくに「日つぎ」と呼ばれ、殯宮儀礼における誄《しのびごと》の奏上ではこういう「口立ての系図」である騰極《ひつぎ》がとなえられて、天皇位の正しい継承が確認されていったと考えたようだ[34]。

「系図」という用語を、折口はかつてこのようなコンテクストで使っていた。それは本来、古代の「日つぎ」にたいする観念にも見られるような、霊威にみちた〈たま〉の信仰にまでさかのぼるものであった。また、そこで行なわれる〈たま〉の継承は、決してたんに天皇家の血筋を誤らずに伝えるといったような消極的なものではなく、天皇たるものに不可欠の霊的な威力を確実に継承するための神聖な秘儀であった。「大嘗祭の本義」で折口が説いた「天皇霊」の授受というテーマは、まさにそのような「日つぎ」の理解にもとづいていたのである。

このように考えられるとすれば、古代における「日つぎ」の継承を保証するのは、先に見た折口の用語を使用して言うなら、神々のもつ「むすび」の技術にほかならないことがわかる。「霊魂を物に密著させ」、「生命が活動」するよう操作する「むすび」の力が、古代の「日つぎ」の継承には必須のものであったことになる。そしてまた、「日つぎ」と「むすび」の力とのこうした不可分の関係は、昭和二十一年度の国学院での講義において折口が、「むすび」の神と古代の天皇の関係を次のように具体的に語っているところからも容易に想像できるはずだ。

「高皇産霊神、神皇産霊神は天子の場合を考えるとわかりいい。ことによれば、天子のそばに出てきて、天子の身体に魂を入れる。すると天子が魂と並行して威力を増してくる。健康、長命となる。しかし、宮廷では高皇産霊神を祖先とするような論法によらなかった。ほかの形において考えられていた祖先観をもっていた。高皇産霊をその手順で祖先とは崇めなかった。が、ラショナリズムからすると、高皇産霊、神皇産霊が先祖と思えるほどこの両神は宮廷との関係がこまやかだ。[35]」

ここに述べられているように、折口によればもともと天皇という存在は決して祖先と子孫というような血縁原理を基盤にした存在ではなく、「むすび」によって生まれ出る霊的な威力にもとづくものであった。ところが、そのような「むすび」の宗教性が見失われ、天皇の地位が血縁原理に従属するようになると、「むすび」の神々さえもが祖先神あつかいをされてしまうというのである。そのような「ラショナリズム」の風潮のなかで、「日つぎ」のもつ霊的な宗教性は「系図」というテクスト化された権威にとって代わられたのだ。

このように折口は、「日つぎ」から「系図」への変貌という歴史的推移を、日本神道における宗教的情熱の喪失過程に重ね合わせて見ている。そこでは神と人との関係が無造作に祖先と子孫の関係にスライドしてしまう。神と人は畏れと緊張をもって向かい合うのではなく、相互に馴れ合い、安易に一体化してしまう。したがって、折口の批判する「系図につながる神」とは、このようにして日本人から宗教的情熱を失わしめる元凶にほかならないのである。

折口の「系図につながる神」にたいする批判、言い換えれば、よりひろく日本人一般の祖霊信仰批判は、それゆえ彼の宗教観の根元に由来するものとして、敗戦を契機に一挙にその輪郭を明らかにし、そののち強まることはあれ決して消えることなく、終生つづいていくことになる。たとえばそれは、最晩年の問題作である「民族史観における他界観念」において、日本人の信仰における祖先崇拝的原則の優越を手厳しく指摘した次の一節などに、このうえなく明瞭にあらわれていよう。

「最簡単に霊魂の出現を説くものは、祖先霊魂が、子孫である此世の人を慈しみ、又祖先となり果さなかつた未完成の霊魂が、人間界の生活に障碍を与へよう、と言つた邪念を抱くと言ふ風に説明してゐる。さうして、其が大体において、日本古代信仰をすら説明することになつてゐる。此は、近代の民俗的信仰が、さう言ふ傾きを多く持つてゐる為であつて、必しも徹底した考へ方ではない。私は、さう言ふ風に祖先観をひき出し、その信仰を言ふ事に、ためらひを感じる。この世界における我々――さうして他界における祖先霊魂。何と言ふ単純さか。宗教上の問題は、祖・裔即、死者・生者の対立に尽きてしまふ。我々は、我々に到るまでの間に、もつと複雑な霊的存在の、錯雑混淆を経験して来た。祖裔二元とも言ふべき考へ方は、近世神道家の合理観よりも、もつと甚しく素朴である。」(36)

死の前年に発表された遺作とも称すべき論文で、折口はこれほど執拗に祖霊信仰の単純さ、安直さを弾劾する。あの世とこの世のあいだを祖霊が去来することにより、祖先と子孫とが一体となって幸福なる融和と協調の共同性を生きること——、師の柳田が、日本人の生活の知恵に根ざした常民の信仰として称讃してやまなかった祖裔一体の心情を、折口はみずからの死の目前においても受け容れようとしなかった。いやむしろ、みずから遊民となってイエを離れ、終生イエをつくることを拒みつづけた折口だったからこそ、己れの死が予感される晩年にいたればいっそう、そのような楽天的な祖裔一体の心情にあらがうほかなかったのかもしれない。

いずれにしろ、敗戦後の折口が「神道の宗教化」を目ざし、これまでの「系図につながる神」の不純さを暴露した背景には、以上のような独自の宗教観が存在していた。また、そうした彼の宗教的情熱に点火したのが、ほかならぬ連合軍兵士の十字軍にも似たキリスト教徒としての情熱にほかならなかったのである。

神道宗教化のゆくえ

昭和二十一年七月に、折口は弟子たちをまえに次のようなことを話したという。

「今の天皇は、宗教家になってくだされればよかった。ローマ法王のような、神道の教主になるとよかった。芸術の方でそういう位置につくということはなかなかむずかしいことだが、宗教の教主になるのならば、日本の天皇の歴史的伝統から言ってもなれるはずなのだから。」(37)

戦後の折口の天皇観をしめす談話として、あまりにしばしば引用されてきた一文である。先述したごとく、昭和二十一年は戦後における天皇の地位および制度が徐々にその輪郭を明らかにしていく時期にあたっていた。それゆえ折口は、天皇についての学問的な論及はことさら控え、翌年の「天子非即神論」の発表まで表向き沈黙を守っていた。だが、これまで見てきたように、同年正月の「人間宣言」を受けるかたちで、折口の〈対抗宗教改革〉のプランは着実に煮詰まっていたのである。そこでの要点は、これまた上述のとおり、「系図につながる神」を排し、「むすび」の神を復権させることによる神道の真の宗教化、ということに尽きていた。

だが、そのためには難関がまだ残っていた。なぜなら、日本の神道が「系図につながる神」のほうに重心をずらし、本来の「むすび」の神を忘れるようになったのには、宮廷における神道のありかたが少なからず影響していたからである。アマテラスを筆頭とする「系図につながる神」の信仰は、したがって、宮廷の最高祭司たる天皇そのものを「系図」

にむすびつけ、身動きできぬようにしてしまったのである。そうであれば、今や問題は、天皇を宮廷の神道から切り離すこと、天皇を本来の宗教的存在に復帰させることのほかにはない。

ちなみに、宮廷神道における「系図につながる神」の優勢を批判し、天皇をそのような宮廷神道の軛から解き放つべしとする主張は、のちの「民族史観における他界観念」でよりストレートに力説されているので、少し先まわりしてそちらを見ておこう。

「他界における霊魂と今生の人間との交渉についての信仰を、最純正な形と信じ、其を以て『神』の姿だと信じて来たのが、日本の特殊信仰で、唯一の合理的な考へ方の外には、虚構などを加へることなく、極めて簡明に、古代神道の相貌は出来あがつた。其が極めて切実に、祖裔関係で組織せられてゐることを感じさせるのが、宮廷神道である。之を解放して、祖先と子孫とを、単なる霊魂と霊魂の姿に見更めることが、神道以前の神道なのだと思ふ。」[38]

天皇という存在を、高天原と葦原中国とのあいだを祖裔関係でむすぶ皇統譜にしばりつけるのではなく、「単なる霊魂と霊魂」の裸の関係からなる神道の始原のありようにもどすこと、それこそが「神道の教主」として天皇がとるべき方向だというのが、のちのちまで変わらぬ折口の自説であったことがわかる。

それはともかく、天皇をめぐる諸問題の帰趨がほぼさだまった昭和二十二年になると、この課題について折口は正面から論じ始めることになった。すなわち同年二月の「民族教より人類教へ」で、折口は、「神道の宗教化」を阻害する制度的要因として次のように神道と宮廷との関係をとりあげるのである。

「第二には、神道と宮廷との関係が非常に深かつたことが大きな障碍だつた。神道と宮廷とが特に結ばれて考へられて来た為に、神道は国民道徳の源泉だと考へられ、余りにも道徳的に理会されて来たのである。この国民道徳と密接な関係のある神道が、世界の宗教になることはむつかしい。（中略）宮廷と結びついてゐた神道は、こんな不都合な点をもつてゐた。併しながら天皇は先に御自ら『神』を否定し給うた。それにより我々は、これまでの神道と宮廷との特殊な関係を去つてしまつた、と解してよい。[39]」

「われ神にあらず」と宣言したのちの天皇は、国民道徳の源泉たる役割を課されていた従来のありかたにとらわれることなく、一個の自由な信仰者として振る舞えばよい——、折口はそうした含意を込めて、天皇に「ローマ法王のような、神道の教主」を期待する。むろん「ローマ法王」という比喩は、もっとも宗教らしい宗教、キリスト教の宗教的情熱の極点に位置するものをあらわしている。また、折口にとってローマ法王という存在は、血筋によって就任するのではなく信仰によってその地位につくのだから、どのような「系図」にも拘束されることのない、さながら「義人」の代表者であるかのように思われたろう。したがって、ちょうど十字軍の兵士がウルバヌス二世を初めとするローマ法王らの熱烈な説法に鼓舞されて聖地奪回に旅立ったように、戦後の日本人も天皇という聖なる教主のもとに結集して新たな宗教的情熱を回復しなければならないということになろう。

もっとも、折口はローマ法王の存在を来たるべき天皇の宗教的なモデルとして手放しで礼讃しているわけではない。むしろ敗戦の直後には、天皇の存在とローマ法王の存在はたがいに相容れない、対照的なものだと考えていた時期があったようだ。

「とにかく、天子さまを神といったりするいい方はできなくなるだろう。それは天子さまにご迷惑になるいい方だ。われわれはローマ法王の勢力をそれほど強く感じないが、西洋人は宗教の力を信じているから、日本の天皇が神であるといえば不満だろう。[40]」

これは昭和二十年十月の談話だから、むろん「人間宣言」以前のことで、折口にとってはいまだ「神道の宗教化」などといった〈対抗宗教改革〉の必要性は自覚されていなかった。キリスト教の「宗教的情熱」は、まだまだ見習うべき対象であるどころか、警戒すべき対象であったと言えよう。

そのローマ法王が、一年後には「神道の教主」のモデルとして考えられることになる。それほどに、この時期の折口は天皇という存在をめぐって揺れ動き、それと同時にローマ法王が帯びるイメージも大きく変転して、折口じしんにアンビヴァレントな力として作用しつづけたのである。たとえば昭和二十二年七月の「宮廷生活の幻想」において折口は、ナチス・ドイツの失態は民族の英雄精神を性急に神話化したところにあると述べ、それに関連して次のように言っている。

「本道は、神話的に存在する英雄精神は、民間の一個の英雄において考へるべきではなかつたのである。西洋には、さうした英雄精神の具現者として、過ぎし世の羅馬法王があつた。此、羅馬法王的なものが、神話的な存在として考へられ、威力の源・

敬虔の泉であつた。併し現実においては、欧洲諸国は、羅馬法王の為に、苦しみ悶えた久しい経験を持つてゐる。[41]」

たといローマ法王だとて、これが「単なる一つの生身信仰[42]」にとどまるならば、ナチス・ドイツの例と同様、人民を抑圧するだけの存在になりさがる。ローマ法王をそのような抑圧者にさせないためには、彼がみずからを宗教的な存在として自任し、その役割に踏みとどまること以外にない。天皇が「神道の教主」としての役割を全うするためにも、それと同様の条件が必要だというのであろう。

「宮廷生活の幻想」はその副題に「天子即神論是非」とあるとおり、同年一月の「天子非即神論」の詳細な再論である。が、それに加えて力説されるのは、天皇を「神にあらず」と確認することこそが、天皇を「神道の教主」に押し立てるうえで絶対に欠かすことのできない条件だという点なのだ。

この論文で折口が、日ごろ口にしたこともないナチス・ドイツにおける民族神話の政治利用までを例にあげてうったえようとしたのは、これまでと同様の天皇の政治利用がまたぞろ目論まれていると感じたからであった。「我々の中には、天子を神話的な意味において考へようとしてゐる者が沢山ある。此は大いに考へる必要がある[43]」と折口が言っているのは、そうした危惧のあらわれにほかならない。そのような意図にしたがって、折口はみずからの学問的良心を賭けて「天子非即神論」の正当性を説き、そのうえで天皇の存在を神話と宮廷神道から切り離さねばならないと主張したのであった。しかし、こうした折口の言動を快く思わない人びとが多かったことも事実である。

ちなみに、戦後の折口の神道宗教化論をさして、占領軍の対神道強硬政策から皇室を守るための時局対応的な言動だ、と説明する場合が少なくない(44)。折口の神道宗教化の議論が、昭和二十一年から翌年にかけてのほぼ一年間にかぎられており、その後の発展が見られないというのがその理由の一つである。しかし、先に引いた昭和二十七年の「民族史観における他界観念」においても、祖裔関係で組織された宮廷神道から天皇を解放することが暗に期待されており、このような〈対抗宗教改革〉の基本目的が、占領軍の容喙を恐れる必要のなくなった独立後にも一貫していることに注意すべきだろう。

しかし一方、そうして「系図につながる神」や宮廷神道の拘束から自由になった天皇が、実際上どのようにして「神道の教主」になりうるのか――、結局、折口は、この問いにたいして直接に回答を下すにはいたらなかった。その意味で、「神道の教主」という天皇像は、戦後の一時期の折口の空想にとどまったと言わざるをえない。

アメリカ軍兵士がよって立つ十字軍にも似た「宗教的情熱」というイメージが、折口をして日本神道の〈対抗宗教改革〉のプランを構想すべく駆り立てた。そこでの目標は、ただひとつ「神道の宗教化」であった。また、その目標を達成するために必要とされるのが「系図につながる神」の否定であり、「むすび」の霊力にもとづく万物の生命の再生強化であった。そしてそこに生まれる新しい「神道の教主」となることこそが、天皇に課された時代的な要請であると折口は考え、その期待をローマ法王に託して語り、あるいは聖書の「義人」になぞらえて熱く論じた。

だが、戦後の象徴天皇制は確実に既成事実化し、天皇が「義人」になることも「教主」になることも不可能なのは、誰の目にも明白になっていった。日に日に折口の改革プランの実現性はうすらぎ、その理想は無残についえていったのである。そして、昭和二十四年の「道徳の発生」にいたって、折口が、キリスト教の創造神の向こうを張るかのように「既存者」という聞き慣れない概念を持ち出し、[45]日本人の「宗教的情熱」を覚醒せしむべく論じたとき、当の折口じしんがその実現を信じてはいなかったのである。

註

(1) 折口信夫「神道宗教化の意義」、『折口信夫全集』第二〇巻、中央公論社、一九六七年、四四五頁。

（2）日本文学報国会は、昭和十七年五月に内閣情報局の指導によってつくられた文学者の国策協力組織で、会長は徳富蘇峰、常任理事には久米正雄などが就任し、折口はそのうちの国文学部理事となっている。当会での事業として、折口は「古典講座」と銘打った講演旅行などに参画した。ちなみに、久米正雄は満洲国皇帝をさしてアラヒトガミと呼び、あやうく不敬罪に問われそうになったが、折口が「アラヒトガミは天皇一人のことにあらず」と論じてかろうじて立件されずにすんだ。戦後の折口の「天皇非即神論」との関係で取り沙汰される有名な「アラヒトガミ事件」は、この日本文学報国会を舞台にして起こったのである。

（3）折口信夫「神道の新しい方向」、『折口信夫全集』第二〇巻、四六一頁。
これは文章としては昭和二十四年になって発表されたものだが、実際には昭和二十一年六月にNHKの番組のために録音したものである。ただし、どういう理由からか、これは番組としては放送されずじまいに終わっている。

（4）『折口信夫全集』第三一巻、四一五―四一六頁。

（5）折口信夫「神道宗教化の意義」四四五頁。

（6）昭和二十年七月二十六日、内閣情報局の会合に出た折口は、海軍報道部の少将に向かって次のように激しく非難したという。
「私ども、伊勢の外宮が炎上し、熱田神宮が焼け、また明治神宮が焼けたのを知って、ほんとうに心を痛めています。また大宮御所が戦火を受け、御所にまで爆弾が落ちた。これはシンボリックな意味で、国体が破壊されたのと同じだと思います。そういうことを思いをひそめて考えた場合、啓蒙宣伝ということが、ことばの上だけのものではいけないという気がいたします。そうでないと、本土決戦ということばも、逆効果ではないか。

宸襟ヲイカニセムといいながら、宸襟を逆にないがしろにするようなことではいけません。無神経にことばを使うのはいけないと思います。ことばに責任をもっていただきたい。」（戸板康二『折口信夫坐談』中公文庫、一九七八年、四五頁）

なお、このとき折口が非難した相手である海軍の報道少将は、藤井春洋らの守る硫黄島の玉砕を報道するさいに、折口の神経をすこぶる逆撫でするような言い方をしたらしい。その点については、折口信夫の「わが子・我が母」（『折口信夫全集』第二八巻、一三〇―一三一頁）および『倭をぐな』所収の「情報局に招かれて」の歌二首（『折口信夫全集』第二二巻、九〇頁）を参照（本書二九八頁に一部を引用）。

（7）折口信夫「神道の友人よ」、『折口信夫全集』第二〇巻、四三五頁。

（8）折口信夫『倭をぐな』、『折口信夫全集』第二二巻、八三、八五頁。

（9）同、八四頁。また、昭和二十八年八月の遺稿とされる「八月十五日」という詩には、箱根入山の動機が次のように書かれている（『折口信夫全集』第二二巻、五三〇頁）。

「につぽんのくに　たゝかひまけて
ほろびむとす
すめらみこと、そらにむかひて、のりたまふ
ことのかなしさ。

やまに入りて、おのづからいたる果ての
日を見むとせしは、われのみなりや。（以下略）」
(10) 玉音放送を聴いた折口のなまの反応は、「放送に出ていただいたりして、また天子さまを利用しようというのだね。重臣だの、軍人だの、はりつけにしてやりたい。」「天子さまに放送していただくことで、反乱をおさえようというのだろう。でも、暴動は起るかもしれない」というものであった（戸板康二『折口信夫坐談』四八頁）。
(11) 戸板康二『折口信夫坐談』四九頁。
(12) 折口信夫「天子非即神論」、『折口信夫全集』第二〇巻、六二―六三頁。
(13) 前章で述べておいたように、学者折口にとっての戦後最初の仕事は昭和二十一年十月発表の「女帝考」である。これは古典に散見する「ナカツスメラミコト（中皇命・中天皇）」の起源を問うことによって天皇の宗教的な意味を明確にしようとする論考であったが、折口が性急の感なきにしもあらずといった調子で「女帝考」を書いたのは、「人間宣言」後の天皇制の処理を浅薄な政治論議に終わらせてはならないと懸念したからである。
(14) 折口信夫『倭をぐな』八九頁。
(15) 池田弥三郎「私製・折口信夫年譜」、『まれびとの座』中公文庫、一九七七年、一二三頁。
(16) 折口信夫「神道宗教化の意義」四四八―四四九頁。
(17) 折口信夫「神道観の改革」、『折口信夫全集ノート編追補』第一巻、中央公論社、一九八七年、三四一―三四二頁。

(18) 谷川健一「折口信夫再考」、『常民への照射』冬樹社、一九七一年、所収。
(19) 佐々木重治郎「『神やぶれたまふ』の周辺」(『折口信夫のトポロジー』花曜社、一九八五年、所収) が明らかにしているように、折口は昭和五年の論文「古代生活に於ける惟神の真意義」(『折口信夫全集』第二〇巻、所収) で、天皇の神格は比喩ではなく信仰上の事実であると明言していた。
(20) 折口信夫「宮廷生活の幻想」、『折口信夫全集』第二〇巻、四五—四六頁。
(21) 折口信夫「神道の新しい方向」四六二—四六四頁。
(22) 同、四六七頁。
(23) 折口信夫「神道宗教化の意義」四五九—四六〇頁。
(24) このあたりの折口の霊魂論については、拙著『日本の神と王権』(法藏館、一九九四年) の第I部「日本の神の発生」を参照されたい。
(25) 折口信夫「原始信仰」、『折口信夫全集』第二〇巻、二〇二頁。
(26) 折口信夫「即位御前紀」、『折口信夫全集』第二〇巻、三〇頁。
(27) 折口信夫「神道宗教化の意義」四五八頁。
(28) 同、四五九頁。
(29) 同、四六〇頁。
(30) 同上。なお、「むすび」という観点からアマテラスとタカミムスビ・カミムスビのあいだに質的な差異をもとめ、後者の「むすび」の神は「系譜」を超越したものであるとの見方が、戦後の折口に特徴的なところである。たとえば昭和二十二年の「日本文学の発生」には以下のように書かれているが、次節で述べるような「系図」と「むすび」の対照的な意味合いがここからも読みとれよう。

「神が神としての霊威を発揮するには、神の形骸に、威霊を操置する授霊者が居るものと考へた。神々の系譜の上に、高皇産霊尊・神皇産霊尊――天御中主神の意義だけは、私にはまだ訣らぬ――を据ゑて居るのは、此為であつた。此神の信仰が延長せられて、生産の神の様に思はれて来たが、むすびと言ふ語の用語例以外に、此神の職掌はなかつたはずである。」(折口信夫「日本文学の発生」、『折口信夫全集』第七巻、一〇九頁)

(31) 阿満利麿『宗教の深層』人文書院、一九八五年、六五―六六頁、参照。
(32) 宮田登編『柳田国男対談集』ちくま学芸文庫、一九九二年、所収。
(33) 戸板康二『折口信夫坐談』八三頁。
(34) 折口信夫「国文学の発生(第四稿)」、『折口信夫全集』第一巻、一七二頁以下、同「大和時代の文学」、『折口信夫全集』第八巻、一二一頁以下。
(35) 折口信夫「神道概論」、『折口信夫全集ノート編追補』第一巻、二八頁。
(36) 折口信夫「民族史観における他界観念」、『折口信夫全集』第一六巻、三一二頁。
(37) 池田弥三郎「私製・折口信夫年譜」一三九頁。
(38) 折口信夫「民族史観における他界観念」三四二―三四三頁。
(39) 折口信夫「民族教より人類教へ」、『折口信夫全集』第二〇巻、四四〇頁。

(40) 戸板康二『折口信夫坐談』五九頁。
(41) 折口信夫「宮廷生活の幻想」四三頁。
(42) 同、四四頁。
(43) 同、四五頁。
(44) 茂木貞純「折口信夫の戦後神道論」、『国学院雑誌』八七巻一一号、一九八六年、参照。
また村井紀氏は、戦後の折口の「国家神道批判」がGHQの「神道指令」以後に展開されていることを理由に、これは神道への「批判」ではなくむしろ時流に乗ったものだと評している(『[増補・改訂]南島イデオロギーの発生』太田出版、一九九五年、二一一頁以下)。村井氏による折口への否定的な評価をめぐっては、本書第Ⅳ部「いま折口信夫をどう読むか」の後半で簡単に私見を述べておいたので参照されたい。
(45)「既存者」という概念をもちいた戦後の折口の神観念の発展についても、本書第Ⅳ部(三二七頁以下)でその意義を概観しておいた。

第Ⅱ部　折口古代学の基礎理論

1 神と精霊の対立というパラダイム

〈海やまのあひだ〉の旅

昭和三年に発表された「翁の発生」は、折口信夫がみずからの〈まれびと〉論の流れのうえに、さらに日本における芸能の発生という視点をみちびき入れることによって、新しい局面を切り開いた画期的な論文であるとされている。周知のようにそこで折口は、日本の演劇における〈もどき〉の重要性をことのほかに強調したのであったが、このような「翁の発生」における〈もどき〉の理論化が、その後の折口の芸能史研究に新しい可能性を切り開いたのだとも見なされる。もちろん「翁の発生」は、決してたんなる演劇論に終わるものでもなければ、ましてや〈もどき〉の芸態論でもなかったし、そのかぎりでそのような積極的な評価は当然しごくのことだとは言える。

しかし私見によれば、「翁の発生」をそのような折口の芸能史研究の枠の内部で論じることはほとんど意味がない。「翁の発生」という切り口をとおして折口が直面した真の問題は、やはり日本人にとっての神の問題であり、日本人の原初の信仰の問題にほかならなかった。そして、そもそも折口が〈もどき〉に注目することになったのも、日本人の神をもとめる若き日の旅路の終わりに、彼の予測をくつがえして輪郭をあらわにしてきた〈精霊〉というテーマの浮上と連動するものであった。

そこで本章の目的はと言えば、「翁の発生」において最終的な仕上げが行なわれた神と精霊の対立という折口固有のパラダイムが、それまでの折口の古代研究の作業とどのような関連をもち、またどのようなへだたりを有しているかを計測することにある。その場合、折口が熊野を初めとする日本の辺境を旅し、遠い海の彼方に、あるいははるかな山の深みに〈異郷〉を思い描き、そこに去来する古代の神の姿を実感した若き日々を無視することは不可能なのだ。

そのような折口の〈漂泊〉の経験が、彼の〈神〉観念の形成に決定的な影響を与えたことは疑いない。が、しかし、昭和三年に一応の完成を見た折口の〈神〉の一般理論は、そのような青年期の実感の直接性が乗り越えられ、いわばそれが相対化されることで成立したものだと思われる。詩人としてはともかく学者としての折口は、昭和三年までにじしんの〈漂泊〉の旅を過去のものとして清算しおえた。そして、現在のわれわれから見て、折口古代学のもっとも魅惑的な部分というものも、そのような〈漂泊〉の相対化のプロセスのうちにあるだろう。

そうはいっても、ここで折口の〈漂泊〉の旅の全貌を俯瞰するわけにはいかない。そこで本章の意図に沿うかたちで、折口が旅の途上で得るにいたった一つの着想について語ることから始めてみよう。それは、大正六年の尾道での経験から得られた〈わたつみかやまつみか〉というテーマのことにほかならない。

三十歳のこの年、郁文館中学の教員となったばかりの折口は、同時に新進の『アララギ』同人として各地に講演旅行に出た。浜松・久留米・尾道などで『万葉集』についての講義を地方同人のために行なったばかりか、そのあと彼は阿蘇・鹿児島など南九州にまで遊んだのであった。しかし帰京した折口を待っていたのは、無断欠勤の責めを負っての辞表提出だったのである。そのことから逆算して考えれば、この旅のさなかにおいて折口は東京の俗事と訣別する意志をかためたことになろうが、思うにその決意をうながしたものこそ、尾道で感じとった〈わたつみかやまつみか〉という着想だったのではなかろうか。

同年の『アララギ』に載せられた文章で、折口は次のように書く。

「尾道に来た。山と海との間の細長い空地に、遠く延びた町である。山の上には、寺の甍や畑や田が見えるばかりで、人はまだ幾程も山を領有してゐない。山陽線を西に走るほど、山と海との接近の度が強くなつて来て、この二つの大きな自然に脅かされて跼蹐《セグクマ》つて住んでゐた、祖先の生活が思はれる。柳田先生は、日本を山島と異名してゐられる。わたしは天野家の稍かけづくりの傾きを持つた二階座敷に居《ヰ》て、日本人の恐怖と憧憬《ショウケイ》との精神伝説を書いて見たいと思つた。[1]」

ここで折口は、山と海にはさまれた狭小な町の人びとの生活の背後に「祖先の生活」を思い、彼らが感じた人間の無力と自然の脅威をわがものとし、彼らのいだいた「恐怖と憧憬」を共有したいと念願したのであった。そして、夕日に映える峠と川を宿舎の窓から見おろしていたとき、〈わたつみかやまつみか〉という創作題目が胸に浮かんだと述べ、その目的に向かって、「今すこし気魄の回復と、精力の永続とを信じることが出来る日まで、育み立てゝ行かねばならぬと思ふ」と書いたのである。

このとき折口の胸をついた創作のテーマは、じつは〈わたつみかやまつみか〉だけではなかった。もう一つのテーマは〈妣《はは》の国へ常世《とこよ》へ〉であったという。そして言うまでもないことだが、後者は創作ではなく論文として、大正九年の「妣が国へ・常世へ」として結実し、そこで折口の〈異郷〉への切実な思いが吐露されることになった。そして一方の

〈わたつみかやまつみか〉のテーマは、幾多の曲折をへながら、処女歌集である『海やまのあひだ』（大正十四年）のなかに盛り込まれることになる。

もっともこれら二つの題目は、決して尾道の宿で初めて思いつかれたものではなく、〈妣の国へ常世へ〉のテーマはすでに前年の「異郷意識の進展」を書かせていたし、〈わたつみかやまつみか〉のテーマは、さらにはやく大正二年から「海山のあひだ」と題する連作として折りにふれて制作されていた。池田弥三郎の見るところによれば、このような十年余におよぶ「海山のあひだ」の連作の仕事が、〈わたつみかやまつみか〉という課題にたいする答えの、一つの具体化なのであった(2)。

ただし、池田も述べているように、〈わたつみかやまつみか〉というテーマは必ずしもわかりやすいものではなかった。それは日本の神の本質を海祇《わたつみ》に見るか山祇《やまつみ》に見るかともとれるし、また日本の神々の原郷を海にもとめるか山にもとめるかとも考えられる。しかし重要なのは、そのような日本の神にたいする根本的な問いが、折口の〈漂泊〉体験の渦中で醸成されたものにほかならないという一点である。しかもその問いを折口は、尾道の人びとの住空間に象徴されるような、海と山の狭間に追いつめられて暮らした古代日本人の「恐怖と憧憬」にたいする共感を通じて発見したのであった。

このように折口の若き日々の旅は、一方では〈妣の国へ常世へ〉の異郷にたいする憧憬をはぐくむ旅となり、他方、〈わたつみかやまつみか〉という日本の神の起源にたいする問いを引き受ける旅ともなった。そして、これら二つの問いの交錯のなかから、折口は常世から来訪する〈まれびと〉のうちに日本の神の原型を見出し、ついでそのような〈まれびと〉のさまざまな変奏を、日本の神の系統論というかたちで追求することになるだろう。そのとき忘れてならないのは、そのようにして日本の神をたずねた折口の旅がつねに、山と海にはさまれた尾道の宿での、「祖先の生活」に直結した〈海やまのあひだ〉の原イメージを内面に蓄積していくものであったろうということである。

海の神と山の神の交替

さて、さしあたって「翁の発生」で折口がこころみた〈まれびと〉論の芸能史的展開を、本章の意図に沿って概観するなら、おおよそ以下のような論点をはずすことはできないだろう。

古代において〈おきな〉の語を詠み込んだ老人の述懐歌は少なくないが、それは実在の老人の歌と見るよりも、翁舞において老翁を演じる演者のことばだと考えたほうがいい。ところが、そのように老人の実生活上の心情から離れて、人為的に案出された演目の一要素として〈おきな〉の役柄が演じられたのは、何も本土の芸能にかぎったことではなかった。

折口に〈おきな〉成立の暗示を与えたのは、ほかでもなく、大正十年と十二年の二夏にわたる琉球採訪の旅であり、なかんずく、そこで生き生きと実感された南島の〈まれびと〉たちであった。その代表は盂蘭盆行事と習合した八重山の「あんがまあ[3]」という祀りで、そこで老男・老女の仮面をつけた考妣二体の祖霊が眷属をしたがえて他界から子孫のもとを訪れる場面などに典型的にあらわれている（「考」は亡父、「妣」は亡母をさす）。すなわち、この世の人間を訓戒したり祝福したりするために、時をさだめて常世から人間界を来訪する〈まれびと〉は、この場合、村人にとっては翁・媼の姿をした祖霊だと受けとめられていたのである。ただし実際のところ、それらの〈まれびと〉は、翁や媼の仮面をつけた村の男女でもあったのだ。折口の実感によれば、このような「神来臨の形式[4]」が、南島の住人のあいだでは、いまだ「生活の古典として、半、現実感の中に、生きながらく り返されてゐる[5]」のであった。

琉球採訪の実感をとおして、折口はこのように常世から此岸にやって来る〈まれびと〉を日本の神の原初的モデルとして採用し、その具体像を神話や民俗芸能のなかの翁と媼のなかに見出すにいたったのだが、ひるがえって琉球と本土のそうした翁と媼のありかたを比較してみると、そこに重大な相違が存在することに気づかざるをえないのであった。というのは、彼の地の来訪神が海の彼方の常世を本拠地とするのにたいし、本土のそれはむしろ山の奥から里におりてくる傾向が強いからであった。

たとえば、歳の暮れにやって来て初春の客神となる歳神とか歳徳神と称する神は、「高砂」の尉と姥のような考妣二体の祖霊神と考えられることが多い。が、日本人はそれを、海の彼方から来る常世神とは異なった、山からおりて来る神のように想像しており、しばしばそれは山祇の同類と考えられることもあった、と折口は言う。このような差異に着目して、折口は、彼の古代理論のうちでももっともダイナミックな仮説、すなわち「海の神」から「山の神」への交替という仮説を打ち出して、日本の神に二つの系統を認めようとしたのであった。

一般に折口の古代研究は、彼じしん自任するところの「類化性能[6]」の優越によって、歴史的時間の経過などにはこだわらず、さまざまな事象のうちにひそむ共通性を発見するところに際立った特徴があった。それゆえ、そのような折口学の非歴史性あるいは超実証性がつまずきの石となって、これまでながいあいだ、あるいは現在においても相当に根強く、折口の言説は学として無視され、あるいは異端視される運命にあった。「翁の発生」でかなり立ち入って展開されている「海の神」と「山の神」の交替にかんする仮説は、それがはらんでいる意味の大きさに比してこれまで正面から言及されることの少なかった、折口独自の特異な仮説の一つだと言えよう。
それはまず、次のように切り出されていく。

「常世の国を、山中に想像するやうになつたのは、海岸の民が、山地に移住したからです。元来、山地の前住者の間に、さうした信仰はあつたかも知れませぬ。だが書物によつて見たところでは、海の神の性格・職分を、山の神にふり替へた部分が多いのです。」(7)

このように、海の神から山の神への転換を折口は語り始めるのだが、その論証の筋道は例によって微妙に錯綜している。その要点を摘記するのも容易でないが、私意を加えて単純化してしまえば、おおよそ次のようになろうか。
日本人は本来、常世の国を海の彼方にあるものと想像していた。それは、古く彼らが海岸部に住んでいたからにほかならない。しかし時代が進むにつれて海岸の民は徐々に山地に移住することになった。居住地が海岸部から山地に移るにしたがって、彼らのいだく常世への思いも変質をこうむることになった。海辺の民が海から来訪する神を奉じたように、山地に移住した民はいつの間にか彼らの奉ずる神は山中からやって来ると信じるようになる。このような住民の海岸部から山間部への移住にともなって、海祇は山祇へと変化をとげ、かつて海祇に奉仕したのが海人部であったように、山祇に奉仕する山人《ヤマビト》の集団として山部が成立したとするのである。

かつて尾道の宿で萌した〈わたつみかやまつみか〉というテーマは、一応ここにいたって、創作ではなく学問的な体裁をとって答えられたと言えるだろう。もっともすぐあとで見るように、その出来栄えはあまり芳しいものではなかったと言うべきであるが。

日本の神の系統論の挫折

折口の見るところでは、このように山人の成立は、住民がその信仰対象を海の神から山の神へと転換しつつ、生活の拠点を海辺から山地へと移動させたことにもとづいているのであるから、山人のことを単純に先住民の末裔と言うことはできない。ところが、周知のようにかつて柳田国男は、「山人外伝資料」（大正二年）や「山人考」（大正六年）などで、平地民のために山に追い詰められた先住民の裔として山人を考えたことがあった。それを柳田は、たとえば以下のような断片的引用からも明白なように、過去の歴史的事実の問題として設定していた。

「拙者の信ずるところでは、山人はこの島国に昔繁栄していた先住民の子孫である。」(8)

「山人とは我々の祖先に逐われて山地に入り込んだ前住民の末である。彼等の生活は平地を占拠していた時代にもいたって粗野なものであったが、多くの便宜を侵入民族に奪わるるに及んでさらに退歩した。」(9)

「現在の我々日本国民が、数多の種族の混成だということは、実はまだ完全には立証せられたわけでもないようでありますが、私の研究はそれをすでに動かぬ通説となったものとして、すなわちこれを発足点と致します。

わが大御門の御祖先が、始めてこの島へ御到着なされた時には、国内にはすでに幾多の先住民がいたと伝えられます。古代の記録においては、これ等を名づけて国つ神と申しているのであります。」(10)

「自分の推測としては、上古史上の国津神が末二つに分れ、大半は里に下って常民に混同し、残りは山に入りまたは山に留まって、山人と呼ばれたと見るのです(11)（以下略)。」

柳田は当初このように、素朴にすぎるほどの民族交替説を信じていたことがわかる。[12] その当時の柳田の仮説が、折りしも〈海やまのあひだ〉の旅のさなかにあった折口に影響を与えないはずはなかった。先述した『アララギ』所収の「海道の砂」の一節にも柳田が日本を「山島」と見なしていたことが記されており、折口の〈海やま〉の着想もその影響下にあったことは明白である。彼ら二人はともに、この時期までは、いわば日本の風土と景観の延長上に歴史を読もうとする、素朴実在論的な歴史観をもっていたように見える。

ところが折口は、「翁の発生」においては柳田的な民族交替説ではなく住民の移動説をとったことになろう。そうはいうものの先の引用において、「山地の前住者」という表現で先住民の存在についてその可能性を留保しているところからすれば、折口が確信をもって民族交替説を否定し、それにかえて住民移動説を新しく唱えたというわけでもない。いまだ折口にとって、この住民移動の仮説は手探り状態にとどまっているだけでなく、ありていに言えば仮説以前の空想にとどまっている。

結論を先どりして言うなら、結局ここで折口が問題とすべきだったのは、山人と海人の交替か、それとも移動か、という日本民族の起源についての二者択一的議論ではなかった。

そうではなく、彼がもっぱら関心を集中させるべきだったのは、海の神と山の神の対比においてあらわれる、日本の神の同一性と差異性についての構造的な把握であったと言うべきだろう。領域を異にするそれら二様の神がたがいに相似た性格をもっていること、それにもかかわらず彼らがそこから〈まれびと〉として人間のもとをおとずれる原郷が、海の彼方と山の奥という正反対の空間をあてられているところに、これまでの系統論的探求では解決不能な難問が待ちかまえていたのである。のちに述べるように、この難局を切り抜ける方法として無意識のうちに折口が探りあてた切り札こそが、神と精霊の対立というパラダイムであったが、それについては次節以降でふれよう。

結局のところ、海の神と山の神の交替という仮説に寄りかかるかぎりでの折口は、そこで海の神と山の神が同質である面と異質である面との双方を、それらの神を奉じた集団の歴史的経験に還元しうるのではないかという思い込みから自由ではなかったのである。

ところで「翁の発生」の発表は昭和三年のことだから、このころすでに柳田国男は、大正前半期に唱えた山人先住民説を放棄していた。したがって、過去の柳田説をあえて顧慮する必要も折口にはなかったものと推定できるが、どういうわけか彼は、先の引用部分でも「山地の前住者」という語をもちいているように、ことばの端々で柳田説にたいするこだわりを表明しているように見える。たとえば次のような一節から、柳田説にたいする折口のアンビヴァレントな心情の一端を垣間見ることができよう。

「私は海部・山部を通じて、先住民の後とばかりも言へぬと考へます。おなじ族中の者が、海神人・山神人に択ばれて、常住本村から離れて住んで居て、其が人数の増した為に、村を形づくつたものもあると思ひます[13]。」

ここで折口は、いちおう婉曲に否定してはいるものの、「先住民の後」という言いまわしによって、柳田の山人実体説を意識の片隅に置いていることを告白している。しかし、学問研究の推移からすれば、すでに柳田が断念したように、「山地の前住者」や「先住民の後」というような民族交替を過去の歴史的事実として復元することはもはや不可能になった。そのことを認めざるをえないのは確かである。が、折口にしてみれば、これまでの旅において日本の神のふるさととして眺めた海彼の異郷や山上の異郷にたいする共感から切り離しては、神々の系統を論じることは不可能だったのに相違ない。

このような折口の〈異郷〉にたいする関心と共鳴は、すでに大正五年の「異郷意識の進展」のなかで、周知の熊野大王崎での霊感にも似た体験をベースに、ありあまる熱情を込めて語られていたが、注目すべきなのは、折口がそこで古代日本における二種類の異郷意識について語っているその語り口である。

そのうち一方は言うまでもなく海の彼方の常世であり、わが祖先の本つ国と思念された妣が国であって、それは「海岸系統の人民の経験から出たもの」だとされた。そしてそれとは別に、折口は「高原に住んでゐた人間」が生み出した異郷として高天原があり、それら二つの異郷に由来する神々として高天原系統と海神《ワタツミ》系統の二つの系統を想定したのである。(14) もっとも、おなじところで折口は、これら二系統にすぐつづけて出雲系統・山祇《ヤマツミ》系統をあげるなど、神の系統論としては概念的にも未整理の状態を出ないものであった。

とはいえ、海の神と山の神の異同をそれぞれの居住地に即した「人民の経験」に還元するかのような折口の志向は、見てきたように突然あらわれたものではなく、いわば彼じしんの私的な体験に固着した信念だったと見るほうが当を得ているかもしれない。つまり、〈海やまのあひだ〉を旅する折口の漂泊者としての眼が、暗黙のうちに海辺と山地のあいだを彷徨する古代日本人の幻像をつくりあげていったのであり、彼の旅は、そのような古代日本人の幻像が彼じしんの自己像《セルフ・イメージ》に限りなく接近していく過程でもあった、というようにである。

このように、はやくから折口の脳裡に棲みかを得た日本の神の複数系統説は、若き日の彼の多感な旅の記憶に分かちがたくむすびついていた。先に見たような、折口が柳田の民族交替説を多分に意識しながら自説の住民移動説を口にするときの腰のさだまらなさというものも、実際のところ、このような旅するものの実感を直線的に概念化し理論化しようとするときの論理的な齟齬に由来するものにほかならないだろう。

以上見てきたように、「翁の発生」にいたるまで折りにふれてこころみられた折口の日本の神の系統論は、決して所期の目的を達成したとは言いがたい。すなわち、彼が「異郷意識の進展」で示唆したような、海岸あるいは高原を居住地とする「人民の経験」の差異から神の系統を解明しようとする方法は、「翁の発生」で試行された海の神と山の神の交替という仮説によって完成したわけではなかった。むしろ事実としては、そのように神の系統を何らかの歴史的経過にもとづいて説明しようとする方法は言外のうちに放棄されているものと考えざるをえない。言い換えれば、そのような実在的な事実をよりどころとする神の複数系統説の行く末というものは、結局のところ、すでに大正後半期に捨て去られていた柳田の山人実在説とおなじ運命をたどることになったと言うほかないのである。

ところが、そうした日本の神の系統論の挫折をつぐなうかのように、「翁の発生」によって折口古代学は新しい水準を獲得したのでもあった。それは、海の神と山の神の対比を系統論的視点からではなく構造論的視点からとらえる部分である。だいたい〈もどき〉という「翁の発生」の中核的なキーワードじたいが、そのような構造論的視点から生まれたものにほかならないし、またそのような視点を可能にする理論的枠組として、「翁の発生」は、次に述べるような神と精霊の対立というパラダイムを提示しているからである。つまり折口は、神の系統論を放棄することをとおして、日本人の〈神〉観念に迫る新しい足場を確保するにいたったのである。

神と精霊の対立というパラダイム

前節で見たように、「翁の発生」で提示された海の神と山の神の交替という主題は、歴史的な概念ではなく、折口が旅の途上でつちかった古代イメージの私的な空想に近いものであった。したがってそれは、学問的な仮説として採用するにははなはだ脆弱な論拠しかもちあわせていなかったと言っていい。

とはいうものの、海の神と山の神の対比という視点が、〈海やまのあひだ〉という詩語に象徴されるような折口の沸々たる詩的共感から生まれたものである以上、そういう視点の導入が、〈まれびと〉論を基礎とする折口の〈神〉観念を生気あるものにしたことも間違いない。すなわち、海の神から山の神への転換という着想は、たんに海から来る〈まれびと〉がやがて山から来る〈まれびと〉に取って代わられるというような実体的歴史的な神の交替を意味するものではなく、むしろより象徴的に、折口の〈神〉観念を、いわば

〈動く神〉のダイナミズムのうちに解放していったのである。

つまり、海の神と山の神の交替というイメージを通時的な時系列の場から解き放ち、よりダイナミックな〈動く神〉の構造的表現としてとらえる視点である。そのような構造論的視点の誕生は、折口が海の神と山の神の対立を神と精霊の対立と見なすことによって準備されていたのであった。そこで以下では、折口の海の神と山の神をめぐる系統論を一挙に新しい次元に連れ出した起死回生のパラダイム、すなわち神と精霊の対立というパラダイムについて論じなければならない。

ここで〈精霊〉という折口名彙の意味するところを網羅的に説明する必要はあるまい。とりあえずは、海の神と山の神の対比にかかわって〈精霊〉が問題とされた最初の論考である昭和二年の「国文学の発生（第四稿）」によって、それらの基本的構図を確認することから始めてよかろう。そこで折口は、〈まれびと〉来訪の意義を神による精霊の圧服という観点から説明する。折口の〈精霊〉は、そのかぎりで〈まれびと〉の対概念として構想されていると言っていい。「国文学の発生（第四稿）」の解釈にしたがえば、村の神人が〈まれびと〉に仮装して登場する初春の神事において、

「常世のまれびとたちの威力が、土地・庶物の精霊を圧服した次第を語る、其昔《カミ》の

神授の儘と信じられてゐる詞章を唱へ、精霊の記憶を喚び起す為に、常世神と其に対抗する精霊とに扮した神人が出て、呪言の通りを副演する。結局、精霊は屈従して、邑落生活を脅かさない事を誓ふ。[15]」

このように精霊は、〈まれびと〉に圧服される土着の地霊であって、それは始原の昔にすでに〈まれびと〉たる常世神に服従を誓った存在である。ただし、その始原の時間は祀りのたびごとに蘇り、神にたいする精霊の反抗と服従のドラマが、それぞれに扮した村人によって反復して演じられるというわけである。したがって神と精霊の対立は、村人の関知しない神々の世界の出来事でもなければ、また遠い昔の出来事でもなく、村人じしんがそれに実際に関与することで初めて具体的となるものであった。その理由は、つづいて記される一節から明らかである。

「常世の神の呪言に対して、精霊が返奏《カヘリマヲ》しの誓詞を述べる様な整うた姿になつて来る。精霊は自身の生命の根源なる土地・山川の威霊を献じて、叛かぬことを誓約《ウケヒ》する。精霊の内の守護霊を常世神の形で受けとつた邑落、或は其主長は、精霊の服従と同時に其持つ限りの力と寿と富とを、享ける事になるのである。かうした常世のまれびとと精霊（代表者として多くは山の神）との主従関係の本縁を説くのが古い呪言である(16)。」

ここでカッコ付きながら精霊の代表者が山の神であることが明言されており、神と精霊の対立が海の神と山の神の対立のモデルと見なされていることは明らかであるが、おなじ昭和二年の「山のことぶれ」によれば、さらにはっきりと山の精霊と山の神の一致が述べられている。

「此常世神の一行が、春毎の遠世浪《トコヨナミ》に揺られて、村々に訪れて村を囲む庶物の精霊を圧へ、村の平安の誓約《ウケヒ》をさせて行つた記憶が、山国に移ると変つて来た。常世神に圧へ鎮められる精霊は、多くは野の精霊《スダマ》・山の精霊《コダマ》であつた。其代表として山の精霊が考へられ、後に、山の神と称せられた(17)。」

もちろんここでも、舞台が海辺から山国に移ることによって常世神が山の神に変わるという文脈で村々の精霊に言及しているが、そのような仮説の運命は先に見たとおりである。重要なのは、神と精霊の対立が海の神（常世神）と山の神の対立の原型として設定されていることであり、ここで説かれる神と精霊が、ともに実体概念から離陸して方法概念としてもちいられていることにほかならない。神と精霊の対立というパラダイムの成立と見なす所以がここにある。

のちにも述べるように、このような海の神と山の神の関係は対等なものではなく、命令を下すものと命令を受け容れるものの関係として存在したが、昭和三、四年ごろの講義では、さらに具体的に神と精霊の関係が海の神（まれびと）と山の神の関係として説明されていたようだ。

「海浜生活がのびて、山野に住むようになると、『まれびと』は海の彼方からやってくるばかりでなく、山からもやってくるようになった。また、天から来ると考えたのもかなりあった。（中略）もっと普通の山からやってくる『まれびと』は毎年訪うた。それは土地の精霊の代表者である山の神が、海の神から言いつかったことを、自分の部下に言い伝えるためであった。」(18)

次節でふれることだが、この説明から、天皇が臣下にたいする最高位の〈みこともち〉として、天神のことばを天神の資格で伝える場面を想起するのは困難ではない。最初、神と精霊の関係のうちの精霊の位置にいた山の神は、いったん海の神の命令を受けたのちには、みずからが海の神と同等の資格をもって他にのぞむことができるというのだ。このように、折口はここで、海の神と山の神を固定した関係から解き放ち、神と精霊の対立というパラダイムのもとに配置しなおしていることがわかる。

ところで、先ほどの「国文学の発生（第四稿）」にもどって見落とせない問題を吟味しておこう。その問題とは、神と精霊の対抗関係が村人の生活と無関係でないのは、村の祀りにおいてその両者が村の神人によって演じられるという理由によるだけではなく、むしろより重大な理由は、神と精霊との関係が村落生活の安定と不可分にむすびついていることだ、と折口が考えていることである。神が精霊を圧服し、精霊が保持していた自然の諸力が常世神に献じられることによって、今度はその諸力が常世神じしんの力、寿、富として〈邑落〉あるいはその「主長」に授けられる、と折口は考えたのである。すなわち神と精霊の関係は、厳密に言うならそれだけで完結する二項関係ではなく、その二項関係そのものを成立させる〈邑落〉という場、あるいは〈邑落〉を代表する「主長」をもう一つの項として含みこむものであったのである。

言うまでもなくここで「主長」と記される存在は、折口の用語法にしたがえば、〈まれびと〉にたいして〈あるじ〉と呼ばれる存在にほかならない。周知のように、それは饗宴における〈まれびと〉と〈あるじ〉の関係を前提とした概念であって、折口は日本の祀りにおける重要な意義を、〈まれびと〉と〈あるじ〉のあいだでかわされる祝福と饗応の互酬関係に見たのであった[19]。ただし、上記の「国文学の発生（第四稿）」で折口が神と精霊の対抗関係に追加して神と「主長」（あるじ）の互酬関係に言及している部分は、いまだ論理的に曖昧なところを残したままだ。

折口はのちに、この〈神―精霊〉関係と〈まれびと―あるじ〉関係のあいだの齟齬を調停するためであろう、饗宴の主役である〈まれびと〉と〈あるじ〉のあいだに介在する存在として〈まひびと〉あるいは〈まひひめ〉と呼ばれる存在があったとし、しかもそれは〈あるじ〉側に属するものであって、「でもんとかすぴりつとと謂はれる様なもの」だと説明することになる[20]。そして、饗宴を構成するこれら「客（まれびと）」「主（あるじ）」「舞人（まひびと）」の三者の相互関係は、もともと邸・家屋・屋敷地の精霊だった「舞人」が「主」と同様に「客」の来訪を受けるという関係だったという[21]。そこでは明らかに、〈まひびと〉もしくは〈まひひめ〉が〈あるじ〉の一属性を共有した分身的存在だと規定されており、その役割がでもんあるいはすぴりつととしての精霊のそれに符合することが明言されているのである。

詳細は次章であらためて論ずるが、折口はこうして、〈神―精霊〉の対立というパラダイムの発展モデルとして、〈神（まれびと）―あるじ〉と〈神（まれびと）―まひびと〉という複線的関係を想定し、そのおのおのに精霊の複合的な役割を振り分けたのである。そのさいの精霊の複合的な役割とは、神に反抗する場面での精霊と神に服従する場面での精霊という対照的な役割のことにほかならない。そして、折口によればこれら対照的な精霊の役割をもっともリアルにあらわすのが性的メタファーを通じた表現であって、当初〈まれびと〉に反抗の意志をあらわしていた精霊が男の姿をとるのにたいし、〈まれびと〉に服従を誓って接待する精霊は女として、すなわち〈まひびと〉の姿をとることになると考えたらしい。そのことについて折口は、はるかのちの戦後になってからではあるが、次のように明瞭このうえない言い方で断言することになる。

「まれびとを饗応する場合は、普通主人と、主人に言ひつけられて接待する役がする。この役は普通女性で、主人の近親で舞をまふ人が出る。客から所望されゝば客人の自由になる。[22]」

神と精霊の対立というパラダイムでおさえられた精霊は、このように〈あるじ〉と〈まひびと〉の双方に分化していく可能性をはらむものであり、その具体化の方法として性的メタファーが効果的に使用されることになるが、それらのことについても次章で扱うことにしよう[23]。

文学・芸能・国家をつらぬく一般理論

おおよそ以上のような経過で、折口古代学にとっての神と精霊の対立というパラダイムが徐々に明確な輪郭をとっていった。そして、そうした理論化の過程で見逃すことのできない役割をになったキー・コンセプトの一つが〈呪言〉なのである。

折口によれば、〈呪言〉とは常世神が精霊に向かって命令する詞章であり、それはのちに、天皇が臣下にたいして詔り下す〈のりと〉になる。ところが、精霊のほうは、最初からこの常世神の〈呪言〉にしたがうわけではなかった。彼ら土着の地霊たちは、外来の神の命令にたいして、まずは沈黙をもって不服従の意をあらわすのである。その沈黙が〈しじま〉[24]であり、〈しじま〉による不服従の意思が面にあらわされると〈べしみ〉[25]になる。しかし、そうして抵抗をつづける精霊も、結局は神の〈呪言〉の威力に屈服して、ついに口を開く。ただし、このようにしいられて口を開かされた精霊は、〈呪言〉にたいして抗弁したり、まぜかえしをして邪魔をする。神仏に口答えして反抗する天の邪鬼（あまのじゃく）の造型はここに起源をもつが、そのように〈呪言〉にたいして反抗やまぜかえしなどで応酬するのが、〈もどき〉の本質だ、と折口は言う。

もっとも「国文学の発生（第四稿）」では、〈もどき〉の意味はこのように「逆に出る」ことに焦点がしぼられていたが、翌年の「翁の発生」になると、〈もどき〉はさらに一般化して考えられ、「物まねする」、「説明する」、「代つて再説する」、「説き和げる」などの意であるとされる。ことに芸能において〈もどき〉に託されたものがそれであって、この〈もどき〉役をになうのが、能においては翁にたいする三番叟、シテ方にたいするワキ方あるいは狂言方だというふうに、折口の着想は豊かに展開していく[26]。このほか、神と精霊の関係は、神楽における人長《ニンヂヤウ》と才男[27]（細男）や、萬歳における太夫と才蔵[28]のペアにも連動するというのが折口の芸能史理論の勘どころと称すべきで、それらおのおのの関係が、〈呪言〉を下す神と、それをもどく精霊の関係に帰着するというのである。

そればかりか、さらに重要なことに、このような神と精霊との関係の芸能史上における展開に先立って、折口はすでに歌垣における〈かけあひ〉のなかに同様な構造を見出していたのであった。

「神と精霊との問答が、神に扮する者と、人との問答になる。そして、神になつてゐる人と、其を接待する村々の処女たちとの間の問答になる。其問ひなり答へなりを、

古い語で片歌と言はれて居る。（中略）
又、歌垣と言ふ事がある。片歌の問答が発達したのは、神に仮装した男と、神に仕へる処女、即、其時だけ処女として神に接する女とが、神の場《ニハ》で式を行ふ。即、両方に分れて、かけ合ひを始める。（中略）
神々の問答が、神と処女と、そして村の男と女とのかけ合ひになつた。即、両方に男と女とが分れて、片歌で問答する。何れ、男女の問答であるから、自然と性欲的な問答になつて来る。[29]」

ここに引いた「万葉集の解題」という名の文章は大正十五年に行なわれた講演筆記だが、このときすでに、神と精霊の対立というモチーフのもつ戦略的な意味はかなり明確になっていたと見てよかろう。ちなみに折口は、当初、精霊の語を spirit の意で特殊な限定なしにもちいていたが、やがてそれは大正十三年の「国文学の発生（第一稿）」あたりから、神――すなわち〈まれびと〉――に対立し、神に服従をしいられる土着の諸霊をさすようになる。言い換えれば、神と精霊の対立が折口学の内部にシステムとして埋め込まれるのがこの時期であって、それが昭和二年の「国文学の発生（第四稿）」[30]では、先の引用でも見られるように、確実な理論として展開されることになったのである。

このように折口学における神と精霊の対立というパラダイムは、まず〈うた〉の発生というテーマとの関連において発想され、それが芸能の発生というテーマへと拡大発展していったことがわかる。つまり、はやくから文学の信仰起源説を唱え、その理論にたいする賛同者のないことを嘆いていた折口ではあったが[31]、だからと言って自説を撤回するどころか、むしろそれを発展的に拡張して、さらに一段と包括的な芸能の信仰起源説を構想するにいたったと見てよかろう。「翁の発生」には、そのような野心的意図が込められていたはずである。その場合、見逃してならないのが、前者から後者への発展を可能にしたのが神の発する〈呪言〉という概念であった、ということである。やや乱暴に整理して言えば、そこには、神の〈呪言〉に源をもつ男女の〈かけあひ〉が文学を生んだと同様に、神の〈呪言〉に触発された精霊の〈もどき〉が芸能を生んだ、という対応関係が見てとれるのである。

そのこととのかかわりで付言しておくなら、折口によって提示された〈神〉観念のユニークさの一つは、奇跡とか超自然的な威力にたいする信仰などという宗教の近代理論とは無縁に、まず神をこのようなことばの応酬という場面のなかに置いたことにあるだろう。しかもそのような神のことばが、やがて〈かけあひ〉とか〈もどき〉という形態を通じて、人のことばを誘発し、それと絡み合っていくというとらえ方である。逆に言えば、折口の見る神は、そのようなことばの応酬という通路を介して初めてリアリティを獲得するものであって、非合理的で神秘的な霊力などとは縁遠いものだったと言える。というより、むしろそのような霊力の保持者が、神の対立者たる精霊として設定されるのである。そしてその精霊が神の〈呪言〉との争いに敗れ、精霊の低次の霊力はことばを媒介にした神の高次の力に転位し再生すると見たのである。

先ほど引いた「国文学の発生（第四稿）」では、そのことを折口は、精霊のもつ「土地・山川の威霊」がいったん神に献上され、それが今度は神じしんの「力と寿と富」となって、邑落の「主長」以下すべての住人に配分される、と説明したのであった。地霊のもつ一種まがまがしいカオスの力は、ことばという濾過装置を経由することで、神の力として再活用されると言ったらよかろうか。

このような構想は、言うまでもなく、折口が時期をおなじくして力説している〈みたまのふゆ〉の観念とも密接に関連するものであった。周知のように折口は、「翁の発生」と同年の大作「大嘗祭の本義」において、〈みたまのふゆ〉を、目下のものが主人に――すなわち臣下が天皇に――自分の〈たま〉を献上し、それを受けた主人が再びそれを目下のものに分配するという〈たま〉の「ふゆ（冬＝殖《ふ》ゆ）祭り」にもとづくと説明した[32]が、そこでの天皇と臣下の関係が、これまで見てきた神と精霊の関係に重なるのは疑いないところだ。あるいは、より厳密に言うなら、〈みたまのふゆ〉の場合に見られる天皇と臣下のあいだの互酬関係は、先に述べた〈神―精霊〉関係よりも〈まれびと―あるじ〉関係のそれに近いが、それをささえるパラダイムとして神と精霊の対抗関係が前提されていることに議論の余地はないだろう。

ちなみに、ここで問題となっている天皇と臣下の関係は、〈みこともち〉の論理――折口は〈詔命伝達信仰〉とも言う――をもちいて彼が神と天皇と臣下の関係を解釈するさいの構図を背景にしている。〈みこともち〉をめぐる三者の構造は、折口によって、ほぼ次のように説明されていた。

「みこともちとは、お言葉を伝達するものゝ意味であるが、其お言葉とは、畢竟、初めて其宣を発した神のお言葉、即『神言』で、神言の伝達者、即みこともちなのである。（中略）みこともちは、後世に『宰』などの字を以て表されてゐるが、太夫をみこともちと訓む例もある。何れにしても、みことを持ち伝へる役の謂であるが、太夫の方は稍低級なみこともちである。此に対して、最高位のみこともちは、天皇陛下であらせられる。即、天皇陛下は、天神のみこともちでおいであそばすのである。[33]」

一読して明らかなように、〈みたまのふゆ〉の例でも〈みこともち〉の例でも、天皇と臣下のあいだが〈たま〉とか〈みこと〉の授受の関係によって説明されている。もっとも、両者のあいだには重要な相違も存在する。すなわち、〈みたまのふゆ〉の論理によれば天皇と臣下のあいだには〈たま〉の相互的な授受が行なわれるが、〈みこともち〉の論理によれば、〈みこと〉は天皇から臣下へ、あるいは神から天皇へと、上位のものから下位のものへと一方向的に伝達されるばかりである。前者は互酬的だが、後者は片務的だ。ただし、このような相違は、〈みたまのふゆ〉が魂の分割と譲渡という非人格的な次元で発想されたものであり、一方の〈みこともち〉が、宮廷祭祀において唱えられる祝詞の本質を論じる文脈で発想されたものだという事情によるもので、いずれもが神と精霊の対立という折口古代学の基礎理論の形成に連動していることは間違いない。

なおそればかりか、このような天皇と臣下との関係は、大嘗祭の儀礼から見れば天皇と地方の国魂との関係にも照応すると折口は見る。大嘗祭において悠紀・主基両国から奉られる風俗歌に関連して、折口は次のように言う。

「此風俗歌は、短歌の形式であつて、国風《クニフリ》の歌をいふのである。此国ふりの歌は、其国の寿詞に等しい内容と見てよろしい。国ふりのふりは、たまふりのふりで、国ふりの歌を奉るといふ事は、天子様に其国の魂を差し上げて、天寿を祝福し、合せて服従を誓ふ所以である。

（中略）歌をうたつて居ると、天子様に、其歌の中の魂がつき、儛を舞つて居ると、其儛の中の魂が、天子様に附著する。諸国の稲の魂を、天子様に附著せしめる時に、儛や歌をやる。すると、其稲の魂が、天子様の御身体に附著する。[34]」

このように、大嘗祭において風俗歌や舞いが奉られるのは、その国の魂が天皇に献上されることを意味しており、同様に悠紀国・主基国からの稲の貢上も、それらの国の稲の魂が天皇に献じられることだと述べることによって、折口は神と精霊との関係と天皇と地方人民との関係とのあいだにアナロジカルな対応を見出したと言えるだろう。

昭和三年の折口古代学

以上のように、折口の古代学の中核となる骨組みが、ちょうどこの時期、すなわち大正末年から昭和三年までに一挙にその全貌をあらわすことになる。そしてまた、そこで折口が採用した古代理解のための方法概念が、神と精霊の対立というパラダイムにほかならなかった。

このパラダイムは、「国文学の発生（第一稿）」（大正十三年）で胚胎のきざしを見せ、「万葉集の解題」（大正十五年）から「国文学の発生（第四稿）」（昭和二年）へといたる過程で徐々に理論的骨格を明らかにし、「翁の発生」（昭和三年一月〜三月）において芸能の信仰起源説にまで発展したのであった。しかもその勢いはなおとどまらず、「大嘗祭の本義」（昭和三年九月）においては古代天皇制国家成立の契機として、神と精霊の対立と服従の関係にならって、地方から中央への〈たま〉の委譲とその再配分というシステムが示唆されたのであった。

このような折口古代学の形成過程は、ごく大づかみな見通しで言えば、初め文学の発生理論として着想された神と精霊の対立・服従の関係が、芸能の発生理論に成長し、そしてついには国家の発生の問題までをも視野に入れた一般理論へ脱皮する過程としてとらえることが可能ではないだろうか。

そして、さらにそれら一連の路程に先行し、あるいは随伴する折口じしんの私的な経験として、熊野大王崎での常世国の予感をふくむ志摩・熊野（明治四十五年）、そして尾道（大正六年）、鹿児島（大正八年）など各地への旅で実感した〈海やまのあひだ〉が、彼の古代にたいする原イメージとして胸中深くに堆積していた。(35) また、それらの旅路における共感の対象として、折口は〈異郷〉を望見し、また〈異郷〉から訪れる〈まれびと〉に思いをはせ、そこから日本の神の系統論という課題をみずからに引き受けることとなった。先にも述べたこのような折口じしんの私的な旅がキャンバスとなり、そこに海の神と山の神という二つの神の系統図が描き込まれるかに見えた。しかし、これも先に記したように、海人と山人など実体的な「人民の経験」と神の二系統を直結させる議論は挫折し、いわばそれを止揚する構造論として神と精霊の対立というパラダイムが生み出されるにいたったのである。そのようなパラダイムのもとにおいて、見てきたようにさまざまな神々や貴人や村の長老たちが、それぞれ〈まれびと〉あるいは〈あるじ〉に扮し、――すなわち、みずからを神と精霊に変身させて――祀りの場にあらわれることになったのである。

ところで、今しがた折口の若き日の旅における〈異郷〉体験が日本の神の系統論をうながし、結果的にその試みに折口は挫折したと述べた。逆説的に聞こえるかもしれないが、昭和三年をピークとする折口古代学の豊穣さは、そのような〈異郷〉体験、あるいは〈漂泊〉体験の清算と引き換えに獲得されたと見られる。なぜなら、日本の辺境への旅の途上で得られた実感が〈わたつみかやまつみか〉という課題を生みだし、それが日本の神にたいする系統論的思考をしいたはずであり、しかもこれまで見てきたように、そうした線的《リニアル》な思考の放棄が折口古代学に新しい可能性を開いたからである。神と精霊の対立というパラダイムは、どんな意味においても折口個人の経験から切り離された抽象度をそなえ、文学・芸能・国家をつらぬいて妥当する一般理論の位置を獲得しつつあった。そうであれば、そのような理論の所有者である折口にとって、〈海やまのあひだ〉をへめぐる〈漂泊〉の旅はもはや不要でさえあったのではなかろうか。

少なくとも折口は、ある時期からそのことを予感しつつあったのではないか。というのは、大正十四年に刊行した処女歌集『海やまのあひだ』を、通常のように作歌の時間の流れに沿った年代順の配列でなく、時間に逆行する配列で編集している事実が、みずからの〈過去〉を清算しようとする意思のあらわれのように思えるからである。それを折口の詩人としての活力の枯渇と見るか、それとも古代学者・折口の新境地と見るかはともかく、この時期の〈漂泊〉の相対化のプロセスこそが、折口古代学の呪縛力をひめた魅力のピークであることは大方の認めるところではないだろうか。

ところで、折口古代学のピークをこのように昭和三年の「翁の発生」と「大嘗祭の本義」に求め、そこにいたるプロセスを文学の発生↓芸能の発生↓国家の発生という時系列にそっておさえようとするとき、もう一つ忘れてならないのが昭和二年から三年にかけての論文「水の女」の存在である。周知のように「水の女」は、宮廷祭祀における聖水信仰の視角から〈きさき〉の起源を問題とした野心作であるが、時代的制約もあって未完に終わり、それを受けた「女帝考」が書かれるには戦争の終結を待たねばならなかったのであった。すでに本書第Ⅰ部の「『女帝考』はなぜ書かれたか」で論じたように、「女帝考」が折口にとって戦後日本の国家改造プランにつながる意図を内包していたとすれば、その前身である「水の女」がそのような国家の問題と無関係でありえたはずはなく、それこそが「水の女」で着手された〈きさき〉の探究が中途で放棄された真因だったと言うべきだろう。

したがって、内容的に「水の女」を受けて書かれた「大嘗祭の本義」において、折口が国家や権力の発生の問題を慎重に回避し、それを宮廷祭祀の次元にいわば矮小化して論じたのは、折口じしんの相当にしたたかな計算にもとづくものだったかもしれない。

とはいえその結果、折口古代学の一般理論は、明示的なしかたでは文学と芸能の領域に限定されることとなり、国家と権力の発生の問題にまで適用可能な、真の意味での一般理論としては流産するほかなかったのであった。論証抜きで見通しだけを述べるなら、必ずしも十分に意識されたうえでのこととは思われぬ昭和三年時点での折口の選択によって、その後の彼の古代研究は国家と権力の課題を見失い、文学と芸能の周辺をあてどもなく彷徨する〈漂泊〉の十余年を経験することになる。皮肉めかして言えば、青年期の実感をもとめての〈漂泊〉が、今度は韜晦のための〈漂泊〉として反復されることになろう。

もっとも、そのような韜晦を余儀なくさせたものが、昭和三年にいたるまでの一般理論化の過程における論理構成上の欠陥にあるのか、それとも昭和三年を分水嶺のようにして日本全土を呑み込んでいったファシズムの黒い影であったのか、単純に判定を下すわけにはいかない。いずれにせよ、折口の古代学にとって、昭和三年が決定的なターニング・ポイントであったことだけは否定のしようがないのである。

註

（1）折口信夫「海道の砂」、『折口信夫全集』第二八巻、中央公論社、一九六五年、六二頁。
（2）池田弥三郎「海神山神論」、『日本文学伝承論』中央公論社、一九八五年、八七頁。
（3）沖縄先島地方（宮古・八重山）の盆行事で村の男女が翁・媼の仮面や覆面などをつけて仮装し、三味線や笛・太鼓の囃子とともに踊りながら家々を訪れる。子孫が冥界から祖先霊や無縁仏を迎える精霊迎えの演劇化であるが、男は女装し女は男装するという異性装の要素も興味を惹く。
（4）折口信夫「翁の発生」、『折口信夫全集』第二巻、三七九頁。
（5）同、三七三頁。
（6）『古代研究』全三巻への「追ひ書き」で、折口信夫はみずからの思考の偏向を次のように率直に告白している。
「比較能力にも、類化性能と、別化性能とがある。類似点を直観する傾向と、突嗟《ママ》に差異点を感ずるものとである。この二性能が、完全に融合してゐる事が理想だが、さうはゆくものではない。
私には、この別化性能に、不足がある様である。類似は、すばやく認めるが、差異は、かつきり胸に来ない。事象を同視し易い傾きがある。」(『折口信夫全集』第三巻、五〇一頁)
なお折口の言う「類化性能」が彼の学問の方法論的な自立に果たした役割については、本書第Ⅲ部「『古代研究』の成立まで」で論じている。
(7) 折口信夫「翁の発生」三八一頁。
(8) 柳田国男「山人外伝資料」、『柳田国男全集』第四巻、ちくま文庫、一九八九年、三八五頁。
(9) 同、四一二頁。
(10) 柳田国男「山人考」、『柳田国男全集』第四巻、二三六頁。
(11) 同、二四二頁。
(12) 『遠野物語』にまでさかのぼることのできるこうした柳田の「山人実在説」は、『山の人生』(大正十四年)以降になると、山人を里人の「信仰=心意」の対象と見る立場へと転換する(永池健二「柳田民俗学における山人研究史の変容と展開」、『柳田国男研究資料集成』19、日本図書センター、一九八七年)。
(13) 折口信夫「翁の発生」三八二頁。
(14) 折口信夫「異郷意識の進展」、『折口信夫全集』第二〇巻、八七―八八頁。
(15) 折口信夫「国文学の発生(第四稿)」、『折口信夫全集』第一巻、一三二頁。

(16) 同、一三二頁。
(17) 折口信夫「山のことぶれ」、『折口信夫全集』第二巻、四六四頁。
(18) 折口信夫「日本文学史1」、『折口信夫全集ノート編』第二巻、中央公論社、一九七一年、二七頁。
(19) 折口が〈まれびと〉と〈あるじ〉をこのような互酬関係でとらえた早い例は、大正十五年の「鬼の話」(『折口信夫全集』第三巻、一二頁)であろう。
(20) 折口信夫『日本芸能史六講』、『折口信夫全集』第一八巻、三四五—三四六頁。
(21) 折口信夫『日本文学の発生序説』、『折口信夫全集』第七巻、三〇五頁。
(22) 折口信夫「新嘗と東歌」、『折口信夫全集』第一六巻、二八七頁。
(23) なお、折口のこうした〈神—精霊〉と〈客—主〉の複合的関係を「主」「客」「精霊」三者の交換と変容のプロセスと見なす構造分析の試みがある(上野千鶴子「異人・まれびと・外来王」、『構造主義の冒険』勁草書房、一九八五年)。そこで上野氏は、上記三者の交換と変容を媒介する存在として舞人である「接待役」をあげ、その〈犠牲=贈与〉の意味を強調するが、そこでの〈犠牲=贈与〉はもともと「精霊」=「主」が「神」=「客」との関係において構造的に内包していた契機だと解すべきではないだろうか。なお、それらの問題点をめぐっても次章を参照されたい。
(24) 静寂・沈黙を意味する〈しじま〉の語を、折口はとくに神にたいする精霊の不服従・抵抗の意思をあらわすものと見なし、「緘黙」の字をあてた。『古事記』で猿田彦が「この口や、答えぬ口」と言って刀で口を切り裂いたとする海鼠（なまこ）も、〈しじま〉を守っていたからだと折口は解釈する。

(25)〈べしみ（癋見）〉は口を真一文字に引き締め、眉をしかめ、目を怒らせた能面で、天狗の役にもちいる大癋見と鬼の役にもちいる小癋見に分けられる。一般の鬼神面が口を大きく開くのにたいし、癋見は口を堅く閉じるところに特徴があるため、折口は神の〈呪言〉を拒んで応答しない精霊のイメージを癋見面に託して説明することを好んだ。

(26) 折口信夫「翁の発生」四〇八―四一四頁。

(27) 宮中における神楽の舞人の長が人長、春日若宮など諸社での神楽の舞人が才男（細男とも記す）として知られるが、折口はそれを内侍所御神楽の原型において山人の演じた人長と才男（ざえのおのこ）の対抗儀礼にもとめた。すなわち、人長は山人の主として仲間である才男の才（ざえ）を試し、演じさせたと解釈し、その関係の背後に神と精霊の対立を見たのであった。

(28) 門付けの祝福芸である萬歳は、扇を持ち寿詞を唱える太夫と、鼓を打って合いの手を入れる才蔵との掛け合いで進行する。そこに折口は神と精霊のあいだに交わされる〈呪言〉と〈もどき〉の応酬を見てとり、才蔵は神楽における才男の後身であると考えた。

(29) 折口信夫「万葉集の解題」、『折口信夫全集』第一巻、三四八―三四九頁。

(30) 保坂達雄「精霊」（西村亨編『折口信夫事典』大修館書店、一九八八年）七四―七五頁。

(31)「国文学の発生（第四稿）」の冒頭には、「たゞ今、文学の信仰起原説を最、頑なに把つて居るのは、恐らくは私であらう」と記されている（『折口信夫全集』第一巻、一二四頁）。

(32) 折口信夫「大嘗祭の本義」、『折口信夫全集』第三巻、一八八―一九一頁。
(33) 折口信夫「神道に現れた民族論理」、『折口信夫全集』第三巻、一五四―一五五頁。
(34) 折口信夫「大嘗祭の本義」二一三―二一四頁。
(35) 〈海やまのあひだ〉をめぐる折口の旅と作歌との関係については、池田弥三郎「海神山神論」(前掲)、および持田叙子・伊藤好英「海やまのあひだ」(西村亨編『折口信夫事典』所収)参照。

2 〈神〉観念と〈性〉のメタファー

〈新嘗の女〉のイメージ

折口信夫の著作にある程度なれしたしんだ読者ならば、さまざまに異なる文脈のなかに置かれながら、イメージとしてはまことに似通った情景が繰り返しあらわれることに気づくはずである。そのような、いわば折口学にとっての通奏低音的役割をになっているものの一つが〈性〉をめぐるメタファーであり、それを代表するものとして、以下に述べるような、かりに名づけるなら〈新嘗の女〉とでも呼ぶべき人物像が浮かびあがってくるだろう。本章においては、折口の古代研究においてそのような〈性〉のメタファーがどのようにして発生し、またどのように成長していったかを、〈新嘗の女〉の帰趨と折口の〈神〉観念の形成過程との関連において明らかにしてみたい。

たとえば、大正十三年に書かれた「最古日本の女性生活の根柢」という名の論文は、前年に二度めの琉球採訪の旅を終え、古代日本の巫女と琉球に現に生きる巫女の双方をつらぬくものとして「最古日本の女性」の巫女的生態を概観したものだが、そのしめくくりの部分で、次のような新嘗を背景とした東歌のことが言及される。すなわち、

「新嘗の夜は、神と巫女と相共に、米の贄を喰ふ晩で、神事に与らぬ男や家族は、脇に出払うたのである。早稲を煮たお上り物を奉る夜だと言つても、あの人の来て居るのを知つて、表に立たして置かれようか、と言ふ処女なる神人の心持ちを出した民謡[1]」

と解されるのが、『万葉集』巻十四の東歌、

鳰鳥《にほどり》の葛飾早稲《わせ》を饗《にへ》すともその愛《かな》しきを外《と》に立てめやも（三三八六）

であり、

「亭主を外へ出してやつて、女房一人、神人としての役をとり行うて居る此家の戸

を、つき動かすのは誰だ。さては、忍び男だな、と言ふ位の意味[2]」

をあらわしているのが、おなじ東歌の、

誰そこの屋の戸押そぶる新嘗にわが背を遣《や》りて斎《いは》ふこの戸を（三四六〇）

だと述べて、新嘗の祀りの夜、家に籠って〈まれびと〉たる神の来訪を待つ女のイメージを鮮明に打ち出すのである。

ところで、『万葉集』の東歌を折口がこのように解釈する直接の動機は、近松の『女殺油地獄』で、五月五日の夜が「女の家」と称されている理由を明らかにするところに発していた。すでに大正七年に、折口はこれらの東歌と「女の家」の行事との関連に気づき、両者のつながりについて短いメモを残していたのであった[3]。そこで折口は、三界に家なしとされる女の境涯にあっても、この夜ばかりは男を外に出し、女だけが家を守るという風習をさして名づけたらしい「女の家」の由来を、次のように考えた。すなわち、この「女の家」の夜の風習は、季節の変わりめにあたる節供の夜だから、籠りのため男たちは宮籠りに出払ってしまい、女だけが家で居籠りを行なったところに起源があるはずだと推測し、ところが近松のころには、その由来が不明に帰してしまったのだと解釈したのである。そして、このような祀りの夜の男女別居の風が例の東歌の新嘗の夜にも行なわれていたとする考えが、折口ならではの個性にみちた見解なのであった。

このように、折口のいだく〈新嘗の女〉のイメージは、祀りの夜、〈ものいみ〉のために女だけが家に籠る風習を想定して組み立てられたものであった。そして、東歌として記録される民謡風の歌は、そうした「新嘗の夜の民間伝承が信仰的色彩を失ひ始めた頃に、民謡特有の恋愛情趣にとりなして、其様子を潤色した」ものと見たのであり、(4)またそれは、「もう神の来る事が忘れられて、たゞの男女関係の歌のやうに見えるが、猶、神が来たといふ原義が見えて居る。神の来たのが、愛人が来るやうに考へられて来たのだ」と説明されることになる。(5)つまり、〈まれびと〉の来訪を待ち受ける巫女の不安や畏れの感情が、これらの東歌においては、祀りの夜に一人で家に籠る女が、彼女を懸想して訪れる恋人や忍び男にたいしてもつ期待や恥じらいの感情に置き換わっているというのだ。

そしてまた折口は、こうした新嘗における忌み籠りの習俗を伝える説話として、東歌のほかに、例の『常陸国風土記』の富士の神と筑波の神の話をあげることも忘れない。すなわち、御祖《みおや》の神がまず富士の神に宿を乞うと、富士の神は今宵は新嘗の〈ものいみ〉に籠っているからと言って断わり、筑波の神は快く宿を提供し、御祖の神を歓待したという周知の話だ。ちなみに折口は、〈新嘗の女〉のイメージを補強するためにこの御祖の神の話を引き合いに出すのだが、少々乱暴すぎると思えるほどに、富士の神と筑波の神は姉妹どうしであり、御祖の神はそれら二神の母神であると断定してしまう。[6]そのような折口の断定がなぜ乱暴かと言えば、『常陸国風土記』に記されているかぎり、なるほど御祖の神は富士・筑波二神の「親」であり彼らを「我が胤《すえ》」と呼んではいるが、二神の「母」であるかどうかは不明だし、また富士の神と筑波の神が女神であるかどうかも明言されているわけではないからだ。それにもまして気になるのは、折口が〈新嘗の女〉を、東歌にうたわれているような、家に籠って男の訪れを待つ女のイメージにまとめあげようとするのなら、ここで母神が自分の娘たちを訪れる『常陸国風土記』の話を引くのは決して得策ではないはずだからである。[7]

そのように整合性にやや欠けるうらみは残るものの、冒頭で述べたとおり、祀りの夜、家に籠る女と、その女のもとをたずねる男（まれびと）という男女の組み合わせは、折口によって抱懐された古代イメージの基調をなすものとなった。しかも見過ごせないのは、それが『万葉集』や『常陸国風土記』のケースのような、新嘗という古代の収穫儀礼にさいしてだけでなく、「女の家」の場合のような季節の変わりめの民俗行事にも共通すると考えられたことであろう。両者に共通するのは、家に籠る女ばかりでなく、彼女のもとを訪れる〈まれびと〉の存在でもあったのだ。

「五月五日、実は女を中心とした女祭りである。女だけが家の中に居り、男は皆家から出払つて、何処かに籠つてゐる日である。此日を今でも、女の家又は、女天下の日、と言ふところのあるのは、(名古屋附近)かうしたところから言ふのである。そして恐らく、五月四日の真夜中から、五日の夜明け迄家に籠つてゐる女の許へ、村の男は神になつて、仮装して訪問して来るのである。女は其を迎へて待遇するのである。換言すると、男は此日田の神になり、女は田の神の巫女となるのである。(8)」

こうして〈新嘗の女〉のイメージは、「女の家」の風習と重ね合わされることによって、一挙にそのリアリティをふくらませることになる。なぜならそこでは、折口によって、祀りの夜の男女の役割がこのうえなく明快に描き分けられているからである。すなわち、祀りにさいして、男には〈外〉からやって来る客神(まれびと)の役割が当てられ、女にはその客神を〈内〉に迎え入れて饗応する巫女の役割が与えられるという解釈である。しかもとりわけ注意されるべきは、古代の農耕神事においてであれ、民俗行事としての「女の家」においてであれ、そこでは「来訪するもの」/「籠るもの」の対比が〈外〉/〈内〉という空間的な二項関係を構成するだけでなく、それら二項関係が、神／人、男／女の二項関係に正確に対応させられていることである。初めに私は、折口の〈新嘗の女〉のイメージの鮮明さを強調しておいたが、それは東歌にあらわれる〈新嘗の女〉がたんに相聞の掛け合い歌を通じて印象的なイメージを伝えているということではなく、むしろ今しがた述べたように、折口の〈新嘗の女〉が明晰このうえない構造性のもとで論じられているからにほかならないのである。

なお、ここで一言しておく必要がある。それは、折口はこのように古代の新嘗と近世の「女の家」に共通する〈ものいみ〉というモチーフに着目し、そこから〈ものいみ〉に籠る巫女と、その巫女がつかえる神との二項関係を引き出したが、「女の家」を〈ものいみ〉のモチーフで解こうとする折口の意図は、じつはほかのところにあったということだ。立ち入って論ずるだけの余裕がないから概略しか記せないが、折口は、「女の家」の行事が行なわれる五月は長雨のつづく田植えどきに相当し、しかも神聖なるべき農事の筆頭である田植えの準備としては身心双方を穢れから遠ざけるために長期の〈ものいみ〉が必要だったのであって、そのための禁欲生活たる〈ものいみ〉が〈雨障《アマツツミ》（天つ罪）〉であり、〈霖《ナガ》忌《メイミ》（長雨忌み）〉だと解するのであった[9]。周知のように、折口はこのような長雨どきの禁欲生活を背後にもったことばが王朝歌人の愛好した〈ながめ〉であり――「長雨忌み」↓

「長目」→「眺め」という変遷をたどって――、それが「性慾的に満足されない不満足な気持ちで、唯、ぼんやりとして憂鬱な表情で、庭などを見出だしてゐる様子[10]」をあらわすように変化したと考えたのである。

折口ならではの奔放な論理展開であるが、そこには祀りにおいて神となる資格、あるいは神を迎える巫女としての資格が〈ものいみ〉という禁欲生活をへなければ決して与えられないものだという認識が明らかにされており、そのような禁欲の時間と、その禁欲が解かれて性欲が解放されるにいたる時間の劇的な転換のうちに、折口は古代の神祀りの神髄を見ていたことがわかる。そうした点まで考慮に入れてみるなら、〈新嘗の女〉のイメージは決して『万葉集』の東歌に限定されるものではなく、ひろく〈ものいみ〉状態に入って性的につつしみ、来るべき〈まれびと〉を相手とした性的解放を待つ女として一般化されなければならない道理である。

〈タマヨリヒメ〉から〈神の嫁〉へ

ところで、前節で述べた〈新嘗の女〉は、折口にとり、決して新嘗祭儀や「女の家」の風習にのみ限定されるイメージではなかった。むしろそのイメージは、彼が特別の愛着をもって命名した折口名彙の一つを通じてひろく知られるようになったと言ったほうがいいくらいである。ことあらためて言うまでもなく、それが〈神の嫁〉のイメージであった。

周知のように折口は、大正十一年にはやくも「神の嫁」という名の小説を連載し始めているところからもうかがわれるように、学問的な研究対象としてよりも創作上のテーマとして〈神の嫁〉のイメージを偏愛していたふしがある。そして、折口がそのような文学上の着想を得るにいたったのは、前年に初めて訪れた琉球の各地で、祝女《ノロ》や聞得大君など南島の巫女にかんする見聞を深めたことにもとづいていた。それら南島の巫女にかんしては、神につかえて神託を聞きとり、また「神の妻《メ》」となって神の子を孕むところに最大の特徴があると折口はみている[11]が、言うまでもなくそのような日本の巫女の性格規定は、つとに柳田国男が「巫女考」（大正二年）から「玉依姫考」（大正六年）にいたる一連の論考で主張していたことであった。柳田が「神に仕えて神の王子を生むをもって任務とした霊巫[12]」と定義づけた〈タマヨリヒメ〉の概念が、折口の〈神の嫁〉に直結するものであることは論をまたないところである[13]し、そもそも折口の琉球にたいする関心そのものが柳田の強力な磁場のなかで発生したものであった[14]。

このように折口は、一方では大正の初めから柳田国男の巫女論の影響を強く受け、他方これまた柳田からの勧めで、大正十年と十二年の二度にわたって琉球に生きる巫女の実態をつぶさに見聞することになった。そして、それら内外両面の蓄積が相乗的に作用することによって、折口の日本の巫女にたいする認識は格別に豊かなリアリティをもって語られることになったのであって、その先駆けをなした論文として、先にも引いた大正十三年の「最古日本の女性生活の根柢」や、〈神の嫁〉のイメージを冒頭で明示したうえで〈呪言〉の展開を述べる同年の「国文学の発生（第二稿）」をあげることができるだろう。

　そのうち前者の「最古日本の女性生活の根柢」では、小説「神の嫁」の中絶をおぎなおうとするかのように、〈神の嫁〉の概念化がこころみられている。そもそも「最古日本の女性生活の根柢」という、まことに折口らしくない理屈ばった論文名の選択こそが、この時期、折口が〈古代〉を実感の対象でなく概念の対象として考え始めたことを雄弁に物語っていよう。ともあれそこで重要なのは、古来、「時を定めて来臨する神などは、家々の女性が祀ることになつて居た」のみならず、その祀りのために、「『神の嫁』として、神に出来るだけ接近して行く」女性が存在したという指摘であり[15]、そのような〈神の嫁〉の役割を引き受けた女性として、琉球の祝女《ノロ》や聞得大君などの巫女を初めとして、文献からうかがえる古代の釆女や、卑弥乎などの女君、あるいは中天皇《ナカツスメラミコト》などの例がしめされ、またそれらの〈神の嫁〉の延長上に位置する女性として、東歌に出る〈新嘗の女〉や「女の家」で家に籠る女が引き合いに出されるのであった。

　また、折口の〈まれびと〉論の生成過程を見るうえで逸することのできない「国文学の発生〈第二稿〉」においては、古代の村や国では高級巫女とその近親者が主権者と認められるケースが、卑弥乎や神功皇后の場合を初めとして一般的に存在し、独身を原則とする彼女たちは〈神の嫁〉として神に進上されたとする。またそのような〈神の嫁〉の観念を生み出す現実的な背景として、「現神《アキツカミ》なる神主が、神の嫁なる下級の巫女を率寝《ヰヌ》る事が普通にあつたらしい」と述べて、出雲国造が新任の日に多くの百姓の女子を神宮の釆女と称して娶ったという、『類聚三代格』（延暦十七年十月十一日太政官符）に載る地方聖職者の淫風糾弾記事に言及している。[16]

こうして見ると、琉球再訪後に書かれたこれらの論考においてにわかに多彩な相貌をあらわにしてきた折口の〈神の嫁〉は、とりわけその性的意味合いにおいて、柳田の〈タマヨリヒメ〉とは格段に異なった性格づけがなされていることがわかる。すなわち、いわば折口の〈神の嫁〉論の生みの親とも呼ぶべき柳田の〈タマヨリヒメ〉論が、玉依姫の名を共通項にして伝承されてきた三輪山型の神婚説話や賀茂の丹塗矢伝説、あるいは八幡の比《ひ》売《め》神信仰など、神話や縁起によって表現される神人通婚と神の子の誕生を軸に語られていたのにたいし、折口が〈神の嫁〉のイメージによって強調しようとしたのは、むしろ祀りの夜の巫女的女性の忌み籠りの様態であり、またそうして忌み籠っている巫女と、彼女のもとを訪れる男神たる〈まれびと〉との性的関係そのものなのであった。むしろこう言い換えてもいい。すなわち、柳田は〈タマヨリヒメ〉を論ずるにあたって〈性〉の問題を比喩としてとらえる姿勢をくずさなかったのにたいし、折口は〈神の嫁〉にたいし、畏怖と愉悦の交錯する祀りの夜の〈性〉のヒロインの位置を与えている、と。

そのことは、「国文学の発生（第二稿）」で、

「神祭りの際、群衆の男女が、恍惚の状態になつて、雑婚に陥る根本の考へは、一人々々の男を通じて、神が出現してゐるのである。(17)」

と述べている箇所や、大正十五年に行なわれた講演筆記「古代生活に見えた恋愛」のなかに記される次のような一節に、疑問の余地なく断言されている。

「（前略）神祭りの時に、村の神に扮装する男が、村の処女の家に通ふ。即、神が村の家々を訪問する。其時は、家々の男は皆、出払つて、処女或は主婦が残つて神様を待つて居る。さうして神が来ると接待する。つまり臨時の巫女として、神の嫁の資格であしらふ。『一夜《ヒトヨ》妻《ヅマ》』といふのが、其です。(18)」

こうして〈神の嫁〉は、その具体相において〈新嘗の女〉のイメージを濃厚に取り込みつつ、「一夜だけ神の臨時の杖代《ツエシロ》となる」[19]巫女的女性として記号化されることになる。ちなみに、折口はこのように〈神の嫁〉の原像を祀りの夜の「一夜妻」という風習にもとめ、しかもそうした風習の存在は東歌の場合のような古代の新嘗祭儀の場合にとどまらず、出雲国造の新任式にかかわるセクシュアルな醜聞記事や、現代になっても各地に伝えられるいわゆる「初夜権」の民俗慣行などを通じても明らかだと考え、[20]「初夜」の性交渉をめぐる婚姻習俗と〈神の嫁〉たる巫女の性的役割の不可分の関係を以下のように述べることになる。

「初夜に処女に会ふのは、神のする神聖な行事でありました。実際は神が来るのではなくて、神事に与つて居る者が試みる。つまり初夜権といふので、日本でも奈良朝以前には、国々・村々の神主といふ者は、其権利を持つて居つた痕跡がある。其が今でも残つて居る。瀬戸内海の或島には、最近まで其風があつた様です。此は、結婚の資格があるかどうかを試すのだといひますが、決してさういふ訣ではない。又さうした権利が、長老及び或種の宗教家にあると考へるだけでは、足りませぬ。村々の女は、一度、正式に神の嫁になつて来なければ、村人の妻になれない。一度、神の嫁——神の巫女になつて来なければならぬといふ信仰が根本にあるのです。[21]

ここにいたると、折口が柳田の〈タマヨリヒメ〉論との比較においてみずからの〈神の嫁〉論にどのような特色を盛り込もうとしていたかがかなり明瞭になる。すなわち、柳田が「玉依姫考」で明らかにしたことが、〈タマヨリヒメ〉という名を負う古代の巫女的女性がその憑依と神託の異能によってやがては〈神の妻〉にして〈神の母〉でもある母神に祀り上げられていくメカニズムであった[22]とすれば、折口が〈神の嫁〉の発生の現場としてイメージしたのは、古代村落の女が定例の季節祀りで神に扮した〈まれびと〉たる男と性的交渉をもつことによって、共同体内の年齢階梯的な階層秩序をになう一人前の——つまり「村人の妻」になりうる——女として承認されるという、イニシエーション儀礼であったように思われる。

言い換えるなら、柳田の〈タマヨリヒメ〉が古代の氏族祭祀において特権的な役割をになう抜きんでた霊能の所有者をモデルとしているとすれば、折口の〈神の嫁〉は〈新嘗の女〉に象徴されるような、忌み籠りと「一夜妻」としての性的奉仕のイメージを中核にして構想されている。単純化のおそれを承知のうえで言うなら、ここにあらわれた両者の巫女観念の相違は、柳田のそれが巫女の〈霊〉的契機に焦点をあて、折口のそれが巫女の

〈性〉的契機に関心を集中させているというように整理できそうであるし、さらにまた、そのような両者の対照的な巫女観念が、戦後になってしだいに鮮明になっていった二人の〈神〉観念の相違――柳田の非肉身的な〈祖霊〉イメージと、折口の〈仮装した〉肉身をもつ〈まれびと〉イメージ、という対照――となって顕在化していくだろう。

神と精霊の対立

折口信夫の〈神の嫁〉論は、こうして師説である柳田の母神的な巫女イメージとの相違をあらわにしていくが、そのような趨勢を決定的にしたものが、折口学における「神と精霊の対立というパラダイム」の成立であった。この点についてはすでに前章で述べたので立ち入っては論じないが、簡単に言えば次のようなことである。

すなわち、大正末年から昭和三年にいたる時期に、折口の古代解釈には方法論上から言って飛躍的な展開が見られた。それは、〈呪言〉を発する〈神〉とそれに抵抗する〈精霊〉との二項関係を通じて古代のさまざまな事象を統一的に解釈しようとする新しいパラダイムの提示であって、そのような発想のいとぐちになったのが日本の芸能にあらわれる〈もどき〉という芸態であった。つまり折口は、〈もどき〉の本質を神の〈呪言〉に抵抗する精霊がその〈呪言〉にたいして口答えやまぜかえしで応酬することだと考え、その芸能上の表現を、神楽における人長と才男、能におけるシテ方とワキ方、あるいは翁と三番叟、萬歳における太夫と才蔵など、神霊を演ずるものとそれをもどく相手役とのペアの関係のうちに発見していったのであった。また、神が精霊に向けて発する〈呪言〉は、天皇と臣下のあいだなど上位のものから下位のものに発せられる場合には〈のりと〉となり、それにたいして下位のものの上位のものへの応答が〈よごと〉になるという見解も、折口の精霊論の重要部分であった。

それはともかく、この場合とくに強調しておかなければならないのは、折口がここで神と精霊のいずれにたいしても実体的な概念規定を行なっていないということである。むろんのこと、〈神〉といった場合、折口の念頭に琉球における仮装の来訪神たる〈まれびと〉の畏怖にみちた姿態や、能の翁の森厳な面立ちなどが浮かびあがっていたことは否定すべくもないが、それらはいずれも、〈まれびと〉を迎える村人、翁をもどく三番叟との関係のなかで〈神〉の位置を占めるのであって、決して実体としての神そのものではなく、あくまで関係的な存在にとどまるものであった。おなじことが〈精霊〉の側にもあてはまることは言うまでもなく、それらは神の発する〈呪言〉にたいし初めは抵抗するものの最後には屈服する存在に共通する名称であって、決して低位の神霊や土着の諸霊といったような実体としての spirit をさすわけではなかったのである。

性急に言うことが許されるとすれば、してみると、折口にとって古代とは、いわば神と精霊という二元的な原理がたがいに対立と親和を繰り返す構造連関のシステムとして理解されることになったと言えるはずである。言い換えれば、この時期の折口は、文学・芸能・国家など多様な水準にあらわれるさまざまな古代的事象を、たとえて言うなら、神と精霊という二項からなる函数によってあらわすことができると考えていたふしがあり、そのような見通しにもとづいて、文学の領域においてならば〈うた〉の発生を説くときの男女の〈かけあひ〉の解釈によって、また国家の問題に即して言えば〈みこともち〉や〈みたまのふゆ〉の論理を適用した天皇と臣下のあいだの支配と服属のシステムの分析となって一般理論化されたことも、前章で概観しておいたとおりである。

そうであれば、折口の〈神の嫁〉が、柳田の〈タマヨリヒメ〉にあっては比喩の水準でしか意味をもたなかった〈性〉を事実の水準に置き換えたという前節で指摘した観点は、修正をせまられることになるのだろうか。あるいはまた、折口にとって神と精霊の対立が決して実体的な歴史の問題ではなく、彼の古代理解のための方法的な解釈コードであったとすれば、そのような神と精霊の対立の具体的表現である〈性〉は折口にとってどのような水準で設定されているのだろうか。

その問題を考えるためには、折口が神と精霊の対立というパラダイムとの関連のもとで

〈性〉を実際どのように記述しているかを見ておく必要がある。たとえば、〈新嘗の女〉のイメージがこのパラダイムと関連づけて論じられる昭和三年の「万葉集研究」では、「村家の娘を訪れる新嘗の夜の情人を仮想した二首の東歌」、すなわち冒頭でも引いた例の『万葉集』の東歌の解釈を下敷きにしつつ、それが以下のように、新しい神と精霊の対立という枠組にしたがって説明されることになる。

「此夜（新嘗の夜のこと――引用者註）の客が、神であつて、所謂一夜《ヒトヨ》夫《ヅマ》なるものであつた。歌垣・燿歌会《カヾヒ》・新室の寿《ホカヒ》の唱和は、民間の歌謡の発達の常なる動力であつた。元は、男方は神として仮装して来り、女方は精霊の代表たる巫女の資格において、これに対抗し、これを迎へ、これに従うたのである。此が相聞歌の起りである事は述べた。(23)」

神の〈呪言〉にたいし、初めは抵抗し抗弁するものの、ついにはそれに圧服されるのが精霊の本性だというのが折口の精霊論の骨子であったが、この一節において彼は、そのような神と精霊の関係が新嘗の夜の来訪神（に扮した村の男）と巫女からなる男女のペアの関係に明確に対応するものだと断言している。たしかに、『万葉集』の東歌を〈新嘗の女〉

の忌み籠りにむすびつけるのは、すでに引用した「方言」や「最古日本の女性生活の根柢」など大正後半期の論考で繰り返し表明されていた見解である。とはいえ、それが古代の新嘗祭儀や民俗行事としての「女の家」という個々の事例解釈にとどまるのでなく、古代世界の基本構造を神と精霊の対立という普遍的枠組のなかに置く方法的な解釈装置に飛躍するためには、世が大正から昭和へと移るまでの理論的熟成の時間が必要だったのだ。そして、そのような新しいパラダイムを通じて眺めるとき、かつての新嘗祭儀において忌み籠る巫女的女性がになっていたとされる禁欲と愉悦の両義的なイメージは、今度は、古代の共同体の成員が神とのあいだにとりむすぶ両義的関係を象徴する記号に転化するのであった。言い換えれば、神と共同体とを必須の構成要素として成立する古代的世界は、それら両項をむすびあわせる〈性〉的メタファーの解読を通じて明らかになるだろう。言うまでもなくそのとき絶対に見逃すことのできないのが、神にたいし反抗と屈服という対照的な態度をもって登場する精霊という存在にほかならない。

このことに関連して当然思い起こされるのは、先に〈新嘗の女〉のイメージを整理したところで述べておいたように、「来訪するもの」／「籠るもの」の二項関係が祀りの空間においては〈外〉／〈内〉という対比となってあらわれ、また祀りの役割配分としては神／人の対比となってあらわれていたということである。しかし、東歌に注目した当初の折口は、そのような古代の農耕儀礼の特徴を「女の家」の習俗と重ね合わせ、それらの中核には季節の変わりめに行なわれる忌み籠りの儀礼が存在していたというふうに、〈新嘗の女〉を忌み籠り儀礼の構成要素に還元して理解しようとする傾向をもっていたが、今やそのような忌み籠りの実態の穿鑿とは無関係に、新嘗の夜の男女の役割が神と精霊の対立という一般的水準の問題として設定しなおされることになった。だからこそ、先の引用の終わりの部分で明らかなように、新嘗の夜の〈まれびと〉と巫女のペアが即座に相聞歌の起源となる〈かけあひ〉の主題へとスウィッチされることが可能なのである。

なぜなら、歌垣や嬥歌会《カガヒ》の場における男女の〈うた〉の唱和というものは、「神と精霊との問答が、神に扮する者と、人との問答になる。そして、神になつてゐる人と、其を接待する村々の処女たちとの間の問答になる」[24]という一般法則からみちびき出されているからであって、決して相聞歌の歴史的な起源にたいする回答ではなかったからである。神と精霊の対立が折口古代学固有のパラダイムとなったというのは、まさにそういう意味合いにおいてなのだ。

このように、新嘗の夜の〈一夜妻〉――〈まれびと〉として来訪する男の側から見れば〈一夜《ヒトヨ》夫《ツマ》〉――の習俗と、相聞歌における男女の〈かけあひ〉とは、折口の古代理解からすれば別個の問題ではなく、理論的には同一の問題なのであった。なぜなら、これら二つのケースはともに、神に扮する男とそれを迎える女の対関係を軸になりたっているからであり、それは古代世界を構成している神と精霊の対立という基本構造の多様なヴァリアントのうちの一つにすぎないからである。言い換えるなら、〈一夜夫〉と〈一夜妻〉という男女のペアや〈かけあひ〉で唱和する男女のペアは、その背後にある神と精霊のペアの変形にすぎないのであった。

また逆の見方をするなら、神と精霊の対立をなりたたせているのは現実の男女の性的関係以外のものではないとも言いうる。なぜなら、先の「古代生活に見えた恋愛」で、「村々の女は、一度、正式に神の嫁になつて来なければ、村人の妻になれない。一度、神の嫁――神の巫女になつて来なければならぬといふ信仰が根本にある」と説かれていたとおり、折口の見る古代共同体内の性関係というものは、その背後に、祀りの夜〈まれびと〉として来訪する男神と、その〈まれびと〉を迎える巫女とが性的交渉を行なうという神話的言説空間を前提にしているからにほかならない。言い換えれば、折口がここで思い描いた〈古代〉とは、事実としての男女の性関係と神話的言説によって語られる〈まれびと〉と巫女の性関係とが理念的に一致する世界のことであった。そのように理念化された〈古代〉であるからこそ、先の「万葉集研究」の一節でのように、神／精霊の二項はストレートに男／女の二項へと何の留保もなく配当されることになる。

また、そのように理念化された〈古代〉像の由来を問うてみるなら、そこには琉球採訪の旅を通じて得た折口じしんによる〈神の嫁〉イメージについての確信があったろうことも想像にかたくない。そのような「最古日本の女性」にかんする経験のなかで深められていった〈神の嫁〉という〈性〉的メタファーへの共感が、学問のレヴェルにあっては、見てきたような神と精霊の対立というパラダイムを生み出すことにもなったと言うべきだろう。

精霊の〈性〉の分化

これまで見てきたように、大正十五年の「万葉集の解題」や昭和三年の「万葉集研究」で明言されているとおり、折口にとって神／精霊が男／女に対応することはほとんど疑う余地がなかった。それはなぜかと言えば、先述のように、折口の巫女論が柳田のそれに大きく依存しながらも、柳田の巫女イメージが玉依姫や八幡比売神に見られる〈神の母〉性に力点が置かれていたのに反して、折口のイメージする古代の巫女が〈新嘗の女〉を典型例とするような〈神の嫁〉性に重点があったこととの必然的な帰結でもある。言い換えれば、柳田の巫女イメージが神の子を生むことを軸に描きあげられていたとすれば、折口は神と交わることこそが巫女の本質的な役割だと見ていたのであって、そうであるからこそ、柳田の巫女論は〈神の母〉と〈神の子〉という擬制的血縁神たる母子神信仰の歴史的解明に向かい、一方の折口の巫女論は、〈まれびと〉と〈神の嫁〉の性的ペアをモデルに発想された神と精霊の対立というパラダイムを、古代理解のための一般法則に押しあげていくことになるのであった。

ところで今しがた、折口のパラダイムにおける神／精霊と男／女の対応関係について述べたが、じつはその点について折口は必ずしも明確な断定をくだしているわけではなかった。むしろ折口はこののち、精霊にたいして単一の性格づけを与えることをむしろ避け、逆に精霊そのもののうちに内包される多義的な性格を強調するようになる。その場合の多義性とは、単純化して言えば、神の〈呪言〉を沈黙によって拒もうとする能動的な側面と、また他方、それにもかかわらず神の威力に屈服を余儀なくされる受容的な側面という、相反する性格のことにほかならない。言い換えるなら、折口の精霊は一方では反抗的で荒ぶる地霊でもあり、他方では従順で恵みをもたらす神霊でもありえたのである。

このような精霊の両義的性格が最大の原因となったためであろうか、折口は神／精霊の二項それぞれを男／女の二項に配当する従来の議論に若干の軌道修正を行なうことになる。たとえば昭和八年に発表された「日本文学の発生」などを見ると、その点についての折口の見解の推移がかなり明瞭になるはずだ。

「演劇は、日本の古代に於いては、掛け合ひを要素とするもので、寧、相撲《スマヒ》の形式に近いものであつた。其主体となる神に対して、精霊がそれをもどく行動をして、結局、降伏を誓ふ形になつたのが、次第に複雑化したものに過ぎない。その精霊が、男性であり、女性である事の相違が、芸能としての筋に変化を与へる様になつた。だから、単純な演劇は、受け方が動物であることがあり、又、巫女の様な姿を取る様にもなる。(25)」

ここでは明らかに、神にたいする精霊の性別が男女のいずれかにかぎられることはなく、むしろ反対に、精霊が男としてあらわれたり女としてあらわれたりすることが可能だからこそ、日本の芸能は多様で豊かに表現されるのだと考えられている。言うまでもなくそれは、〈もどき〉に内在する二様の性格、すなわち神の〈呪言〉を拒んであらがう要素と、それを受け容れて神を祝福する要素とに由来するものであり、そのような神／精霊の対照的な局面のうち、神にたいする精霊の抵抗は同性間の対立関係となってあらわれ、そのような抵抗が放棄されて精霊が神を受け容れるとき、神と精霊は異性間の親和関係となってあらわれるということである。

見てきたとおりこれまでの折口は、神と精霊の性別モデルを一律に男女に当てはめたうえで、精霊の具体像を〈新嘗の女〉に代表される〈神の嫁〉のイメージによって説くのがつねであったが、ここにいたって、精霊が合意する性別役割が決して〈神の嫁〉にとどまるものでないことを重視するにいたったのだろう。おなじ論文の後段では、そうした精霊の〈性〉の分化がいっそう明瞭に語られることになる。

「神と精霊とは、常に混同せられてゐるが、形式上には、明らかに区別を立てゝ置かねばならぬ。男性の精霊として見られる場合は、多く一度は抵抗することになつてゐるが、女性の場合には、除外例もあるが、大体なごやかに神を接待するものとせられてゐる。(26)」

「精霊が、女性として考へられる時には、巫女の形を生じて来ることは述べた。日本の信仰においては、巫女は尠くとも、遠来の異人なる神に対して考へた、接待役の地霊であつた。さうして多くの場合、その神を歓待して還らせる役目を持つものと思はれてゐた。(27)」

このように折口は、神／精霊の関係が男／女の関係に固定するものではないことを強調し、そのうえで、神／精霊が男／男の敵対関係によって表現されている実例として、「ひこほゝでみの尊に対する海幸彦、たけみかづちの命に対するたけみなかたの神であり、又野見宿禰に対しての、当麻《タギマ》ノ蹶速《クェハヤ》の如き姿[28]」をあげるのである。くだくだしく説明するまでもないことだが、海幸彦（火照命）は綿津見神伝来の呪具の力に翻弄されて弟ヒコホホデミ（火遠理命）の「守護人《まもりびと》」になることを誓い、タケミナカタはタケミカヅチとの力競べに負けて国譲りを承諾し、当麻蹶速は野見宿禰との相撲で腰を砕かれて死んだとされるのであって、いずれの場合も当初は相手をしのぐ勢力のもちぬしが最後には打ち負かされ臣従するか死んでしまうという関係になっている。相争う同性のライヴァルが最後には屈服を余儀なくされるところに、折口はもう一つの神と精霊の関係を見たのだと言えるだろう。

ところで先にも一言しておいたように、折口の神と精霊の対立というパラダイムにおいて重要なのは、神が精霊に下す〈呪言〉が上位のものが下位のものに——典型的には天皇が臣下に——発する〈のりと〉となり、その〈のりと〉にたいして精霊が神に奉ることばが〈よごと〉になるという指摘であった。折口はそのような〈のりと〉と〈よごと〉の対比をここでも援用して、上述の例にもとづき、「わが（古代日本の—引用者註）詞章は本質的に、のりと・よごと風の対立を見るのだから、必のりと方と、よごと方に分れるものと見てよい。だから、争ひの形からはじまつて、奏寿・誓約に決著したのである」[29]と述べ、ひこほゝでみ・たけみかづち・野見宿禰を〈のりと方〉とし、一方の海幸彦・たけみなかた・当麻蹶速を〈よごと方〉に分類する考えをしめしている。むろんこのとき、〈のりと方〉が神に、〈よごと方〉が精霊にあたるのは論ずるまでもない。

結局ここで折口は、神にたいしてとる精霊の姿勢が初め「争ひ」から始まり、最後には「奏寿・誓約」をもって終わるという一般原則を立てていることがわかる。このような一般原則から振り返って見れば、彼がこれまで精霊モデルとして愛好してきた〈神の嫁〉は、いわばそのような精霊の時間的推移の最終段階に位置する「奏寿・誓約」の極限形態にほかならないことになろう。そこで折口は、このあとすぐ以下のように記すことになる。

「よごと方なる相手を女性化する様になると、黄泉大《ヨモツオホ》神の娘・大山祇《ツミ》の娘・わたつみの娘など言つた形になり、又男神を逐ふ女神――播磨風土記――といふ姿を採るのだ。其が低くは、村々の巫女と謂つた姿をとる。[30]」

ここで列挙されている女（女神）たちが、〈外部〉からやって来た来訪神（まれびと）の求婚《よばひ》を受け容れる点で共通性をもっていることは一目瞭然だろう。またその場合、妻問いする〈まれびと〉に応じる女の側の返答そのものが折口の言う〈よごと〉の意味をもつのも自明のことだ。もっとも、大山祇の娘であるコノハナサクヤヒメが高天原からの来訪神であるニニギと結婚し、海神の娘トヨタマヒメがホヲリ（山幸彦）の妻となったのは知られるとおりだが、黄泉大神の娘が誰のことをさすのかは了解に苦しむところで、今しがた述べた文脈に即して考えれば、折口は根国の大神スサノヲの娘でオホアナムヂが娶ったスセリヒメのことを念頭に置いていたように思える。いずれであれ、このような来訪神の求婚とそれにたいする土地の娘——折口の言い方にならえば「村々の巫女」——の応諾という神話解釈上の構造論的視点の拡大が、折口のパラダイムに豊かなひろがりを与えることになったのは想像にかたくない。

たとえばこれより少しのちの昭和十年の「たなばた供養」という名の短文では、例の水辺に機《はた》を据え神衣を織りながら神の来臨を待つタナバタツメ（棚機津女）とコノハナサクヤヒメとの親縁性を論ずる前提として、「日本古代の厳粛な儀礼で祀られた神々の上にも、又近代、忘れ遺りの様になつた精霊などの扱ひにも、等しく通じたところのあるのは、神遠来の思想であつた。第一代の天孫、この国に臨ませられた最初は、笠狭岬《カサヽノミサキ》であつた」[31]と書き、さらにそのような神と精霊の関係について、結論的に、

「古代には、遠来のまれびと神を迎へ申すとて、海岸に棚作りして、特に択ばれた処女が、機を織り乍ら待つて居るのが、祭りに先だつ儀礼だつたのである。(32)」

と記して、〈まれびと〉とタナバタツメたる〈神の嫁〉のペアを神と精霊のもう一つのヴァリアントになぞらえているのである。

このように精霊の役割を果たす存在が、先ほどの海幸彦やたけみなかたなどのように男神に割り振られるばかりでなく、タナバタツメなど〈新嘗の女〉以外の多様な巫女的女性にまで拡大されることによって、神と精霊の対立というパラダイムはいっそう包括的な理論となっていくのであった。

〈まひびと〉のゆくえ

これまで見てきたように、折口は芸能における〈もどき〉を発想の源として神と精霊が対立する場面を設定し、その具体的あらわれを人長／才男、翁／三番叟、太夫／才蔵などのペアのうちにもとめたが、それら両者の関係がもっともリアルに表現されるケースとして彼が偏愛したのは、神／精霊が男／女の性別に対応してあらわれる〈かけあひ〉の男女や、忌み籠りにおける〈まれびと〉／〈神の嫁〉のペアであった。ところが、このように歌や芸能、さらに民俗祭儀の事例からの神と精霊の多様な組み合わせが想定されてみると、今度はそれら相互の関係をどのような基準にしたがって整理するかが次の問題として浮上してくるはずであった。そこで折口の採用した方法が、前節で見たように神／精霊の「争ひ」を起点とし、その「奏寿・誓約」を終点とするような時系列上のそれぞれに、神と精霊の多様な関係を配列することだったとは言えないだろうか。そしてその場合、起点となる神／精霊の「争ひ」のモデルがたとえば野見宿禰と当麻蹶速のような男／男の対抗関係でしめされるとすれば、その「奏寿・誓約」の理想型がニニギとコノハナサクヤヒメや天神とタナバタツメに象徴されるような〈まれびと〉／〈神の嫁〉の〈性〉的な親和関係となってあらわれるとされたのである。

しかしこのように、神／精霊の基本的関係を時間的推移にしたがって男／男の対立から男／女の親和への移行としてとらえる視点は、折口によって再び修正をほどこされる運命にあった。そしてその契機となったキー概念が折口の饗宴理論の中核に位置する〈あるじ〉という概念なのであった。

周知のように折口は、日本の祀りを構成する枢要なプロセスを饗宴のなかに見出し、その基本を〈まれびと〉と〈あるじ〉の相互交渉にあると考えた。そもそも折口によれば、のちにも述べるように、〈あるじ〉は元来、主人を意味することばだったのではなくて、

「まれびと即、常世神に対する馳走を意味」したのであって、その目的も〈まれびと〉がいつまでも滞在されては困るので、できるだけ歓待し喜んで帰ってもらうために行なうのであったという。[33] そのような〈まれびと〉にたいする饗応の実行者——御馳走をすすめる「あるじす」という動詞で表現される——が、やがて〈あるじ〉と呼ばれるようになった。

すぐさま予測できるところだが、折口はこのように〈まれびと〉を〈まれびと〉との関係に置いて考えるわけだから、それが上来見てきた〈まれびと〉／〈神の嫁〉の関係と論理的にまったく別ものであるはずはなかった。ちなみに〈まれびと〉との対応で〈あるじ〉の語義に言及した最初が右に引いた大正十五年の「鬼の話」あたりだろうと思われるが、前章でもふれたように、その時期はちょうど折口が神と精霊の対立というモチーフを新しいパラダイムに仕上げるべく腐心していた時期にあたり、とりわけ同年の「万葉集の解題」において、〈まれびと〉に扮した村の男とそれを接待する村の巫女との——つまり神と精霊との——歌の問答として〈かけあひ〉が関心の的となっていたのであった。こうしてまず〈うた〉の発生を神と精霊の対立というモチーフによって説明した折口は、やがて昭和三年の「翁の発生」ではそれを〈もどき〉の解釈をとおして精力的に展開し、文学と芸能の双方に通底する神と精霊の対立というパラダイムを提示することになる。

そしてはやくも、おなじ昭和三年の「祭りの発生その二」と副題された「村々の祭り」

において、先の「鬼の話」でいとぐちを見つけた〈あるじ〉の原像を、神と精霊の対立という視点から敷衍する試みが行なわれている。

「大和宮廷などでは、早くから其まれびとが、神に仮装した村の男神人だと言ふ事を知つてゐた。家々のにひなめには、自分の家より格の上な人をまれびととして光来を仰ぎ、咒詞を唱へて貰ふ事があつた。さうした時代にも、まれびとは家あるじに対して、舞ひをした処女或は、接待役に出た家刀自を、一夜づまに所望する事も出来たのである。」(34)

ここでは、いまだ祀りにおける〈あるじ〉の普遍的な意味が明示されているわけではないものの、祀りのさいに仮装してやって来る〈まれびと〉との関係において、「家あるじ」が果たさねばならない役割が明確に打ち出されていることが注目される。

すなわち本章でも詳しく見てきたように、これまでの折口は日本の祀りの原型をここでも言及されている新嘗祭儀などの忌み籠りにもとめ、そこでの〈新嘗の女〉の一夜妻としての性的役割について繰り返し強調してきた。またそのような祀りにおける〈神の嫁〉が〈まれびと〉との関係において意味するところが、芸能においてさまざまな〈もどき〉役の意味するところに相当することが指摘され、そのおのおのの関係を神と精霊の対立というパラダイムにもとづいて解釈する可能性が提示されたのであった。それはやがて、「日本文学の発生」が書かれた昭和八年ころを中心にして、精霊の多義的な性格に応じた精霊そのものの〈性〉の分化が想定され、神／精霊の関係が時間的推移にしたがって男／男から男／女へと変化するという見通しが示唆されるようになる。

しかしそれに先立つ昭和三年の「村々の祭り」の右に引いた一節において、精霊の〈性〉の分化という視点はすでに予告されていたのだ。もちろんそれは神と精霊の関係のなかで明示されているわけではなく、〈まれびと〉を迎える「家あるじ」のもてなしの具体例を説くことによって間接的にしめされているにすぎないが、〈まれびと〉にたいする饗応のディテイルが「家あるじ」の近親の女による舞いや性的な接待であるという指摘は見逃すことができない。というのは、ここでは〈まれびと〉／〈あるじ〉の関係が神／精霊の関係でとらえられているばかりか、その場合〈あるじ〉が〈まれびと〉にたいして行なう饗応そのものの性格が男／男のそれだけでなく男／女のそれをも含むことが予想されているからである。

もっとも、今しがたそこでは〈まれびと〉／〈あるじ〉の関係が神／精霊の関係でとらえられていると言ったが、この時期までの折口の認識では〈あるじ〉を精霊の一形態と断定する立場はさして明確になっているとは言いがたいところがある。たとえば神と精霊の対立というモチーフがかなり精度をまして述べられるようになった昭和二年の「国文学の発生（第四稿）」においては、いまだ〈あるじ〉と精霊の関係は曖昧なものであったからである。

「常世の神の呪言に対して、精霊が返奏《カヘリマヲ》しの誓詞を述べる様な整うた姿になつて来る。精霊は自身の生命の根源なる土地・山川の威霊を献じて、叛かぬことを誓約《ウケヒ》する。精霊の内の守護霊を常世神の形で受けとつた邑落、或は其主長は、精霊の服従と同時に其持つ限りの力と寿と富とを、享ける事になるのである。(35)」

ここでは常世の神〈まれびと〉にたいする存在が精霊であるとも、また邑落あるいはその「主長」であるとも説かれていて論理的な整合性が不足している。が、見方を変えて言えば、ここには先に見たような神／精霊を男／男から男／女への移行によって解こうとする後年の折口の論点が先取りされているわけでもある。なぜなら、初め常世神と荒らぶる精霊とのあいだに生じた「争ひ」が、最後には精霊の「奏寿・誓約」によって邑落あるいはその「主長」が神から祝福を受けることで終結すると述べられているからだ。ここで言われる「主長」が饗宴における〈あるじ〉の概念と重なるものであることは疑う余地がない。

このように折口の〈あるじ〉ははやい時期から出現の萌しを見せてはいるものの、明瞭な概念に整備されるには思いのほか時間を要することになった。折口は昭和十六年になって日本芸能史について連続講演を行ない、それがのちに『日本芸能史六講』の書名で刊行されるが、そこで初めて〈まれびと〉と〈あるじ〉の関係が総括的に論じられることになった。

> 「(前略) まれびとに対して対蹠の位置にある人が、あるじです。このあるじといふ語は、我々は主人といふ風に考へ易いが、もとは饗宴の御馳走のことを言うた語です。来客の為に準備しておいた御馳走を、その客にすゝめることをあるじすと言うてゐますが、御馳走をすゝめる役が、つまり主人だつたのでせう。[36]」

折口の饗宴論は、こうして「饗宴の二つの主な役目」、すなわち〈まれびと〉(客人《マラウド》)と〈あるじ〉の対応関係によって成立するものだが、じつのところ重点はそこにはないと言ったほうがいい。むしろ重要なのは、〈あるじ〉の分身として饗宴に登場する〈まひびと〉

――あるいは〈まひひめ〉――についての折口の考えである。すでに饗宴で舞いをする女性のことは「村々の祭り」において言及されていたところだが、ここではそれが饗宴の場で「あるじとまれびととの間に介在してゐるもの」であり、しかも「あるじ側のもので、まれびと側のものではありません」と性格規定され、さらに逸することのできないことに、その〈まひびと〉は「我が国の古い語でいふと、ものとか、たまとかいふ、つまりでもんとかすぴりつとと謂はれる様なもの」だとされるのである。[37]このように〈まひびと〉が〈あるじ〉側に属してその分身的性格をもち、しかもでもんとかすぴりつと、すなわち土着の地霊たる精霊の性格を帯びているとされるのである以上、それが神／精霊の関係において精霊の位置をしめることは疑いをいれない。

そのことはさらに、戦後になって刊行された『日本文学の発生序説』になると、饗宴は「主」「客」「舞人」の三者によって構成されると説いたうえで、この「舞人」は「邸・家屋・屋敷地の精霊であつたものが、主人と等しく、『客』の来訪を受ける形にゐるところから、主人の一部といふ風に解せられて来た」[38]と言い、〈まひびと〉の精霊的性格が「客」〈まれびと〉との関係で強調されることになる。

結局こうして折口は、神／精霊の関係のヴァリエイションとして神〈まれびと〉／〈あるじ〉と神〈まれびと〉／〈まひびと〉という複線的関係を想定したものと考えられ、その場合の〈あるじ〉と〈まひびと〉のそれぞれに精霊の複合的な性格を配分したのである。言うまでもなくそのときの精霊の複合的な性格とは、〈まれびと〉とのあいだに男／男の緊張関係を起こす荒らぶる精霊と、〈まれびと〉とのあいだに男／女の性的親和関係を生む柔和な精霊にほかならない。そして後者の場合、先ほど引いた「村々の祭り」で示唆されていたように、〈まひびと〉として〈まれびと〉を遇するのは「家あるじ」の縁者であったらしく、そのような女性が〈神の嫁〉として〈まれびと〉に提供されるということになるのである。かつての折口が愛好した〈神の嫁〉のイメージは、こうして時代をへだてた後年の饗宴論において少しばかり様相をあらため、〈まひびと〉の名で再び登場したと見ていいだろう。

そしてそのイメージは途絶えることなく晩年の折口によっても踏襲されたと見え、たとえば昭和二十八年の「新嘗と東歌」で古代の稲の祀りが論じられるさいにも、一夜妻として饗宴の場で舞いを披露する〈まひびと〉のイメージと、かつて繰り返し論じた〈新嘗の女〉のそれとが、次のように見事に重ね焼きされることになる。

「まれびとを饗応する場合は、普通主人と、主人に言ひつけられて接待する役がする。この役は普通女性で、主人の近親で舞をまふ人が出る。客から所望されゝば客人の自由になる。[39]」

かつて神と精霊の対立というパラダイムのもとに置かれ、実体概念から方法概念への飛躍をとげたかに見えた〈神の嫁〉や〈まひびと〉という折口名彙が、ここにしめされた晩年の折口の語り口に典型的なように、再びかぎりなく歴史的事実の側に揺り戻されているように見えるのは否定すべくもない。そのような揺り戻しをもたらした最大の原因は、私見によれば、前章でも論じたように当のパラダイムが文学と芸能の発生論に限定され、ついに国家あるいは権力の発生論にまで深められることがなかったという事実に由来するものと思われる。

そしておそらくそのことは、本書第Ⅰ部で見たような、戦後まもなくの折口が執拗に唱えた「神道宗教化」論の流産という事態と無関係ではなかったに相違ない。

註

(1) 折口信夫「最古日本の女性生活の根柢」、『折口信夫全集』第二巻、中央公論社、一九六五年、一五九頁。
(2) 同上。

（3）折口信夫「方言」、『折口信夫全集』第三巻、八五頁。

（4）折口信夫「国文学の発生（第三稿）」、『折口信夫全集』第一巻、一〇―一一頁。

（5）折口信夫「大嘗祭の本義」、『折口信夫全集』第三巻、一八二頁。

（6）前掲の「最古日本の女性生活の根柢」「国文学の発生（第三稿）」など。もっとも、「御祖の神」が男神であるか女神であるかにかんしては、記紀の用例にしたがうかぎり、「祖」は近い祖先、ことに母親をさすことが一般的だから（田中久夫「『祖』の意味について」、『氏神信仰と祖先祭祀』名著出版、一九九一年、二七〇頁）、折口の推定は正当だったと言うべきだろう。

（7）折口がこれら二つの東歌を〈新嘗の女〉の記憶にもとづく民謡風恋愛歌と見なし、しかもその傍証として、そこでの来訪神の性別を女とする矛盾をあえて犯しながらも『常陸国風土記』を引き合いに出す語り口は、戦後にいたるまで一貫して変わることがなかった（折口信夫「新嘗と東歌」、『折口信夫全集』第一六巻、二八二―二八四頁）。

（8）折口信夫「年中行事」、『折口信夫全集』第一五巻、六四頁。

（9）折口信夫「万葉集研究」、『折口信夫全集』第一巻、四一六頁。

（10）折口信夫「年中行事」七六頁。

（11）折口信夫「琉球の宗教」、『折口信夫全集』第二巻、七八―七九頁。

（12）柳田国男「玉依姫考」、『柳田国男全集』第一一巻、ちくま文庫、一九九〇年、八九頁。

（13）柳田国男が「玉依姫考」で論じた日本の神の性格が、父神・母神・御子神からなる聖家族型血縁神モデルに帰結するものであり、そのような三神モデルを生み出す源として柳田が着目したのが古代の巫女――その一般名称が〈タマヨリヒメ〉にほかならない――の霊能力であったことについては、拙著『日本の神と王権』（法藏館、一九九四年）の第Ⅰ部「祟り神と始祖神」で私見を明らかにしておいた。折口の〈神の嫁〉論がそうした柳田の〈タマヨリヒメ〉論の圧倒的な影響下にあったことは否定すべくもないが、後述のように折口の場合、それが〈新嘗の女〉や〈まひびと〉のイメージにつらなり、やがてそれが神と精霊の対立という折口独自のパラダイムを生むにいたったところに、柳田学を養分として育った折口古代学がついに柳田民俗学を凌駕しえた一因をもとめることができよう。

(14)「琉球の宗教」の末尾で、折口は「此短い論文は、柳田国男先生の観察点を、発足地としてゐるものである事を、申し添へて置きます」（『折口信夫全集』第二巻、七九頁）と追記して、日本古代の巫女と琉球に現に生きる巫女の双方を統一的にとらえる視点が、柳田ゆずりのものであることを率直に認めている。

(15) 折口信夫「最古日本の女性生活の根柢」一四九頁。

(16) 折口信夫「国文学の発生（第二稿）」、『折口信夫全集』第一巻、七六―七七頁。

(17) 同上。

(18) 折口信夫「古代生活に見えた恋愛」、『折口信夫全集』第一巻、四六三頁。

(19) 同上。

(20) 折口信夫「国文学の発生（第二稿）」七八頁、同「国文学の発生（第三稿）」四五頁。

(21) 折口信夫「古代生活に見えた恋愛」四六二頁。
(22) 柳田は「玉依姫考」において、〈タマヨリヒメ〉に代表される古代の霊巫が、彼女の霊巫性を継承反復する「第二の神巫」「第三の神巫」によって「巫女の開祖」の位置に祀り上げられることを指摘しているが、その意味するところは結局、氏族の〈妹の力〉が姨《おば》から姪へと世代を越えて継承されることで、その霊能の〈起源〉が氏族共通の母神として観念化されることであり、そこにこそ日本人の〈神〉観念の特色である〈人を神に祀る風習〉の核心があるはずだということであった(前掲拙著所収の「祟り神と始祖神」を参照されたい)。
(23) 折口信夫「万葉集研究」三九九頁。
(24) 折口信夫「万葉集の解題」、『折口信夫全集』第一巻、三四八頁。
(25) 折口信夫「日本文学の発生」、『折口信夫全集』第七巻、六二一頁。
(26) 同、六九頁。
(27) 同、六八―六九頁。
(28) 同、六三頁。
(29) 同上。
(30) 同上。
(31) 折口信夫「たなばた供養」、『折口信夫全集』第一五巻、一八八頁。
(32) 同、一八九頁。
(33) 折口信夫「鬼の話」、『折口信夫全集』第三巻、一二頁。

(34) 折口信夫「村々の祭り」、『折口信夫全集』第二巻、四五一頁。
(35) 折口信夫「国文学の発生（第四稿）」、『折口信夫全集』第一巻、一三二頁。
(36) 折口信夫『日本芸能史六講』、『折口信夫全集』第一八巻、三四五―三四六頁。
(37) 同、三四六頁。
(38) 折口信夫『日本文学の発生序説』、『折口信夫全集』第七巻、三〇四―三〇五頁。
(39) 折口信夫「新嘗と東歌」、『折口信夫全集』第一六巻、二八七頁。

第Ⅲ部　折口信夫と柳田国男

1　『古代研究』の成立まで

「類化性能」と「別化性能」

「比較能力にも、類化性能と、別化性能とがある。類似点を直観する傾向と、突嗟《ママ》に差異点を感ずるものとである。この二性能が、完全に融合してゐる事が理想だが、さうはゆくものではない。
私には、この別化性能に、不足がある様である。類似は、すばやく認めるが、差異は、かつきり胸に来ない。事象を同視し易い傾きがある。これが、私の推論の上に、誤謬を交へて居ないかと時々気になる。(1)」

よく知られているように、ここに引いたのは折口信夫が『古代研究』全三巻の刊行を終えるにあたって記した「追ひ書き」の一節だ。いわゆる「詩人的直観」を縦横に発揮して独自の古代イメージをつくりあげた折口の資質が、「類化性能」という自己評価の用語を通じて明快に説き明かされている部分である。

だが、この「追ひ書き」で折口が述べようとしているのは、たんに彼じしんの学者としての自己評価にとどまるものではなかった。そこには、この昭和三年というときにあたって彼じしんが抱懐するにいたった微妙な心の動きが随所に縫い込められているように見える。本章では、ここに述べられる折口の、あるときは婉曲で、あるときは激越ですらある語り口にそって、この特異な内容をもつ「追ひ書き」に込められた意味を解きほぐしてみたいと思う。またそのことによって、折口がこのとき『古代研究』の仕事を通じて師の柳田国男との関係にどのような軌道修正を与えようとしていたのかも、少なからず明らかになるはずである。

さて、折口信夫は名実ともに〈折口古代学〉の骨格をなすことになる『古代研究』全三巻の締めくくりとして、含蓄にとんだ「追ひ書き」を残すことになったが、そこにはいくらかの衒いと、それをはるかに上まわる自負の気概が紙背からにじみ出ている。その冒頭で彼は、二十年にもわたって遊民のような生活を送って来た自分を無言で扶持してくれた長兄に感謝のことばを述べる。だが皮肉なことに、今やっとその兄に少しでも報いることができるであろう『古代研究』三部作が日の目を見ようとしているにもかかわらず、当の兄と幽明境を異にする不運を嘆かなければならなかったのである。この昭和三年の十月、折口は国学院から慶応義塾へと籍を移したばかりの四十一歳であった。

「追ひ書き」はこんなふうに、長兄の通夜の席をはずして二階にあがった折口が、久しぶりに故郷にもどった懐旧の念にほだされるかのように、家人や祖先にたいする心情を吐露するところから筆を起こしている。これまでの己れの「遊民の生活」を自嘲しつつ、それだからこそいっそう、そんな役立たずの自分を経済的にも精神的にも庇護し、その独り立ちを心待ちにさえしてくれた兄たちや叔母の有り難さに思いをはせるのであった。というのも、本来なら学問上の処女作である『古代研究』は、むろんのこと学問上の師である柳田国男に献じられるべきものであったのに、それをあえて叔母えい――献辞では「折口えい子刀自」と記されている――にささげることにしたからである。

周知のとおり、折口は「愛情に淡白な父母」のもとに育ったばかりか、口さがない世間に「家の暗面」を喋々されるような少年時を過ごした[2]のだから、決して大阪木津の生家に愛着のみを感じていたわけではなかった。が、己れの「遊民の生活」に終止符を打つべく世に問うた三部作の上梓と長兄の死との偶合に、彼はみずからが受け継いだ血を再確認し、それを以前とはちがって少しばかり距離を置いて眺める余裕をもったように見える。『古代研究』を師ではなく郷里の叔母に献呈することにしたのも、みずからの出自にたいしていだいていた折口のある種のこだわりが、このとき幾分かはうすらぎつつあったことを意味していよう。だが、そうであればその一方でまた、常識的にはこの本が献じられるべき柳田国男にたいする折口の心理に、あるいは柳田個人を越えて柳田の学風とか柳田学の方法論にたいする折口の認識に、ある種の変化が生じたであろうことも想像されよう。

『古代研究』の「追ひ書き」は、こうした折口の、血（あるいは家族）にたいする態度と、師（あるいは学問）にたいする態度とが反響し、交錯するなかで書かれたように推測できる。やや誇張して言うなら、この「追ひ書き」は昭和三年時の折口信夫の、遺伝的な血筋にたいする愛憎と学問的な血筋にたいする愛憎との複雑微妙な混合物なのである。

ちなみに、『古代研究』の刊行にあたって折口が師の柳田に屈折した感情をいだかざるをえなかったのには、理由がある。これまたしばしば指摘される点であるから立ち入ることはひかえるが、折口が『古代研究』国文学篇の冒頭にすえて、みずからの古代解釈のキーワードたる〈まれびと〉についての総合的考察をこころみた「国文学の発生（第三稿）」が、じつはかつて柳田によって雑誌掲載を拒絶された因縁の論考だったからである。[3]つまり、雑誌『民族』に載せるべくおそらくすでに大正十四年には「常世及び『まれびと』」の表題で書かれていた原稿が、柳田の意にそまなかったために公表できないままになっており、それが『古代研究』の巻頭を飾るかたちで世に問われたのであった。[4]終生柳田を師として遇した折口にとり、師の賛意を得られなかったらしい論考を処女作の巻頭に置いたことは、柳田にたいする「唯一度の反抗」であったと評してもおかしくない[5]。

そういった経緯を考慮してみると、『古代研究』の「追ひ書き」が通り一遍の儀礼的文章などでは到底なく、当時の折口の内面的葛藤の産物にほかならないことに思いあたるだろう。であればなおのこと、この「追ひ書き」を唯一の典拠とし、あたかも折口学の特徴をもっともよくしめすフレーズとして人口に膾炙している「類化性能」なることばも、見てきたような複雑な背景を無視して理解するわけにはいかなくなる。

ところでこの「類化性能」という語は、必ずしも折口の独創ではないにしても、あまり耳なれない用語であることは間違いない。だからこそと言うべきだろうが、折口じしんの学者としての性向、さらにはそれに起因する彼の学問の特徴を端的にしめす指標として、「類化性能」の語はひろく知られるところとなっている[6]。

たとえば彼は、日本の芸能によく見られる〈もどき〉という一つの芸態を覗き窓として、日本における神と人の関係に通底するパラダイムを明らかにしたが、私見によれば、これほど典型的に彼の「類化性能」が見事に作動した実例は見出せない。なぜならそこで折口は、模倣とか抗弁・悪態からなる〈もどき〉のモチーフを拡大させて古代の〈呪言〉や〈かけあひ〉と関連づけ、そのうえで神と精霊の対立という折口独自の古代認識を組み立ていったからであった(7)。

いずれにせよ、このように折口の自任する〈類化〉志向の性癖は、折口古代学の存立にかかわる決定的な要因であることはまちがいないし、彼の着眼のオリジナリティが今もってわれわれを魅了してやまない理由の一つがこの「類化性能」に由来していることは疑いを容れないところだ。であるからこそ、これまでこの「類化性能」の語は折口じしんの率直な自己評価のための評語として受け容れられ、あたかも「折口名彙」の一つであるかのごとく繰り返し引用されてきたのであった。

だが、この「追ひ書き」を今いちど先入観なく読み返してみると、そこには「類化性能」によって自己の学問の性格規定を行なうだけにとどまらない、より踏み込んだ折口の方法上の意思表示と驚くほどに激しい自己主張が行なわれていることに気づかざるをえないのである。

柳田賛辞の裏側

家業の医者になることを望まれながら自分の意思を押し通して国学院に学んだ折口を、長兄は「世間的に、役にたゝぬあれ」と呼びながら二十年以上にわたって扶養したあげく、弟の独り立ちを見届けることもなく鬼籍に入った。その兄の心を思いやる一方で、折口はみずからがへてきた「遊民の生活」を振り返り、次のように慨嘆する。

「けれども、兄ひとりが、寂しかつたのではない。私とても、一族を思ひ、身一己を思ふと、洞然とした虚しい心に、すう〳〵と、冷い風の通ふ様な気がしてならぬ。私の学問は、それ程、同情者を予期する事の出来さうもない処まで、踏みこんで了うてゐる。しんみになつて教へた、数百人の学生の中に、一人だつて、真の追随者が出来たか。私の仮説は、いつまでも、仮説として残るであらう。[8]」

父母兄弟への屈折した心理によって暗くふちどられた生家の印象は、一転してわが弟子、わが学問への懐疑と不安を呼び起こす。とはいえ、それは単純な懐疑でも不安でもない。逆にそれは、彼のそうした暗鬱な情念の回路によってのみ到達しえた独自の認識であり、他の誰からも侵されない折口固有の立場にたいする自信であったと言うべきだろう。真の追随者を生み出せなかったばかりでなく、いつまでも世人の共感を得ることなく仮説のままとどまるに相違ない己れの学問――、だからこそそれは、彼にとっての揺るがぬ真実にほかならず、何ものにも代えがたい純一な世界だ、という逆説。あえて言うなら、こうした悲壮でもあり自己陶酔的でもある感情に衝き動かされるなかで、折口は『古代研究』の献呈先に、「兄のうへを越す無条件の同情者」、すなわち叔母のえいを選んだのではなかったろうか。

そうであれば、次につづく柳田国男にたいする折口の謝辞が、通常の師にたいする敬意と感謝の程度を越え、いささか大仰に響くのもやむをえないことだったかもしれない。

> 「学問の上の恩徳を報謝するためには、柳田国男先生に献るのが、順道らしく考へないではない。でも、その為には、もつと努力して、よい本を書いてからにせねばならぬ気がする。其ほど、先生の学問のおかげを、深く蒙つてゐるのである。先生の表現法を模倣する事によつて、その学問を、全的にとりこまうと努めた。先生の態度を鵜呑みして、其感受力を、自分の内に活かさうとした。私の学問に、若し万が一、新鮮と芳烈とを具へてゐる処があるとしたら、其は、先生の口うつしに過ぎないのである。[9]」

このように折口は、異様に感じられるほどたかぶった調子で柳田の学恩を謝し、師説への絶対的な傾倒をあらわす。そして、みずからを「柳田先生の追随者」と規定する一方、じしんのこれまでの努力が「国学の新しい建て直し」に向けられていたこと、そして今度の『古代研究』の発刊が「新しい国学の筋立てを模索した痕」であることを表明するのである。

ちなみに柳田を「日本民俗学の開基」と称え、そのような人材を「草分け」に得た「日本の民俗学のさいさき」のよさを祝福する折口にとって、自分の学問の目的を「新しい国学」を興すことだとするのは唐突なことではない。なぜなら後述のとおり、大正九年に「異訳国学ひとり案内」を書いて以来、折口は柳田の神道批判論の驥尾に付すかたちで「新しい国学」の樹立を標榜してきたからであり、上述のような柳田学への忠誠と称してもいいほどの傾倒ぶりを告白したあとに「新しい国学」への期待と決意を語るのは、かたちをかえた柳田賛辞と見なすこともできるからである。

それはともかく、こうしてみると『古代研究』の「追ひ書き」は以上の部分までで一つのまとまりをなし、首尾をととのえていることがわかる。すなわち、長兄の死を契機にして生家にたいするある種の和解を果たした折口は、その記念とすべく、本書を学問上の師ではなく、心情のうえでの〈母〉に相当する叔母にささげることにした。そうするためには欠かせないのが柳田にたいする釈明であり、しかもそれが、これ以上はないと思えるほどに熱を帯びた語調で記されることになったというわけである。

よくよく考えてみれば、たとえ折口であろうと、実質上の処女作を世に問うときの高揚した心理と自信、またそれと表裏をなしている不安と羞じらいの気分から自由であったはずはない。そういった節目のときにあたって、人が己れの来しかた行くすえを思って私的な感慨にふけるのは容易に想像がつくものだ。してみると、ここまでの部分にかぎって言えば、折口が述べてきたことは特別に驚くにあたらない。むしろ、処女作の「あとがき」として平均的な内容であるとさえ言えるだろう。

だが、この「追ひ書き」が尋常でないのは、ここで折口が筆を置くことなく、このあと分量的にも通常の「あとがき」では考えられないほどの紙数をつかって、じしんの学問の性格について執拗に書きついでいく姿勢である。久しぶりに生家に戻ってみずからの生い立ちに思いをめぐらし、また師にたいする感謝を語ってみずからの学問的な生い立ちを明記する、——そういった月なみな感慨を記すだけでは満足できないような、これまでことばにすることを躊躇してきたなにものかが、あたかも堰を切ったかのごとくに、この「追ひ書き」の後半部分に溢れ出すのである。(10)

そして、ほかでもない「類化性能」の語は、そうしたコンテクストのなかに置かれているのだ。

柳田国男からの離陸

見てきたように、折口は『古代研究』の成立事情と研究上の意図を、みずからの血（あるいは家族）と師（あるいは学問）の双方にたいする態度に関連させて語り出した。ところが彼は、ここまでの「追ひ書き」の前半部では、それらについて、とりわけ師の柳田国男とその学問については、いまだ具体的なことは何一つ言っていないにひとしい。そのことは、師について少々形式ばった語り口で賛辞ばかりを書きつらねてきた折口の率直な気分からすれば、今やっと世に出ようとしているみずからの学問についてまだまだ語っておくべきことが山ほどある、ということでもある。言い換えるなら、ここまでの前半部はいわば公式的なたてまえ部分であり、このあとにつづく後半部こそが、『古代研究』上梓にあたっての折口のほんねなのではないか。

そうした点を注意して読むと、両者は内容から見ても表現の方法から見ても、きわめて対照的な性格をもっていることがわかる。それらはたがいに対立し合い、矛盾し合っていると言ってもいいくらいだ。極端に言ってしまえば、前半のたてまえ部分を支配しているのが謙遜と自己韜晦の気分であるとすれば、後半のほんね部分に濃厚なのは容易には抑えがたい鬱然たる自己主張の気分ではないかと思われるほどなのである。

もっとも、抑えがたい自己主張の気分とはいうものの、やはり後半部での折口の語り口は例によって含みのある表現で、簡単には真意を読み取ることがむずかしい。もちろん、そういった文体を折口がどこまで意図的にもちいていたのかは不明だが、前半部の柳田へのオマージュと対比してみた場合、後半部においては柳田あるいは柳田的な方法にたいする違和感が行間にただようことを隠す気配がない。

ともあれ、この後半部で折口がまず述べているのは、国文学篇の冒頭に並べた四種にわたる「国文学の発生」についてである。先述のとおり、そのうちの「第三稿」が柳田の拒絶にあっていたわけだが、むろんのことその点について折口は口をつぐんでいる。折口がそこで問題としているのは、このように同一のタイトルでいくつもの論文を書き継ぐことの当否についてである。

まず最初に折口は、「此書物の中から、私の現在の考へ方を捜り出さうとするのは、無理である」と宣言する。なぜなら、たとえば大正十三年から書き始めた「国文学の発生」という名の論文を、『古代研究』には第一稿から第四稿まで収録したが、じつはそれでも終わらず、現在さらに第五稿を書き継いでさえいるほどだからと告白し、そのように「日々、不見識な豹変を重ねてゐる」自分を、なかばあきれ、なかば嘲笑するかのように言う[11]。自分のように、同一テーマをめぐって中身の異なる論文を次々に書き継いでいくようなのは無定見な学者の見本だ、と言わんばかりである。

しかしもちろん、そんな折口の言い分を額面どおり受け取るのはお人好しというものだ。そもそもここに収められた四種類の「国文学の発生」は、もともとの執筆時のタイトルは別々で、それぞれ第一稿が「日本文学の発生」（大正十三年四月）、第二稿が「呪言の展開――日本文学の発生その二――」（同年六月）「巡遊伶人の生活――日本文学の発生その三――」（同年八月）「叙事詩の撒布――日本文学の発生その四――」（同年十月）の三篇を合わせたもの、第三稿が例のいわくつきの「常世及び『まれびと』」（大正十四年一月執筆開始）、そして第四稿が「日本文学の唱導的発生」（昭和二年四月）というものであった。それらを、『古代研究』国文学篇に収録するにあたって「国文学の発生」という通しのタイトルを付し、執筆順に第一稿から第四稿に区分けしたのであった。だから、正確に言うなら、そうした「不見識な豹変」があえて際立つように仕組んだのは『古代研究』全三巻を編集する時点での折口じしんにほかならない。同一テーマをめぐる見解の変化をわざわざ露呈させるかのような細工をほどこし、みずからの「不見識」を誇張して見せたのは、ほかならぬ折口じしんなのだ。大袈裟に言うなら、『古代研究』を世に出すにあたっての折口の意図は、「此書物の中から、私の現在の考へ方を捜り出さうとする」のは不可能だ、ということを世に知らしめるところにあったとさえ言いうる。考えようによっては、ずいぶん人を食った話である。

なお、おなじことを折口は、同書に収録してある論文のうち、半年もおかずに書いた「村々の祭り」と「大嘗祭の本義」の二つの文章のあいだにすら大きな考えの変化があると述べ、少々異様なほどに力説する。

このようにまず最初にみずからの「不見識」をさらけ出し、謙遜のポーズをしめしておいて、やおら折口は逆襲に出る。すなわち、「かうした真の意味の仮説を、学界に提供する事は、わるいとも言へよう。又、よいとも言へる」と、はぐらかした言い回しをしたあと、折口は、

「慎重な態度を重んずる、庠序学派の人々は、此を、自身の学問と一つに並べるをさへ、屑しとせないであらう。殊に、民俗学の世界的権威にして、我々が『あがほとけ』とも斎くべきふれいざあ教授も、その態度からは、かう言ふ発表方法を認めない事が、明らかである。」[12]

と述べて、みずからの方法の異端的な性格を明言する。そして、フレーザーを旗頭にいただいて世の主流となっている学問の方法は、「及ぶ限り資料を列ねて、作者の説明がなく

とも、結論は、自然に訣る様になつてゐる」ものだと言い、我が師柳田国男もその例にもれない、と核心にせまっていくのである。

「我が柳田先生も亦、此態度を以て、整然たる論理の径路を示して居られ、さうして度々、其形式や結論において、世界の宿老教授を凌ぐ研究をすら、発表してゐられる。私は、かうした努力に対して、虔しい羨みを、常に抱いてゐる。」(13)

あたうかぎりの資料を博捜し、それらを一貫した論理の筋道にしたがって積み重ね、確実にして不変の結論を導きだす、——折口はこのような、近代科学に範をとった帰納的な論証方法にたいし、己れの立場の異質性を率直に言明する。しかも、フレーザーのみならず師柳田の方法でさえ、そうした実証主義にほかならないと言うのである。たしかに、折口の慎重な言い回しのうちにそうした実証的な研究方法にたいする並々ならぬ敬意を感じ取ることはできるが、やはりここでの強調点は、そうした研究上の立場にたいする違和感であり、みずからの学者としてのオリジナリティの表明なのである。

ただし、そのような折口の違和感は、この時期になって唐突に生まれたものではなかったろう。考えてみれば、終生うるわしさを失わなかったとされる両者の交友関係は、決して自然のなりゆきでできたものではなく、相当に意識的な努力の結果に相違ないが、そのような努力はすでに出会いの当初から始まったものと見なければならない。

たとえば、折口の著作として最初のものである『口訳万葉集』上巻（大正五年）の序文に書かれた柳田への謝辞は、次のようなものであった。

「又、この口訳が、多少、先達《センタツ》諸家の註釈書と、類を異にした点があれば、其は、万葉びとの生活についての直観力と、語部が物語り・権威者の記録の上に、高等批評を下す態度とを授けられた、柳田国男先生の賚物だ、といはねばならぬ。」(14)

折口が柳田と会ったのがいつの時点であったのかは必ずしも明らかではない(15)が、この序文が書かれたころは、柳田との最初の出会いからまだ一年前後しかたっていなかったと推測される。おもしろいのは、このときすでに折口が、みずからの資質と柳田のそれとのあいだに大きな違いがあることを、はやくも見抜いていたらしいことである。というのも、「万葉びとの生活」をありありと感じとる「直観力」と、それらを客観的に考察する「高等批評」の能力とを並列的に提示しているここでの記述スタイルが、そのことを示唆しているように思われるからだ。もちろん表面上、文意のしめすところは、それら二つの能力がともに柳田からの賜物だというところにある。しかし、おそらく間違いなく、その二つを別個の能力として書き分けている折口の心理の裏には、一方の「直観力」こそは自前のものだという確信があったはずだし、その確信は十年以上のちのこの「追ひ書き」で、なかば公然と語られるまでになるのである。が、むろんのこと、いまだ定職をもたず、教え子の下宿に居候を決め込んでいた大正五年の折口にしてみれば、師事してまもない柳田と自分との資質の違いを対立的な文脈で語ることなど思いもよらなかったはずである。

しかし、折口がこのときはやくも、みずからの直観の能力に人一倍の自信をもち、そうしたみずからの天分が、師の柳田にそなわる類いまれな批評の力の影響を受けて、独自の万葉理解を生み出すことになったと考えていたらしいことは記憶しておくべきだろう。のちに見るように、こうした個人的資質としての直観力が、「実感の学」たる折口古代学の真骨頂にほかならなかったのである。また、言うまでもなく折口じしん、その直観能力が柳田の「高等批評」と出会うことによっていっそう鋭く研ぎすまされていくという、充実感を味わっていたに相違ない。

ところでもう一つ、『古代研究』以前に折口が柳田に向かって公にした謝辞が、大正十四年刊行の処女歌集『海やまのあひだ』の跋文のなかにある。そこで折口は、学者と文学者の二足のわらじを履く自分の立場の居心地の悪さについて語っているが、そのような股裂き状態から抜け出す手引きとなったのが柳田の存在であったということを、次のような言い方で書いている。

「其間に俄かに、一筋の白道が、水火の二河の真中に、通じて居るのを見た。柳田国男先生の歩まれた道である。私はまつしぐらに其道を駆け出した。けれども、白道を行きつゝも、二河のしぶきは、しきりなく私の身にふりかゝつた。(16)」

周知のとおり、二河白道とは浄土願生者の進むべき一本の細い道で、その両側には衆生の貪愛をあらわす水の河と衆生の瞋憎をあらわす火の河がひろがっているとされる。折口によれば、あたかも柳田の選んだ方法が、学者の側にも文学の側にもかたよらず、その両者の長所を兼ねそなえた稀有のお手本のように思えたという。そうは言うものの、当の折口の立場は歌よみからも学者からも胡散臭い目で眺められ、非難のしぶきも止むことがなかったと述懐するのである。思い過ごしかもしれないが、仏教嫌いの柳田を仏典の喩えをかりて称えたり、新体詩人としての青春の日々からは訣別したはずの柳田に、学問と文学との理想的な両立の実例を求めたりというように、折口の修辞には意図せぬアイロニーがふくまれているのではないかと勘ぐれないこともない。

ただ、先の『口訳万葉集』の序文の段階では、まだ折口の資質と柳田の資質の相違がいつの日か摩擦や葛藤を呼び起こすなどとは予感さえされておらず、両者のあいだを幸福で親和的な関係が支配していたのは明白だが、『海やまのあひだ』の跋文からは、その関係が多少きしみ始めたかのような徴候を感じとることができるのかもしれない。

ちなみに、『海やまのあひだ』が出版されてわずか六カ月ののち、柳田の肝煎りで岡正雄らが雑誌『民族』をスタートさせ、そこに投稿された折口の「常世及び『まれびと』」が掲載を拒絶される運命となるのであった。

蓋然から生まれる学問

あらましこのような経過をへて、折口と柳田の微妙な関係は、昭和三年の「追ひ書き」へと舞台を移すことになる。では、ここにいたって、折口の対柳田認識にどのような変化があらわれたと言えるのか。

すでに見たとおり折口は、『古代研究』の「追ひ書き」で、やや口ごもりながらも自分が学者として柳田とは異質なタイプに属することを認め、むしろその相違こそがみずからのオリジナリティであると積極的に主張し始めた。柳田の「高等批評」の力と自分の「直観力」との協調関係を信じて疑わなかった『口訳万葉集』の時代から十余年が過ぎ、折口は失職中の居候の身から慶応義塾の教授となっていた。また、長兄の葬儀のため大阪の実家にもどり、この「追ひ書き」を書いて帰京した折口はすぐ、終生の住居となる大井町出石に転居して藤井春洋と同居生活を始めることになった。こうした年譜的事実から見ても、折口にとってこの昭和三年が、彼の人生の折り返し点と呼ぶべき年であったことは間違いない。一方の柳田は、大正八年に貴族院書記官長を辞したあと国際連盟常設委任統治委員としてジュネーヴに赴き、帰国後は『朝日新聞』で論説を書きながら民俗学の基礎づくりに専念する日々を送っていた。両者の公私両面にわたる環境は、『口訳万葉集』の時代とは一変していたのである。

ことはそうした外形的事情にとどまらない。さらに重要なのは、大正末から昭和初めにかけてがいわゆる折口古代学の基本的骨格が組み立てられていく時期に相当しており、そのような一連の仕事の集大成として『古代研究』三部作の最終的仕上げが急がれていたという点である。先ほどもふれたとおり、その過程で折口は、神と精霊の対立という独自のパラダイムを通じて独創的な古代認識を鮮明にしていくのだが、それを効果的にアッピールすべく選んだ挑戦的作業の一つが、上述のような、いささか奇をてらった第一稿から第四稿にわたる「国文学の発生」の配列方法だったように思える。繰り返すまでもなく、その筆頭に置かれたのが柳田との関係でいわく因縁のあった「国文学の発生（第三稿）」であって、そこで折口は〈まれびと〉論の体系的な展開をこころみ、結局それが、柳田の祖霊中心の神観念に抵触する結果となったのである[17]。

この時期をめぐってのそんな経緯を考慮してみれば、「追ひ書き」における柳田への言及が、決して折口の自己弁護のためのレトリックではなく、ましてや卑屈な弁解でも釈明でもありえなかったことが納得される。むしろ反対に、表面上の自制と謙遜にみちた言い回しとは裏腹に、誰の真似でもない自前の学問を世に問おうとする野心的な意気込みが、この「追ひ書き」全体からは手にとるように伝わってくるのだ。大袈裟に言えば、そこからは十余年の雌伏をへた折口の、狙いすまして獲物の急所に襲いかかろうとする鋭いまなざしを感じとることもできるのである。

ところで今しがた述べたように、折口の柳田にたいする異議申し立ては、彼の〈まれびと〉論が直接のきっかけとなって両者の〈神〉観念の相違が露呈し、容易に折り合わなくなったことに起因すると思われるが、二人の考えの相違は何も〈神〉観念のような個別の学問上のテーマにかぎられるものではなかった。そもそうした見解の相違を生み出すにいたる研究方法じたいについての基本認識において、折口は柳田との異質性を意識せざるをえなくなったものと見える。たとえば次に引く一段などが、そのような折口の立場をこのうえなくはっきりとしめしていよう。

「だが強情な私はまだ、思うてゐる。我々の立てる蓋然は、我々の偶感ではない。唯、証明の手段を尽さない発表であるに過ぎない。世の論証法も、一種の技巧に過ぎない場合が多い[18]。」

実証をむねとし帰納的に結論をみちびいているかのような大方の学問も、じつはそんなに確実不動の論証に成功しているわけではない、と折口は言い、では、それはなぜか、とたたみかける。

「ある事象に遭うて、忽、類似の事象の記憶を喚び起し、一貫した論理を直観して、さて後、その確実性を証するだけの資料を陳ねて、学問的体裁を整へる、と言つた方式によらない学者が、ないであらうか。つまりは、蓋然を必然化するだけの事である[19]。」

このように折口は、弁明口調で語り始めたみずからの学問のオリジナリティを、ここで一挙に正当化すべく、いささか乱暴とも思える説明を行なっている。表面上、確実不動の論証にもとづいて公正な結論にいたっているかのように見える近来の学問にしても、じつのところは最初に結論があり、事後的にその結論に沿う好都合な資料が収集・配列されて、実証的な学問の体裁がととのえられているだけの場合が多い、というわけだ。そのような見かけ上の「必然」は「蓋然」にすぎず、それは自分の学問が論証不十分な仮説の体裁をとっているのと変わりがないではないか、というのである。

客観的な資料のみによって公正不変の結論がみちびき出される、――先の折口の言い方では、「及ぶ限り資料を列ねて、作者の説明がなくとも、結論は、自然に訣る様になつてゐる」ような学問――誰もが信じ込んで疑わないそうした学問の〈実証性〉の舞台裏を、折口はいとも簡単に暴露してしまう。これだけでも大胆不敵な言い分であるが、折口はそれにとどまらず、かのふれいざあ教授を槍玉にあげて、その実証的学風の棚卸しを始めるのである。

「東海粟散の辺土に、微かな蓁の息を吐《ッ》く末流の学徒、私如き者の企てを以てしても、ふれいざあ教授の提供した証拠を、そのまゝ逆用して、この大先達のうち立てた学界の定説を、ひつくり返すことも出来さうな弱点を見てゐる。[20]」

人類学の生みの親にも等しい世界の「大先達」であり、先に引いた形容では世の民俗学者が「あがほとけ」と敬ってやまない斯学の権威が、膨大な資料を並べ立てて立証した学界の定説であっても、自分ならそのおなじ資料を逆用して正反対の結論を下せるだろうというのは、不遜を通り越して狂人の言ですらある。つい先ほどの折口の言い分では、「日々、不見識な豹変」を重ねている己れの学問を卑下するかのようにして、博引旁証のフレーザーの学問が賞賛された。そして同時に、柳田の学問も同様の厳密さをそなえているものとして畏敬の対象であった。

ところがどうだろう。ここにいたって折口は、それを逆手にとって反撃を加える。折口の言いたいのは、おそらくこんなところだろうか。——重要なのは学問的体裁をととのえるための資料ではない。むしろ、そのような資料をもちいて何ごとかを立証すべきだとする「信念」こそが重要なのだ。資料を土台とし、解釈と論理によって仮説を打ち立てること、そうした仕事こそが学問上の価値を有するものだ、と。そしてさらに、次のようにつづける。

「かう言ふ、自身弁護を考へて後、わりに自由に、物を書く様になつた。唯、柳田先生の表現方法から、遠ざかつて行く事を憂へながらも。私は、自身の素質や経験を、虔しやかな意義において、信じてゐた。だから、私のぷらんに現れる論理と推定とが、唯、資料の陳列に乏しい事の外、そんなに寂しいものとは思はなくなつた。虚偽や空想の所産ではないと信じて、資料と実感と推論とが、交錯して生まれて来る、論理を辿る事に努めた。(21)」

こうしてみると、ふれいざあ教授という「大先達」をほとんど愚弄するにもひとしい言辞で批判してみせたのも、じつは柳田を引き出すためのあてうまだったのではないかとさえ思えてくる。むろん折口とて、柳田がフレーザーの人類学に圧倒的な影響をこうむりつつも、根本的にはその学問を拒絶していたことを知らなかったはずはなかろう。だから折口は、柳田をフレーザー流人類学の方法的な後継者呼ばわりするのが不可能だということを先刻承知のうえで、あえて〈フレーザー・柳田学〉と自分の学問の相違を強調してみせたことになる。その場合、〈フレーザー・柳田学〉の帰納的方法から〈折口古代学〉を分かつものが、己れ一個の「素質や経験」にたいする信頼であり、「資料の陳列」の乏しさを補ってあまりある〈実感〉の深さと豊かさにほかならなかった。(22)

そうであれば、右にあげた数行こそが、謙遜とも釈明ともつかぬ書きぶりで長々と書きつらねてきた「追ひ書き」の核心部分だと言わねばならない。少々大袈裟に聞こえるかもしれないが、この数行こそが、昭和三年の時点でその全貌が初めてあらわれようとしている〈折口古代学〉の、折口じしんによるマニフェストなのではなかったかと思う。「追ひ書き」のなかに投げ込まれた折口の心情のひだの数々を予断なく探っていけば、そう考えるほかない。

このマニフェストを、たしかに折口は明からさまには語らない。表向きそれは、次のような近代の実証的諸学の方法的恣意性として論じられている。

「私は、人類学・言語学・社会学系統の学問で、不確実な印象記なる文献や、最小公倍数を求める統計に、絶対の価値を信じる研究態度には、根本において誤りがあると思ふ。記録は、自己の経験記以外のものは、真相を逸した、孫引き同様の物となることが多い。計数によるものは、範疇を以て、事を律し易い上に、其結論を応用するには、あまり単純であり、概算的である。(23)」

〈折口古代学〉にとって重要なのは「客観的な資料」でも「公正なデータ」でもない。それらはとどのつまり、採録者や研究者の悪意にもとづいていかようにも解釈される余地を残す。そしてそうした不確実さの対極にあって、絶対に信頼しうるものこそ自己の〈経験〉にほかならないというわけだ。またそのような〈経験〉を折口にもたらしたものこそが、それまでの無数の旅でつちかわれた〈実感〉なのであった。

「私は、過去三十年の間に、長短、数へきれぬほど旅をして来た。その中でも、近い十五年は、旅をする用意が変つて来た。民間伝承を採訪する事の外、地方生活を実感的にとりこまうと努めた。私の記憶は、採訪記録に載せきれないものを残してゐる。山村・海邑の人々の伝へた古い感覚を、緻密に印象してえた事は、事実である。書物を読めば、此印象が実感を起す。旅に居て、その地の民俗の刺戟に遭へば、書斎での知識の聯想が、実感化せられて来る。(24)」

また、そのような〈実感〉に裏打ちされた〈折口古代学〉の提示は、さらに後段にいたって大分整理したかたちで書かれている。

「哲学と科学との間に、別に、実感と事象との融合に立脚する新実証学風があるはずである。一方は固定した知識であり、片方は生きた生活である。時としては、両方ともに、生命のある場合もある。此二つを結合するものが、実感である。(中略)私の研究は、空想に客観の衣装を被せたものは、わりに尠い。民俗を見聞しながら、又は、本を読みながらの実感が、記憶の印象を、喚び起す事から、論理の糸口を得た事が多い。其論理を追求してゐる間に、自らたぐり寄せられて来る知識を綜合する。」[25]

「固定した知識」も「生きた生活」も、それのみでは学問ではない。それが力のある学問に成長するためには、〈実感〉という触媒が不可欠なのであり、〈実感〉が介在して初めて知識は現実と生きた交渉をもち、生活は普遍への契機を孕むことになる、ということだろう。

このように考えてくると、『古代研究』の「追ひ書き」がたんなる「あとがき」とは異質な折口固有の意思表示であり自己主張であることがはっきりする。またそうであれば、本章の初めに記しておいた「類化性能」と「別化性能」という二つの能力の類別を、折口がどのような意図にもとづいて行なっているかも明らかになろうというものだ。

ところで大急ぎで言っておかなければならないが、折口が「追ひ書き」で「類化性能」と「別化性能」について言及するのは、これまで順を追って見てきた部分の直後なのであった。つまり、折口がその二種類の資質のうち自分が「類化性能」にのみ偏っていると明言するのは、決して一般的な自己分析でもなければ、儀礼的な謙譲表現でもなかったのである。そうではなく、これはほかならぬ〈折口古代学〉のマニフェストに直結した積極的な自己表現にほかならない。手っとりばやく言うなら、〈フレーザー・柳田学〉の帰納的方法をささえるのが「別化性能」であるならば、〈折口古代学〉の実感的方法をささえるのが「類化性能」なのであって、その「類化性能」をよりいっそう研ぎすまし、鋭敏にしていくことこそが自分の学問には不可欠なのだというのである。したがって、冒頭にも引いたように折口が、

「比較能力にも、類化性能と、別化性能とがある。類似点を直観する傾向と、突嗟《ママ》に差異点を感ずるものとである。この二性能が、完全に融合してゐる事が理想だが、さうはゆくものではない。
　私には、この別化性能に、不足がある様である。類似は、すばやく認めるが、差異は、かつきり胸に来ない。事象を同視し易い傾きがある。これが、私の推論の上に、誤謬を交へて居ないかと時々気になる。」

と述べて、一見「別化性能」の不足を嘆いてみせるかのような言い回しに幻惑されてはならない。

誤解をおそれずに言ってよければ、折口の見るところ、「別化性能」がどれほど豊富に

そなわっていようとも、それはたかだか「資料の陳列」が豊富になり、「孫引き同様の物」がふえるだけのことであって、「合理化・近世化せられた古代信仰の、元の姿を見る事[26]」である新しい国学には、何の益にもならぬのであった。

「新しい国学」の筋立て

ところで、今しがた述べた「新しい国学」というフレーズは、最初のほうで記しておいたように、折口が「柳田先生の追随者」としてその建て直しに努めてきた学問であり、当の『古代研究』は「新しい国学の筋立てを模索した痕」だと述べられていた。してみると、折口にとっての『古代研究』の意義は、「新しい国学」という観点から見るかぎり、柳田の企図していたものと矛盾するわけではなかったことになる。

ところが前節まで見ておいたように、『古代研究』全三巻の出版によって折口がこころざしたのは、従来のフレーザー流の人類学とも柳田的な民俗学――この時点ではまだ「郷土研究」と言ったほうがいいだろうが――とも異なった独自の学問を世に問うことであった。折口は「柳田の追随者」をめざしたのではなく、少なくとも方法的には「柳田の批判者」であることを公言していたと言ってよかろう。だとしたら、にもかかわらず折口が、「柳田先生の追随者」として「新しい国学」の建て直しに努めてきたというのは、どのような意味合いにおいてであったのか。

それを明らかにするためには、やはり折口がこの「追ひ書き」で「新しい国学」についてどのように述べているかを確かめることから始めなければなるまい。少々あと戻りして確認しておくなら、そこで「先生の態度を鵜呑み」にし、「先生の口うつし」ばかりに終始したと述べる折口は、それでも自分にとって、「其直門として、此新興の学徒の座末に列する事の出来た光栄」は誇るべきことであり、また「先生の学問に触れて、初めは疑ひ、漸くにして会得し、遂には、我が生くべき道に出たと感じた歓びを、今も忘れない」と言っていた。というのは、家人の望みを振り切って上京し、遊民のような生活を送ってきた我が身をかえりみて、まるで自分が遠い縁者の一人である「彦次郎さん」よりもっと役立たずだと感じ、「家の過去帳にすら、痕を止めぬ遊民の最期」を覚悟していた折口だからこそ、なおのこと柳田の学問が行く手を照らす一筋の光のように思われたはずだからである(27)。

そして、折口が柳田の門下に連なることで得られた将来の抱負とは、次のようなものであったと書く。

「其は、新しい国学を興す事である。合理化・近世化せられた古代信仰の、元の姿を見る事である。学問上の伝襲は、私の上に払ひきれぬ霾《ヨナ》の様に積つてゐた。此を整頓する唯一つの方法は、哲学でもなく、宗教でもないことが、始めてはつきりと、心に来た。先生の学問の、まづ向けられた放射光は、恰も、私の進む道を照してゐたのである。[28]」（傍点引用者）

積み重なる近世国学以来の圧力を払いのけ、古代の信仰をその発生にまでさかのぼって感じとることこそが、新しい国学が真にめざすべきことだとすれば、そのためには、何が必要か。

「新しい国学は、古代信仰から派生した、社会人事の研究から、出直さねばならなかつた事を悟つた。此民間伝承を研究する学問が、我が国にもないではなかつたが、江戸末の享楽者流・銷閑学者の、不徹底な好事、随筆式な蒐集に止つてゐた。だから、民俗は研究せられても、古代生活を対象とする国学の補助とはならなかつた。むしろ、上ッ代ぶり・後《オト》ッ代《ヨ》ぶりの二つの区画を、益明らかに感じさせる一方であつた。私は、柳田先生の追随者として、ひたぶるに、国学の新しい建て直しに努めた。爾来十五年、稍、組織らしいものも立つて来た。今度の『古代研究』一部三冊は、新しい国学の筋

立てを模索した痕である。[29]」（傍点引用者）

まず注意しておいていいのは、ここで折口が一度も〈新国学〉とは言わず、徹底して「新しい国学」という言い方にこだわっているらしいことであるが、その理由についてはのちほど考えよう。

さしあたって気づくのは、ここに引いた一節で折口が何よりも強調しているのが「古代の信仰」だったということである。しかも、そうした「古代の信仰」を「元の姿」にまでさかのぼってとらえること、これこそが「新しい国学」の目的にほかならない。だが、それはこれまで実現されてこなかった。いったい、なぜか。

その理由を折口は二つあげている。一つは、近世国学の知識偏重の傾向であって、これからなすべきことは「個々の知識の訂正よりは、体系の改造である」という。国学によって蓄積された知識の重圧をはねのけ、そこに新しい体系をつくり出すのは、哲学とも宗教ともちがう第三の方法でなければならない。

そして二つには、これまでの民俗の研究が一部好事家の恣意的な仕事にとどまっていて、本来、国学がなすべき古代の信仰に根ざした社会人事の研究に寄与するところがなかったと言う。その結果、国学は隆盛をきわめても、「上ッ代」と「後ッ代」とのちがいばかりが際立って、古代の信仰と生活は現実味を失い、抽象化の一途をたどってきたというのであろう。

そして、このような不幸な事態から国学を救い出す手立てを、ほかならぬ柳田の学問のうちに見出したと折口は言う。だからこそ、柳田のしめした新しい民俗研究の活用を通じて、折口は古代の信仰と生活の「元の姿」を明らかにしようとしてきたのであり、柳田と出会ってこのかた十数年、その努力のあとが自分なりに組織立ったかに思えるようになったため、ここに『古代研究』三部作を世に送り出す気になったというわけだ。

こうしてみると、折口がこの「追ひ書き」の一段で『古代研究』成立の経緯と目的とを「新しい国学」のイメージに託して記すのは、じつは今ここに生まれ落ちようとしている折口じしんの学問と、それがかたちをなすための唯一無二のきっかけであり母胎でもあった柳田国男の学問との、宿命的とでも呼ぶほかない関係を語るためにほかならなかったことがわかる。もし柳田の学問と出会うことがなかったならば、折口の将来は「彦次郎さん」さながらの放蕩生活に身をもちくずし、生家のもてあましものとなって「ほうとした一生」を送るだけだったというのだろう。言い換えれば、柳田の驥尾に付して過ごしたこの十数年こそは、一方で柳田の学問をみちびきの灯として「新しい国学」を手探りし始め、他方で「彦次郎さん」に象徴される生家の血筋にたいする畏れを遮二無二振り払おうとした、折口にとってのシュトゥルム・ウント・ドゥランクの時代だったと呼ぶべきだろう。

柳田の神道批判と〈新国学〉

では、折口が柳田の「追随者」として「新しい国学」の筋立てを模索してきたというとき、具体的にはどのような「国学」をイメージしていたのか。

それを知る手がかりは多くはないが、まず第一に見ておかなければならないのは、大正九年に『国学院雑誌』に発表された「異訳国学ひとり案内」という風がわりなタイトルの一文である。これには「河野省三足下にさゝぐ」と副題が付されているように、国学院の先輩にあたる河野省三が教授となったのをよろこび、「此から愈、本道の意味の国学者となつて、新なる精進を望みます」との祝意と激励が込められている。そこで折口は、大きく言って二つのことを強調する。

一つは、国学の眼目となすべきものは「心の上の伝統」を継承するところにあるのであって、決して朱器・台盤のごときモノの継承であってはならない。したがって、世の国学者がこれを固定的に守ろうとするのとは反対に、あたかも海月《くらげ》なす漂える未分以前の国土のように、また何度も死んではよみがえったおほくにぬしの命のように、力強く柔軟な学問でなければならぬとする。だから、今の世に橿原の宮を実現しようとするような政治的な動きは時代錯誤と言うほかなく、それを「心の上だけでは、橿原の代も、寧良の代も、尚一度実現出来ぬはずはない。きつと出来る、と信じて居る」と述べる。そしてそれは、「国民生活の上に、新鮮な感情と、意志の力の泉を沸騰させる」ことであり、「国民の内生活に、純粋と力とが張りわたる」ことにほかならない。そのためには万葉びとの生活を体得できなければならず、それはとりもなおさず「文芸の為のみの文芸復興ではなく、国民生活の為の文芸復興である」ゆえんだということになる(30)。

ここに指摘された弊害は、国学が外来の風に影響され、文芸を哲学の方便にしてしまったために生じたが、もう一つ、国学に内在する欠点がある、と折口は言う。それは国学が「倫理観」の犠牲にされることで、国学のうちにはすべての国民生活を道徳生活に換算してしまいがちな危うさがある、と折口は見る。むろん、こうした断定の背景には復古神道の政治主義にたいする嫌悪感があるが、一方で折口が国学のバックボーンとして倫理観を強く求めていたことも明白であって、国学にとっての倫理観の問題は折口にとってこれ以降もアンビヴァレントな難問として残っていく。ただ、ここでの折口は、「倫理の型から打ち出されるものでなくてはならぬ様に考へる向き」がふえて来た現状を警戒し、「国学と道徳生活との関係」を冷静に考える必要を説き、最終的には「古代の民族生活が、本道に、我々のうけ持つべき分野」であるとしめくくる(31)。

このように見てくると、「異訳国学ひとり案内」で折口が関心の対象としているものが「国民の生活」にほかならず、しかもそれはモノや型にあらわれる以前の「心」の問題として受けとめられていたことがわかる。さらにまた、そのような「国民の生活」が向かうべき先が「古代の民族生活」「万葉びとの生活」であるとすれば、そのためには文芸を生み出し、それを味わうものどうしの「心」のつながりが何よりも大切だということになるだろう。そういう意味では、「異訳国学ひとり案内」で折口が「新しい国学」に託していたものは、『古代研究』の「追ひ書き」で「古代の信仰」を「元の姿」にまでさかのぼってとらえることだとした「新しい国学」の中身とさほどちがってはいない。「追ひ書き」の後半部分で〈折口古代学〉の生命が〈実感〉にあることが強調されていたのと同様、「異訳国学ひとり案内」では「国民の生活」と「古代の民族生活」とをむすぶ〈心〉こそが折口のよりどころなのであった。

ところで国学についてのこのような抱負を、折口が最初から意識していたかどうかは疑わしい。というのは、折口の「異訳国学ひとり案内」は、すでに指摘されているように、これより三年ほどまえ柳田が「神道私見」という文章を『丁酉倫理講演集』に発表して当時の神道界を批判し、それにたいする反批判が前述の河野省三によって行なわれ、さらに柳田がこれに反論するという、いわゆる「神道私見論争」の影響下に書かれているからである。この論争の経緯および柳田の「神道私見」についての論評は、すでに内野吾郎によって詳細になされているのでそれにゆずり[32]、以下ではここでの柳田の神道界批判が折口の言う「新しい国学」に与えた影響如何に的をしぼって考えておきたい。

『丁酉倫理講演集』は明治三十年に大西祝・姉崎正治らが始めた丁酉懇話会に源をもつ雑誌で、大正期には倫理・宗教にかかわる幅広い講演を定期的に開催し、隔月で刊行がつづけられていた。柳田がいつ講演を行なったのか記録がないが、雑誌の発行が大正七年の一月と二月だから、おそらく前年の秋ごろかと推定されている。

講演内容の主眼は、冒頭に述べられるとおり、今日の神道が「想像以上に国民生活と交渉の浅いもの」だという点にあり、その底流には、神社にたいする崇敬を宗教にあらずとする当局の「国家神道」の位置づけへの柳田の批判的姿勢が存在していた。すなわち、今日の神道の誤りは新政府の神祇官を牛耳った平田派の神道、国学院派の神道に由来するものだとし、その大きな理由として神官官選という人為的な制度を指摘し、そのために神社が日本人の信仰を代表するものでなくなったと批判する。また平田派の教説じたいにも誤りがあって、その最たるものが『延喜式』以前の神道には何らの変遷もなかったという仮定であり、この仮定に立って彼らは古代を硬直的にとらえるばかりで、「国民の精神生活に対する観察」をないがしろにしていると言う[33]。

もっとも「神道私見」では、量的な比重からすれば玉依姫や八幡神信仰に始まって民間のイチコ・ワカにおよぶ巫女の機能と役割の問題が多岐にわたってとりあげられており、内容的にはおなじ大正六年に発表した「玉依姫考」と重なるところが多い。したがって、神道批判は講演の前後に付随的にふれたといった趣である。だが、最後のしめくくりにあたって述べられる次のような辛辣な批評は、河野省三にかぎらず当時の神道学者の多くをいたく困惑させただろうことは想像にかたくない。

「学問はどこまでも国民が当体であります。その国民の生活に同情のないような学問の仕方に対しては反対しなければなりませぬ。ことにもう一段高い所から見ましても、目前の事実を軽んずるような学問の仕方には賛成することはできませぬ。仮定と神代巻ばかりに基いた神道というものには賛成することはできない。また古人をあなた方みたような哲学者だと見んとするごとき神道にも賛成することはできませぬ。(34)」

現代人の思い込みを古代に投影し、そのことから逆に現代の国民生活を型にはめ、高みに立ってそれを規制していきかねない危険を、柳田は現下の神道界の抜きがたい体質として容赦なく指弾したのである。さらに追い討ちをかけるように、そうした危険は次のように解説される。

「要するに三千年も昔の社会生活において、どのくらいの智力どのくらいの道徳心を持ち、どのくらいまで因果律を体得しておったかということは研究せずして、ただいたずらに今日の心持から、自分の持っているだけの智慧は昔の人も持っていたように思って、彼等を立派な外交家としたのがおかしいごとく、上期の日本人が五行陰陽の法則を咀嚼し、思索をこれ事としていたように予断しての神道説などは閉口で、私は便宜上神道とは呼びましたが、実は何よりも歴史あるこの二字を使用せられることに抗議致したいのであります。要するにこれは古人の心持が想像がつかぬために、そんな粗っぽい研究方法を採られたのでありまして、この辺にうろうろしている中《うち》はまだだわが国民性はかくのごとしというようなことを世の中に説くことはできないと思います(35)。」

以上のような柳田の攻撃的なもの言いは、内容はともかくとしても、「気負い立った高姿勢と、断定的な高い調子と、痛烈で挑戦的にさえみえる辛辣な表現(36)」と内野吾郎が指摘したとおり、日ごろの柳田の言動から考えても少なからず異様である。ただし、その理由を明らかにする直接の材料は残念ながら見当たらない。

ただ言えることは、柳田の強調点はもっぱら、現下の神道勢力が一般の国民の生活と乖離しているということであり、その学問――平田派を主流とする近代の「国学」と言ってよかろう――のありかたも国民の精神に生気を与えるようにはなっておらず、逆にそれを抑圧し萎縮させるように作用しているということだろう。また、そうなった原因としては、神官官選などの制度もさることながら、根本的には世の神道家・国学者が自分たちの固定観念で古代をおしはかり、古人のありのままの心をさぐりあてようとはしないことだと考えている。言い換えれば、古代の人びとの生活と心を今によみがえらせるべき神道界において、今や古代は、目下の政治や宗教をめぐる神道家・国学者の利害のままに利用され、捏造されているではないかというのである。

そうだとすれば、たちどころに思い返されるのは、先ほど見た折口の「異訳国学ひとり案内」での意見である。そこで折口は「古代の民族生活」「万葉びとの生活」を体得し、それを現在の「国民の生活」によみがえらせる道が国学だと述べた。そのためには、日本人が遠い古代から受け継いできた「心の上の伝統」を生き生きと復活せしめねばならず、国民の生活じたいに真の意味の文芸復興が起こらねばならないとした。またその場合、折口は実作者の立場にたち、とりわけ鑑賞力を涵養すること、創作の生みの苦しみを体験することが大切だと論じていたのであった。

してみると、「異訳国学ひとり案内」で折口が追い求めた国学のあらまほしき姿は、柳田が「神道私見」で主張した「国民の生活」に根をもつ神道、「古人の心持」を素直に感じとれる学問と異なるところがない。というよりも、両者の求めるところは瓜二つであるとさえ言っていい。一方の柳田が、高位の官僚として明治以降の神祇官制度や国家による神社統制の問題に目配りし、一方の折口が、『アララギ』同人として文芸の生みの苦しみの経験を重用するというベクトルの相違はあるものの、ともに〈古代〉の心をありのままに体得し再現する神道を求め、それにふさわしい「新しい国学」の誕生を待望していたことは疑いを容れない。

というより、ありていに言うなら折口が「異訳国学ひとり案内」で語った国学の理想像は、「神道私見」で柳田が既成神道界を批判したときの論法の「口うつし」にすぎない。また、折口がそこで「国民の生活」と「古代の民族生活」との一致同調を願ったのは、柳田が神道を「国民の精神生活」と「古人の心持」との双方に通じるものであるべきだとした「神道私見」を「鵜呑み」にした結果だと言うほかない。最初のほうで引いたとおり、『古代研究』の「追ひ書き」で折口は自分の学問が柳田のそれの「鵜呑み」であり「口うつし」であると卑下していたが、大正九年の「異訳国学ひとり案内」を見るかぎり、折口にはなるほどそう言っておかしくない部分があったのである。

もっとも、折口の名誉のために一言付け加えておかなければならない。というのは、折口の〈新国学〉にたいする熱望が一から十まですべて柳田への追随でしかないとは言えない事情があるからである。なぜなら折口が国学院の学生であった明治四十一年に、それまで『同窓』という名であった国学院同窓会誌が『新国学』と改称され、彼は友人らとともにその編集にたずさわり、また武田祐吉らと並んで同誌に寄稿もしていたのであった。[37]なお雑誌『新国学』はこれよりまえ、すでに明治二十九年に国学院同窓会機関誌として発刊されていたが、出版経費の問題もあって程なく休刊となっており、その旧称が折口の学生時代に復活したのであった。ただし、同誌発刊に寄せた佐佐木高行院長の祝辞は「此の真国学を如何せむ、この国体を如何せむ、この大道を如何せむ、思ふに『新国学』の生る所以のもの、主としてここに看る所あるに基由せざるなきか[38]」といった調子で、後年、折口が抱懐するにいたる「新しい国学」の理想とは似ても似つかぬものだったようだ。また、折口が復刊なった『新国学』に寄稿したのも俳句や小文であって、誌名に触発されて「新しい国学」に思いをいたすようなことはなかったらしい。[39]

ましていわんや、柳田言うところの「国学院派」のまっただ中にいて、「追ひ書き」での言い方にならえば、ちょうど「払ひきれぬ霾《ヨナ》」のような「学問上の伝襲」に圧しつけられていたであろう折口が、朱器・台工盤の継承のごとき〈新国学〉の名の復活を素直に歓迎したとは考えにくい。

後年のものであるが、昭和十二年に書かれた「国学と国文学と」という文章には、おそらく学生であったころの折口がいわゆる「国学院派」からどのような圧力を感じていたかを暗示する一節があるのが興味を惹く。そこで折口はまず、橘曙覧の歌と矢野玄道の歌とを並べ、前者は人を「温かい気持ち」にさせ、後者は「叱られて居るやうな気」にさせるが、その理由は結局「文学が有るか無いか」のちがいであり、むろん前者が国学者らしい歌だと言う。そう言っておいて折口は、自分たちの若かったころを振り返って次のように書くのである。

「私共若い時に、さういふ歌（矢野玄道の「橿原の」の歌のような―引用者註）を幾つも作つてみたいと思ひました。併し作れません。時代が違ひます。お前等は腑甲斐ないといふことをば、私等の先生に度々言はれました。併し腑甲斐ないといふのは、実はその先生等が無理です、時代が変つて居る。何故ならば国学者のする為事は一先、明治の維新で片づいてしまつて、新しい為事がまだ出来てゐなかつた。どんな為事をしたらいゝかといふことは、まだ本道は訣らなかつた。併しながらなんだか澎湃として迫つて来る世の中の気流みたいなものは、我々受け容れることは出来ないといふので、皆反抗したのです。(40)」

具体的に折口が当時の「国学院派」からどのような圧迫を受け、それにたいしてどんな反抗を行なったのか明らかではないが、この一文からは、時代の波に急き立てられるかのような若き日の折口の切迫感が伝わってくる。おそらく昭和十年代に入って時代情況がしだいに険悪になり、ついには「去年二月の騒擾」(二・二六事件)のような事態を見せつけられて「国学はあゝした要素を含まない」と断言するにいたった折口には、目下の情勢とかつての学生時代の「叱られて居るやうな」日々とがどこか似かよっていると思われたのだろう。また折口は、そうした時代の要請ばかりに急な国学を「非常時の国学」だとして斥け、それにかわって本来の「平時の国学」が生まれて来なければならないとも言っている。(42) 推測をたくましくすれば、折口が「異訳国学ひとり案内」でも『古代研究』の「追ひ書き」でも終始一貫「新国学」の呼称をさけ、「新しい国学」と言っているのは、そうした学生時代の経験が影響しているように思う。

さらにそういった事情は、戦後になって当時を振り返った折口が、第一次の『新国学』を評して、

「新時代の国学をうち立て、指導力を挽回しようとしたもので、倫理運動よりも寧、国語運動などから、社会問題の実際方面に情熱を持つてゐたらしい。」

と言ってその党派的傾向を示唆し、それにたいして折口が直接かかわった第二次の『新国学』は「文学的な方法」により、「近代様式から古代生活を解明しようとする運動」だったと総括している[43]ところからも察することができよう。ただしこれは折口の〈新国学〉観がかたまった戦後からの回想なのだから、学生時代の折口に「近代様式から古代生活を解明しようとする運動」と言えるほどの明確な目的意識が芽生えていたかどうかは、少し割引きして考える必要があるだろう。

いずれにしても、以上の経過から見てとれるように、折口にとって柳田の学問が「新しい国学」のみちびきの灯であったことは否定しがたい事実であった。それゆえに、折口が『古代研究』の「追ひ書き」において〈フレーザー・柳田学〉からの訣別を宣言し、師説への痛烈な批判を書きつけるその一方で、卑屈にすぎると思えるほどの口調で、自分の学問が柳田説の「鵜呑み」であり「口うつし」だと書くアンバランスも、それなりに納得がいこうというものである。

「別化性能」によって表面上の客観性をよそおう〈フレーザー・柳田学〉に容赦ない批

判を加えながら、にもかかわらずおなじ文章で、『古代研究』三部作が曲がりなりにも「新しい国学」の筋立てのあとをしめしえた第一の恩人として柳田に格別の謝意を表するという、第三者からはなかなか理解しづらい「追ひ書き」での対柳田の気持の揺れは、おそらくはこんなところに源をもっていたのではあるまいか。だとすれば、冒頭で述べたような「追ひ書き」にあらわれた折口の微妙な心の動きというものも、じつは柳田が「神道私見」で強調した「古人の心持」を感受できる学問と、折口がその驥尾に付して「心の上の伝統」を再生すべく志してきた「新しい国学」とにたいする、その後の二人の姿勢の微妙なずれに関係があると考えられるだろう。

そうであれば、折口・柳田両者の学問研究上および私生活上の潜在的な確執ともいうべきものは、最終的には彼らの〈新国学〉にたいする認識のちがい、またそうした学問の背景にある日本という「国」にたいする両者の情熱のありようのちがいとも呼応するものであるはずだが、そうした問題は次章で考えることにしたい。

註

(1) 折口信夫『古代研究(民俗学篇2)』、『折口信夫全集』第三巻、中央公論社、一九六六年、五〇一頁。

（2）折口信夫「零時日記（I）」、『折口信夫全集』第二八巻、九―一〇頁。

（3）このあたりの事情については、岡正雄「柳田国男との出会い」、『異人その他』言叢社、一九七九年、所収、および西村亨「柳田国男と折口信夫」、『折口名彙と折口学』桜楓社、一九八五年、所収、などを参照。

（4）『古代研究』全三巻のうち「民俗学篇1」は昭和四年四月十日に、「国文学篇」はその直後の四月二十五日に、「民俗学篇2」は一年以上遅れて翌昭和五年六月二十日に刊行された。ちなみに「折口えい子刀自」にたいする献辞は「民俗学篇1」の冒頭に付され、「国文学篇」の巻頭論文が問題の「国文学の発生（第三稿）」であって、「追ひ書き」は「民俗学篇2」の巻末に置かれている。なお柳田は、昭和四年四月二十一日付の葉書で、「古代研究第一本日夕方到着仕候　篤く御礼申上候　今度は是非全部拝見いたすべく存居候」と、折口に礼状を書き送っている（『定本柳田国男集』別巻四、筑摩書房、一九七一年、五五〇頁）。この日送られて来た「古代研究第一」は「民俗学篇1」のことだと推定できるから、おそらくこのとき初めて柳田は、これらの著作が自分ではなく「折口えい子刀自」に献呈されていることを知ったのであろう。ただし、そこで柳田が、「今度は是非全部拝見いたすべく存居候」と意味ありげな言い方をしているのが気にならないではない。というのは、岡正雄らとの編集上の意見の対立がもとで昭和三年の後半以降、柳田は雑誌『民族』から手を引いた格好になっていたが、そのあとまもなくの昭和四年一月の同誌に、柳田が拒絶した例の「常世及び『まれびと』」が掲載されているからである。これを柳田が不快に感じなかったとは思われないから、礼状での微妙な表現をそのことに関連させて考える余地も皆無ではなかろうということだ。しかし所詮、このあたりの事情は当時の柳田の日記が公開されていない現状では、謎のままである。それはさておき、以上の経緯からすると、折口は『古代研究』の献呈先の問題について、公式には柳田にたいし一年余のあいだ釈明しなかったことになる。

（5）西村亨「柳田国男と折口信夫」二〇九頁。また佐々木重治郎氏は、折口のこの措置を「もう全く柳田国男とは違うんだということの宣言」だと言っている（佐々木重治郎『折口信夫のトポロジー』花曜社、一九八五年、五〇頁）。

（6）〈古代〉という遠く離れた時代の複数の対象間の関係を発見するためには「類化性能」が不可欠であり、それが民族の心意の深層にあるコードを発見するうえでも重要であったというように、「類化性能」は折口学の形成にとって必須の要件であったと見なされている（西村亨編『折口信夫事典』大修館書店、一九八八年、三一九頁）。

（7）本書第Ⅱ部「神と精霊の対立というパラダイム」参照。

（8）『折口信夫全集』第三巻、四九四頁。

（9）同、四九五頁。なお、折口がここで自分の学問を柳田の「模倣」であり「鵜呑み」であると書いているのは、折口がみずからの役割を柳田の〈もどき〉として意識していたからだとし、そのように師説を模倣しつつ批判するところに折口の学問の特徴があるとする見解がある（山折哲雄「折口信夫の『鬼』」、『フォークロア』1、一九九四年）。

（10）ただし、そのことは『古代研究』三部作のうち「民俗学篇2」の刊行が予想外に延引した事実とも大いに関係があろう。もっとも、この「追ひ書き」がどのくらい長期にわたって書き足されたものなのかは、すでに元の原稿が失われているため判定できないようだ。そのあたりの事情は、新しく刊行中の全集の「解題」を参照されたい（『折口信夫全集』第三巻、中央公論社、一九九五年、五一六頁以下）。
(11)『折口信夫全集』第三巻、四九七頁。
(12)同、四九八頁。
(13)同上。
(14)折口信夫『口訳万葉集（上）』、『折口信夫全集』第四巻、五頁。
(15)池田弥三郎『私説折口信夫』中央公論社、一九七二年、一一三頁以下、参照。
(16)折口信夫『海やまのあひだ』、『折口信夫全集』第二一巻、一一九頁。
(17)〈まれびと〉論の形成、および柳田の祖霊論との関係などについては、慶応義塾大学国文学研究会編『折口信夫まれびと論研究』桜楓社、一九八五年、に収められた諸論考を参照。
(18)『折口信夫全集』第三巻、四九九頁。
(19)同上。なお池田弥三郎は、柳田と折口の学風のちがいに関連して、この問題を次のように説明している。つまり折口は論証をへずに結論だけを言い切ってしまうが、柳田は例を豊富に並べて誰もが認めざるをえないような結論にみちびいていく。だが、柳田にしてもそれら多くの例を目的地に応じて初めから選んでいるのであり、「乗ったら名古屋に着いたのではなく、名古屋に行くつもりで、東北線を選ばずに東海道線を選んだのである。東海道線を選んだというときに、すでに、名古屋という到着の駅を予測しているのである。ただ、柳田は、名古屋へ行くこと、行くつもりであることを言わずに、東海道線に乗りこんだり、乗りこませたりしているのである」と（池田弥三郎『私説折口信夫』九五―九六頁）。

(20) 『折口信夫全集』第三巻、四九九―五〇〇頁。
(21) 同、五〇〇頁。
(22) 柳田がフレーザーから受けた影響、およびフレーザーの学問にたいする態度（ことに岡正雄がフレーザーの翻訳をこころみ、それを柳田が妨害しようとした事実など）については、佐伯有清『柳田国男と古代史』吉川弘文館、一九八八年、一八六頁以下、岩本由輝『柳田民俗学と天皇制』吉川弘文館、一九九二年、二七二頁以下、参照。
(23) 『折口信夫全集』第三巻、五〇一頁。
(24) 同、五〇〇頁。
(25) 同、五〇八頁。
(26) 同、四九六頁。
(27) 同、四九五―四九六頁。
(28) 同、四九六―四九七頁。
(29) 同、四九七頁。
(30) 折口信夫「異訳国学ひとり案内」、『折口信夫全集』第二〇巻、二六三、二六四、二六七、二六九、二七〇頁。

(31) 同、二七五、二七六頁。

(32) 内野吾郎「柳田国男の神道・国学観と新国学論の醸成」、『国学院大学日本文化研究所紀要』四八、一九八一年、同「新国学への視線」、『国文学』三〇巻一号、一九八五年、参照。

なお、柳田の「神道私見」は『定本柳田国男集』に収録されているが、「河野省三氏に答ふ」という『国学院雑誌』に載せられた反論のほうは未収録である(「ちくま文庫」版も同様)。内野はその理由を、戦後になって柳田が国学院大学とも河野省三とも接近するようになったための配慮ではないかと推測している。ちなみに同氏はまた、『定本柳田国男集』の編集意図にたいする疑問としてもこの点をあげ、同時にこれに関連する「年譜」と「日記」が省略されていることを指摘している。それのみか、敗戦直後の柳田の『新国学談』三部作についても、『定本』の取扱いには「新国学」の意味を薄めようとする態度がうかがえるとして疑問を呈している。柳田研究にとって決して見過ごされていい問題ではない。未公開の日記の公表とともに、現在準備中と聞く新全集がこのような問題にどう応じるかが注目されるところだ。

(33) 「神道私見」、『柳田国男全集』第一三巻、ちくま文庫、一九九〇年、五九七、五九九、六二五頁。

(34) 同、六二五頁。

(35) 同、六二六頁。

(36) 内野吾郎「柳田国男の神道・国学観と新国学論の醸成」一七頁。

(37) 内野吾郎「新国学の提唱とその学史的意義」、『国学院雑誌』七六巻一一号、一九七五年、参照。

(38) 同、一三五頁、参照。

(39) 折口が明治四十一年十二月の『新国学』首巻に寄稿したのは、「社会心理と個人努力と」と題されたエッセイと「俳逍遥」以下の詩文で、『折口信夫全集』第三〇巻に収録されている。

(40) 折口信夫「国学と国文学と」、『折口信夫全集』第二〇巻、二九〇―二九一頁。

ちなみにここで折口が例示している橘曙覧と矢野玄道の歌は、前者が、

　すめろぎは　神にしますぞ。天皇の勅としいはゞ　かしこみまつれ

　天の下　清く払ひて　上古《カミツヨ》の御まつりごとに　復るよろこべ

後者が、

　橿原の　御代にかへると思ひしは、あらぬ夢にて　ありけるものを

である。

(41) 折口信夫「国学とは何か」、『折口信夫全集』第二〇巻、二七九頁。

なお折口は、二・二六事件にたいする強い憤りを「雪ふたゝび到る」の連作などで歌っているが、そのうちもっとも明からさまに事件への怒りをあらわした「おほきみの伴《とも》のたけをと頼みしが、きのふもけふも　人をころせり」は、全集にも収録されていない（池田弥三郎『私説折口信夫』一五三頁、参照）。

(42) 折口信夫「国学と国文学と」三〇三―三〇五頁。

(43) 折口信夫「新国学としての民俗学」、『折口信夫全集』第一六巻、五〇八頁。

2 〈新国学〉の戦前と戦後

戦中の柳田国男と折口信夫

昭和三十三年になって発表された柳田国男の戦中・戦後二年間の日記（『炭焼日記』）に、次のような記述がある。

「硫黄島に昨日敵上陸三万という（一万余、戦車三百云々）。折口（藤井）春洋君ことばかり考えるも私か。」(1)

昭和二十年二月二十日の記録である。前日の十九日、アメリカ軍は圧倒的物量の砲撃を加えながら、海兵三個師団六万余の兵力で硫黄島上陸作戦を敢行した。前年十一月から恒常化していたサイパン島からの日本本土爆撃作戦にあたり、B29爆撃機の不時着にそなえて硫黄島を確保するのがアメリカ軍の主たる目的であったとされる。栗林忠道中将の指揮する日本軍守備隊二万一千の将兵のうちには、折口信夫の養嗣子・陸軍少尉藤井春洋がふくまれていた。

柳田国男は折口の要請を受け、昭和十九年七月に折口信夫と藤井春洋の養嗣子縁組の保証人の一人となった。このとき春洋はすでに硫黄島に着任しており、当事者不在のままの入籍であった。前年、二度めの応召で金沢連隊に入隊していた春洋は、養嗣子縁組手続きのため金沢を訪れた折口と会ったほかは、硫黄島に向かうまでに二、三度、大井出石の折口宅に帰った(2)のみで、師であり父である折口とはこのあと相まみえることなく終わる。戦後、偶然に硫黄島で発見された春洋の陸軍の考課表に「藤井春洋」とあった(3)とおり、春洋じしんは折口姓を名乗る機会も与えられず南島の土に帰したのである。

前章で私見を明らかにしたとおり、昭和四年四月に刊行された『古代研究』「国文学篇」の冒頭に、柳田から雑誌『民族』への掲載を拒否された「国文学の発生（第三稿）」を置くことによって、折口は柳田にたいする学問的な訣別を行なった。そしてその後の両者の関係はと言えば、同年七月に発足した民俗学会、およびその機関誌である『民俗学』の中心に折口が祀り上げられる格好になり、そのことを不快に感じた柳田がそれらに一切かかわりをもたないという異常な状態がつづいたのであった。折口はこの時期、事実上、柳田邸へは出入り差し止めという状態でありながら、柳田のいだいているであろう不快の気持をおもんぱかってか、民俗学会や同機関誌誌上でことあるごとに柳田の学問や業績を褒め上げた。(4)

このあと二人の関係はやや持ち直すものの、昭和十年の柳田の還暦の祝賀行事をめぐっては再び感情の行き違いが表面化することになる。が、それからはまた徐々に修復されていったらしく、太平洋戦争も戦局が厳しくなる昭和十九年には、日本文学報国会で連句部会をもうけることになり、五月には高浜虚子らとともに発足の会合を開くまでになったが、このお膳立てには折口が大きく関与していた。連句を通じた両者の親交はこのあとも度重なり、同年十月には大井出石の折口宅に柳田らが出向いて歌仙一巻がまかれるほどで、この折りの折口の心づくしの歓待ぶりについて、柳田は、

「大へんなもてなし、御茶だけでも五種、餅・饅頭の類も色々、腹が張るまで食う。もったいなき限り。(5)」

と率直に喜び、最大級の賛辞を贈っている。

またこの十月には、柳田の古稀記念行事が戦局悪化の影響もあってささやかに行なわれ

たが、折口が座長をつとめて催されたこの祝賀会を、柳田は「よき思出」と記し、折口から白飯の弁当と魚を贈られたことを書き添える。

このように、いくたびにもわたって二人のあいだに確執の兆しが生じたにもかかわらず、この時期にいたり柳田が折口へのわだかまりをほとんど捨てたかのように見えるのはなぜだろうか。それを明らかにするために、ここで二人の心理の襞に立ち入って論じるのはもとより不可能な話だ。が、ただひとつ思いあたるのは、ほかならぬ折口が藤井春洋に寄せる肉親以上の愛情のありようが、柳田がしだいに心を開いていく過程で大きな意味をもったのではないかということである。また同時に、春洋をこよなく愛する折口を間近に見ることをとおして、柳田は肉親の愛、家族の愛というものについてあらためて感慨をいだくことになったようにも想像できる。

ところで、先述のとおり同年七月に柳田は折口父子の養嗣子縁組の保証人となったが、その一カ月ほどのちの日記の一節には、柳田が折口の内心の苦衷を思いやることばが書き込まれている。昭和十九年八月二十九日の『炭焼日記』には、次のようにある。

「折口君来、明後日の会の打合せ、叔母御亡くなられしこと、それと知らずに津軽にありしこと、春洋君硫黄島に在るかとおもわるること。[6]」

この日の初めから折口は、日本文学報国会の「古典講座」のために東北地方に講演旅行に出ており、そのため帰京するまで叔母の死を知らないままであったようだ。しかも、その叔母えいは、折口にとっては特別な意味をもつ人であった。というのは、これも前章で述べたとおり、彼女は恩師柳田をさしおいて彼の『古代研究』全三巻がささげられた人にほかならず、折口は同書の「追ひ書き」のなかで彼女のことを、みずからの遊民のごとき生活にたいする「無条件の同情者」であったと書いていたのであった。この叔母にたいして折口がいだいた無上のいとおしさ、揺るぎない信頼の念は、「追ひ書き」の以下のくだりを読めば思いなかばにすぎよう。

「だから第一本は、叔母にまゐらせるつもりである。叔母は必、かこつであらう。かういふ、本の上に出た、自分の名を見ることのはれがましさの、恥ぢを言ふに違ひない[7]。」

十五年以上まえの、柳田の学問とは異質な方法を鮮明にした折口学の野心的な宣言書でもあった「追ひ書き」で、さながら叔母えいは、折口が柳田の強力な磁場から我が身を引き離すために取り縋った救命ブイのような存在であった。そして折口は、郷里の兄の死と己が学問的自立の書の完成とが偶然にも時を同じくしたことに、不思議な暗合を感じとっていたのであった。そして今、その叔母が鬼籍に入るとき、折口は臨終の枕辺に駆けつけることはおろか、悔やみの電報を打つことさえできなかったのである。「叔母御亡くなれしこと、それと知らずに津軽にありしこと」という柳田の簡潔な表現が、かえって折口の無念のほどをあますところなく伝えてくれる。

一方また、柳田の記す文言の背後からは、かつての折口との心理的疎隔に深くかかわる人物の死を契機に、遠い昔のわだかまりが嘘のように拭い去られていく様子が察せられる、といったら言い過ぎだろうか。想像をたくましくするなら、このとき折口は、叔母の訃報からも見離された己れの不孝をかこち、問わず語りに叔母えいの人となりや死の前後の様子、さらにさかのぼって『古代研究』上梓のころの内心の葛藤を柳田に洩らしたかもしれない。いや、その可能性は、かもしれないどころか、非常に大きかったと言わねばならない。というのは、『古代研究』を柳田ではなく叔母えいにささげ、また柳田に拒絶された論考をその冒頭に据えるというような、「唯一度の反抗」とも称される折口の柳田への否定的な仕打ちは、そののちずっと双方の胸中に一本のとげのように突きささって抜けなかったに相違ないし、だからこそ、そのような過去の苦い一事件をことさら話題にすることがこれまでの二人のあいだにあったとは思われないからである。

そればかりか、叔母に死なれて意気阻喪している折口の気分をさらに打ちのめすかのように、この時期、藤井春洋の任地が硫黄島らしきことがどこからともなく折口の耳に届いたらしい(8)。南海の孤島に引き出され、十中八九、生還の望みを絶たれてもなお、最愛の子の安否を気づかう折口を見て、柳田も子を思う親の心情を痛切に思いやることになったはずだ。時期こそ遅れはしたものの、柳田も翌年五月には一人息子の為正を戦場に送り出さねばならぬ一人の父親であったのであり、それにもまして、為正出征のわずか一週間後にはやくも日記に「為正帰り来らず」と書いて(9)、わが子の帰宅を心待ちにしてじりじりするような、どこにでもいる普通の父親であったからである。

硫黄島の藤井春洋

冒頭に引いた昭和二十年二月二十日のアメリカ軍硫黄島上陸の日記には、これまであらまし眺めて来たような、折口・柳田両人の銃後の感懐が折り重なっていたのである。言ってみれば、二人のあいだに見えざるくさびのように打ち込まれた藤井春洋という存在が、折口のみならず柳田にたいしても、この戦争という愚行から目を逸らすことを許さなかったし、それとともに、肉親の愛、家族の愛というものの何ものにも代えがたい意味を教えたのではなかったか。

以下には、この日を起点として硫黄島に向けられた柳田の悲痛な関心を、『炭焼日記』のうちから拾って並べてみよう。

2月20日　硫黄島に昨日敵上陸三万という（一万余、戦車三百云々）。折口（藤井）春洋君ことばかり考えるも私か。

2月27日　折口君に電話にて見まいいい了。

3月1日　硫黄島切迫、但し敵の損害は非常のもののよし、公報あり。

3月9日　きょうは敵機来ず、されど硫黄島の状勢おもしろからず、人気沈滞す、天祐をまつのみ。

ちなみにこの夜、日付が変わって三月十日未明は、三百機余のB29が東京を無差別爆撃して八万人以上の死者を出した東京大空襲の当日であり、柳田の日記には、「窓をあけて見ると東の方大火、高射砲雷の如し。三時過まで起きてふるえて居る。いつ落ちるかしれぬという不安をもちつつ」とある(10)。そしてこのあと、硫黄島にかんする情報も終局に近づいていく。

3月16日　硫黄島もう一月に近し、いよいよあぶなくなる、胸を痛める。

3月21日　硫黄島の悲報公表せらる。十七日夜のことといえり。小磯首相の放送七時。

3月24日　午後折口君久々にて来る。硫黄島のことに付、力を落して居る。『古代感愛集』初刷未製本のものをくれる。今夜よむ。又巻煙草とどけてくれる。又春洋君に送ったよい煙草の残りをくれる。(11)

硫黄島攻防戦をめぐって多くの日本人がいだいたであろう悲壮な思いは、ここにあげた柳田の日記の文面からもまざまざとよみがえってくる。しかし柳田が、どこまでほんとうのことかはっきりせぬ大本営発表をしるべとして、南方の孤島の戦況を推し量り、そこに戦う藤井春洋の安否に気をもんだとしても、それは折口の作歌にあらわれる次のような焦慮とも絶望ともつかぬ精神のありようとは、やはり比べものにならないのであった。「硫眼消息」と題して発表された折口の長歌は、次のように始まっている。

わが子らは　苛《カラ》くたゝかふ―。

たゝかひのたゞ中にして、

我がために書きし　消息
　あはれ　たゞ一ひらのふみ――。

然ゆゑに、われはよろこぶ。
しか故に、我は泣きつゝ――。
読みをへて　再よまず
　あゝ　深く　と息をぞ吐く。

島いくさ　かつこと難し。
贏ちがたきいくさに　ありて、
老いの身の我を　かなしみ、
はしり書く　みじかき詞《コトバ》――。

かずならぬ身と　な思ほし――。
国のため　命をまもり、
　如何ならむ時をも堪へて

生きつゝもいませ　とぞ祈る――。[12]（以下略）

東京と遥かな南島とに引き裂かれ、老いの身と若い力との違いを際立たせ、何にもまして生と死にへだてられた春洋と折口の存在が、かろうじて一片の手紙を通じてふれあい、おののく。絶望的な状勢を知れば知るほど、祈りは激しく、嘆きは深まるだろう。しかし、このような作品において、作者の悲しみは、ともすると叙情をうたい、慰藉に流れがちだ。したがって、この時期の抜き差しならない折口の心情は、不特定多数の読み手に向けたことばによるよりも、特定の相手に向けた私的なことばに、より鮮明ににじみ出てくる。たとえば三月十日付で折口が春洋の実兄・巽に書き送った手紙。そこでは、巽からの到来物である鱏の礼を述べるにあたって、そこに巽と春洋ふたりの志がこもっているように感じたと記したあと、こう書き継がれていく。

「春洋の茶碗の脇に、そなへました。再、顔をそろへて、かうして頂く日が来ようかといふ空想が、たまらなく悲しい気をおこします。併し、御案じ下さいませんやう。春洋から度々いうてよこしました覚悟は、私にもついてゐます。たゞ思へば思へば、今が今まで、陛下の貔貅（勇猛な軍隊の意――引用者註）をあだ死にさせるやうな人々でないと信頼してゐた者どもが、今になつて皆、空虚な嘘つきだつたと痛切に知つたくやしさ。たとへやうもありません。何よりも国をかうした危い状態まで導いておき乍ら、今尚愧づる所なく、報導《ママ》に技巧を凝して、戦記を発表してゐることです。」

出征兵士の留守家族ならどこでもおなじように、朝夕陰膳を供え、戦地での息子の無事を祈る父親の姿がここにはある。希望と絶望とのあいだを行きつ戻りつしながら、残された家族は、このような悲運に際会した我が身を嘆き、またそう仕向けた因を外に求めて憎しみの炎を燃やすであろう。折口とて、そうした大方の国民の心意とさほど異なる反応をしめしたわけではなかった。ただ、悲しみ、いきどおりの量は度はずれて大きく、そうであればいっそう、そこから沸き立ってくる憎悪と敵意も生半可なものではなかったから、万一他人に読まれたら危険このうえない表現にも頓着せず、激しい怒りをぶつけることになる。とりわけ折口は、戦局をめぐる軍の報道姿勢には強く反発し、不信感をつのらせていったらしく、空疎な常套句でうわべを糊塗する戦況報道には歯がみする思いであったようだ(13)。

そして、間近にせまった春洋の死を思いやれば、必然的に、それは我が身にもせまりつつある死と重ね合わされずにはいないはずで、さらに文面の調子はつのっていく。

「われ〳〵はどうして、春洋の握つたゞけの機関銃だけでも持つて、敵を逐ひ討つことが出来るのでせう。我々の鼻の先の渚には、何時怨敵が上陸して来るかも知れぬのです。家伝の日本刀や、竹槍で、之を防げといふのですか。それでも我々は満足です。愛する者と同じ道に死に、又長い恩育を蒙つた国家の光芒を負うて死ねるのです。だが、後の国土はどうなるのです。生民はどうなるのです。国学者顔して、空想ばかりを誇りかに述べて来た我々は、何として祖先に顔をあはせるのです[14]。」

捨て鉢な気分さえちらつかせながら、折口は我が身にせまった死を語る。それは、年若い春洋の身にせまっている死とは、おのずから別の意味をもたざるをえない。なぜなら、折口には、日本という国と日本人のながい歴史的経験とを、みずからの学問の対象としてきたものの責任があるからにほかならない。「国学者顔して、空想ばかりを誇りかに述べて来た」と折口が自嘲ぎみに言うとき、なるほど、そこには自己嫌悪ばかりか何がしかの自己処罰的な雰囲気、あえて言えば贖罪の匂いを嗅ぎとることができるはずである。

これまで自分がたしかなものと感じとり、思い描いてきた古代びとの生活が、ひょっとしたら「空想」ばかりの誇大な妄想であったかもしれない、——そんな疑念にとりつかれることはなかった、とは決して言えまい。今や、南の島々はおろか、本土さえも連日の空襲で焦土と化しつつあり、何万という無辜の民が日々生命を落としていくのを見るにつけ、折口のたずさわってきた〈国学〉とは果たして何であったのか、そしてまた、みずからを残り少ない〈国学者〉と自任してきた己れの存在は何でありえたのかという問いは、容易に答えを見出せないまま、鋭い匕首のように折口の喉元に突きつけられずにはおかないのである。[15]

とりわけ折口にとり〈国学〉とは、ずっと以前に「異訳国学ひとり案内」で書いたとおり、「万葉びとの生活」を体得し、そうした「心の上の伝統」を生気あるものとして復活することであったのだから、今、その伝統を受けつぐべき人も国土も滅びようとしているとき、彼じしん「何として祖先に顔をあはせるのです」と慨嘆するほかないのは、至極当然のなりゆきだったと言わざるをえない。今や誰の目にも明らかになった日本国家の危機、日本国民の危機は、折口にとってみれば、そのまま、みずからの〈国学〉の危機であり、また〈国学者〉たる自分じしんの危機にほかならなかったのだ。その折口が、少なからぬ自責の念をいだいて、〈国学者〉顔をしてきたみずからを責め、そのような自分を〈祖先〉に顔向けできぬように感じているのは暗示的である。[16]

というのは、むろんこの時期、一方の柳田が、日ごとに激しさをましていく戦火をにらみながら、「少なくとも国のために戦って死んだ若人だけは、何としてもこれを仏徒のいう無縁ぼとけの列に、疎外しておくわけには行くまい[17]」との一念で『先祖の話』を書きすすめていたからであり、彼ら二人は、末期的な戦況のなかで国家の危機、国民の危機をひしひしと感じとりながら、期せずして同時に、世々の遠《とお》つ祖《おや》たちにたいして深い負い目をいだくことにもなったからである。

『先祖の話』前後

ちなみに、「先祖の話」というテーマについて柳田国男が初めて『炭焼日記』に記すのは昭和十九年五月十六日で、それは同月二十日に予定された講演の準備のためであった。ただしその二十日の項には「十分にはいえなかったよう也」とあるから、まだまだ同書の構想は芽生えたばかりというにすぎず、実際に『先祖の話』を書き始める十一月十日までには半年の熟成期間が必要だったのである。参考までに記せば、この直前の十月下旬のレイテ沖海戦で連合艦隊は大敗を喫し、戦闘能力をほとんど失っている。そしてこのあと、不思議なことに同書の執筆にかんする日記の記事は、翌年三月十日の東京大空襲の日に、「勿論きょうは一人も来ず、『先祖の話』を書いてくらす」とあり、次いで硫黄島玉砕の発表のあった翌々日、というのは折口信夫が柳田宅を訪れて春洋の死を嘆く前の日の二十三日にあらわれ、さらに飛んで、今度は柳田の長子為正に召集令状が届いた五月三日に、第一回の清書八十三枚ができあがったと書かれる。

とくに意識されているわけではなかろうが、奇しくもそこには、『先祖の話』の進捗の具合と春洋や為正ら次世代の若者の運命とが見えざる糸で結ばれているかのような偶合が目につく。そのうえ柳田は、前述のとおり為正出征後わずか一週間で、久々に湯を立てておいたのに「為正帰り来らず」と落胆するありさまであったが、そのあくる日の五月二十三日には、『先祖の話』三百四十枚余が脱稿したとの記事がつづくのである。

こうした経緯を眺めてみると、柳田が『先祖の話』の締めくくりにわざわざ「七生報国」の一節を立てて、あの世とこの世との自由な交通という日本人の来世観があったればこそ「七生報国」の願望も人びとに受け容れられたのだと説いたうえで、「同じ体験が今度はまた、至誠純情なる多数の若者によって、次々と積み重ねられた[18]」と述べているのを知るとき、『先祖の話』を書き継ぐことじたいが春洋や為正らを見舞った過酷な運命にたいする柳田じしんの精一杯の回答であったことを疑うわけにはいかない。

そのことを、たとえば益田勝実氏は、この書が「硫黄島や沖縄でたおれていく若者たちへ捧げた鎮魂譜」であったと述べ、さらにそれを以下のように的確に説明してくれる。

「死は永遠の別れではない。そういう柳田の古い思想の指摘が、死にゆくものにとってどれほど心強い励ましであり、愛するものを失った人々にとって、どれほど温い慰めであったことか。かれはもう単なる学問研究者ではない。老年の知恵に満ちた慈父としてこの耐えがたい悲しい時代に生き耐えていく道を教えてくれる[19]。」

このように、柳田のこのときの仕事が、過酷な時代の犠牲者として南の島々に散っていった春洋ら若人へと手向けられたものであったことは誰の目にも明らかだ。が、しかし、柳田がおなじ「七生報国」の項で『太平記』の正成正季兄弟の故事はともかく、江戸期の一人の尼の辞世の歌を引き合いに出して、これをもとに、

「先祖代々くりかえして、同じ一つの国に奉仕し得られるものと、信ずることのできたというのは、特に我々にとっては幸福なことであった[20]。」

と結論づけるのは牽強付会というものだろう。なぜなら、くだんの尼が「又も来ん人を導くえにしあらば」云々と詠んで、再び生まれ変わって仏縁をむすびたいと願った相手が、国家という人為的でかりそめの存在などによって左右されないのは仏徒の常識であろうし、ましてや「同じ一つの国」に奉仕することなどでは決してありえなかったのは当然だから

である。

とはいえ、これを柳田の軽率な勇み足として片づけるのは適当であるまい。何よりも『先祖の話』で柳田が精魂傾けて論じたのは、「家の永続」という日本人の願いが未曾有の国難によって絶たれようとしている民族的危機にかかわっていた。ところがこの一段で柳田は、益田氏の言うとおり、「終始一貫〝家〟をめぐっての民族の思想を考察してきたものが、一躍、〝国〟をめぐっての結論に走っていった(21)」ことになる。さらに同氏が推測して言うには、柳田が『先祖の話』の末尾を「七生報国」で締めくくることになったのは、例の硫黄島守備隊の司令官栗林中将が、最後に「仇《あだ》討たで野辺には朽ちじわれは又七度生れて矛を執らむぞ」と打電して死んでいったと報道されたことが、彼の脳裏にこびりついていたからだろうとする。

もちろん、柳田の真意を忖度するのはむずかしい。だが、日本国民の目を一カ月にわたって釘づけにした硫黄島攻防戦が指揮官による「七生報国」の辞世で幕を下ろしたのは国民共通の知識であったから、敗戦後すぐに『先祖の話』を読み通した人びとが戦没した青年将兵の魂の安住を気づかい、それと合わせて「七生報国」という硫黄島守備隊長の最期のことばを想起したであろうこともたしかなのだ。

そこで今度は私の推測を付け加えるなら、そのような『先祖の話』の読者の一人として、おそらく折口信夫は「七生報国」のくだりを砂を嚙むような思いで読んだのではなかろうかということである。なぜなら、先述したように折口にとって軍部の報道姿勢は憤慨にたえないものであり、ことに硫黄島玉砕をめぐって行なわれたラジオ放送は、春洋らの無惨な死を弄ぶかのように折口の耳に響いたからであった。遠い南島の岩肌に屍をさらす愛し子をしのんで、次のようにうたう折口の胸中を想像してみれば、それが柳田の『先祖の話』の結びとどれほど異なる心情にもとづいているかは強調するまでもない。

洋《ワタ》なかの島にたつ子を　ま愛《ガナ》しみ、我は撫でたり。大きかしらを（「硫気ふく島」）

たゝかひに果てし我が子の　目を盲《シ》ひて　若し還り来ば、かなしからまし（「淡雪」）

戦ひにはてしわが子と　対ひ居し夢さめて後《ノチ》、身じろぎもせず（「静かなる音」）

愚痴蒙昧の民として　我を哭かしめよ。あまりに惨《ムゴ》く　死にしわが子ぞ（「竟に還らず」）

いきどほろしく　我がゐる時に、おどろしく雨は来たれり―。わが子の声か（「竟に還らず」[22]）

折口の戦後は、ここにうたわれているとおり、春洋をめぐっての悔恨と自責の思いからついに解放されることはなかった。というより、春洋の生地・能登の海辺にたてられた父子墓に、「もつとも苦しき／た、かひに／最くるしみ／死にたる／むかしの陸軍中尉／折口春洋／ならびにその／父信夫／の墓」と記したように、折口はそのような憤りと贖罪の心をたずさえたまま冥界を訪れることこそが、この戦いに生き残ったみずからのつとめだと思いさだめていたように見える。

戦中の一時期、折口と柳田との心理的距離は、昭和前期の二人の関係からは予測できないほどに小さくなった。そのような変化をもたらした一つの有力な要因として、これまで見てきたように、藤井春洋の存在（あるいは不在）を想定してみることは決して的はずれではなかろう。そして両者の気持は、春洋の生命が無惨に奪われつつあった硫黄島攻防戦のさなか、あたかも孤島の頂きを別々の麓から登り始めたもののように、急速に近づき、そして交わり合う。そしてそのあと、二人はまたおなじ頂きから分かれ、別々の麓に下りていくことになる。(23)

一方は、今しがた述べたように戦争への憤りと春洋にたいする贖罪の思いを片時も手ばなすことなく、北の海辺の奥津城へと足速に駆け抜けていくのにたいし、一方は、『先祖の話』で描きあげた日本人の魂の行方を、その結末部分で「同じ一つの国」への奉仕ということに重ね合わせたごとく、戦後の民俗学の行方を国の存続のありようとの関係のなかで具体化しようとつとめ、やがてその思いは、はるかな昔の日本の起源を南方の海と稲の道のなかに発見したいとする、多分にイデオロギー的なプランを構想していくことになるのであった。

「働かねばならぬ世」

『炭焼日記』の二年間の柳田の記録のうちで、これまで引用されることがもっとも多かったのは、当然のごとく無条件降伏の日の「十二時大詔出づ、感激不止」であろう。が、たぶんそれと匹敵するくらいよく引かれるのが、そのわずか四日まえの八月十一日の記載、すなわち「いよいよ働かねばならぬ世になりぬ」(24)という一文ではなかろうか。

この日、柳田は近所に住む元警視総監長岡隆一郎宅を早朝にたずねた。ところが折り悪しく不在であったため、後刻、今度は長岡が柳田宅に出向いて「時局の迫れる話」を語って聞かせ、さらに夕方、再度電話で詳細が知らされた。ちなみに、すでに前日の御前会議で「御聖断」が下り、鈴木内閣はポツダム宣言受諾を決定していたのであった。柳田は翌十二日にも長岡宅を訪れ、「時局の話」を聞いているから、貴族院書記官長を辞して野に下って以来の柳田にとって、政界や軍部の情報にアクセスする道は存外少なかったようである(25)。

ところで、柳田が「いよいよ働かねばならぬ世」になると思ったのは、いったいどのようなことだろうか。そもそも、戦中の柳田は働きたくても働けない状態に置かれていたと感じていたのだろうか。そうではあるまい。太平洋戦争中の著作リストを一瞥しただけでも、そのころの柳田が、時局がらなすべき仕事を自粛していたとはとても思われない。なにしろ開戦後にかぎってみても、昭和十七年には『こども風土記』『菅江真澄』『方言覚書』『木思石語』『日本の祭』、昭和十八年には『神道と民俗学』『昔話覚書』『族制語彙』、昭和十九年には『国史と民俗学』『火の昔』といった多産ぶりだからである。ただし、書斎の仕事の生産性に比して、民俗学者の生命である採集旅行・実地踏査が年々困難になっていったのは事実であるから、戦中の柳田が研究者としてしだいに閉塞感をつのらせていったことは間違いない。(26)

さて、ここでとくに注意をはらっておく必要があるのは、この時期の柳田の仕事が日本人の〈固有信仰〉の究明という焦点をめぐって展開されていったことである。そのような関心は、昭和十六年六月に東京大学で行なった連続講義「日本の祭」あたりから急速に具体化していったものであるが、そこでは日本人の信仰の原型が祀りのかたちのなかにあらわれていること、すなわち、キリスト教のように聖職者が行なうミサとか伝道ではなく、専門の神職の存在すら要しない「日本の祭」の、酒食をもって神をもてなし、またそうして神にそなえた食べ物を祀る人もともに食べるという共食の形式に、日本の神と日本人との根本的な関係を見てとったのである。

さらに『神道と民俗学』では日本人にとっての「氏神の成立ちと現状」を考察することが主目的とされ、祭場としての御旅所や頭屋の家と社との関係などを論じながら、神社中心の祭祀に統一されがちな「官制神道」にたいし、常民の信仰の発露たる民俗的な神道の意味が強調される。

そしてこれら〈固有信仰〉をめぐる問題関心が、戦況の悪化に呼応して座視できなくなった祀り手のない多数の若者の亡魂の問題を浮上させ、昭和十九年からの『先祖の話』の準備作業に接続していくことになる。それゆえ、『先祖の話』の基本的トーンは、戦争による無数の若き横死者の亡魂を、日本人の〈固有信仰〉たる神人共同の祀りの場に招じ入れ、その荒御霊的ありようを常民の民俗的心情のうちに回収し鎮静化しようとするものにほかならなかった。そうした性格をさして、益田勝実氏はこれを「若者たちへ捧げた鎮魂譜」と呼んだし、また子安宣邦氏は「〈民族の魂〉への、あるいは〈祖霊〉への祈りにも似たことば」と呼ぶことになる。(27)

すでに述べたとおり昭和二十年五月二十三日に脱稿した『先祖の話』は、筑摩書房の唐木順三とのあいだで出版についての交渉がもたれ、七月四日に原稿が一括して渡されている。『日本の祭』に始まった柳田の戦争中の仕事は、政府の宗教政策・神社統制を批判的ににらみながらスタートし、戦局の推移に応じてしだいに問題点が煮詰められていくが、最終的には、戦後の日本社会が遭遇するであろう「家の永続」と戦死者の鎮魂という実践的な課題を展望しながら、このとき大きな区切りを迎えることになったと言えよう。誤解をおそれずに言えば、『先祖の話』から手が離れたとき、過酷な時代と切り結んですすめられた柳田の戦中の仕事は完了し、はやくも彼は、来るべき戦後社会の多難な前途を見据えて始動していたのである。

というのは、敗戦を間近にひかえた六月あたりから、『炭焼日記』には俄然、神祇関係書籍の借覧・精読の記事が頻出し、それ以前の傾向とは異質な読書三昧の生活が始まっているからである。『稲荷神社考』『神宮儀式帳』『伊勢大神宮参詣記』『伴信友全集』『御巫《みかなぎ》清直集』を手初めに、『古事類苑』神祇部、『群書類従』神祇部、『大神宮叢書』など、「ノートを整理し、いろいろの神書をよむ」(28)ことが精力的につづけられた柳田の敗戦直前の日々は、硫黄島の悲劇に胸を痛め、激増する横死者のための鎮魂の手立てに心をくだいていた数カ月まえとは打って変わった様相を呈している。見てきたとおり、『日本の祭』『神道と民俗学』『先祖の話』には、望まざる時局に際会した柳田が、その時代の突きつける問題に否も応もなく回答をしいられたもの、という性格がうかがえた。もちろん柳田は、そのような時代の要請に終始受け身で応えたわけではなく、日本人の〈固有信仰〉を明らかにするという日本民俗学の王道をつらぬく姿勢で一貫していたが、いかんせんそれは、盲進する時代にたいして守勢であったことは否めない。

ところが、『先祖の話』を脱稿したあとの柳田はやおら攻勢に転じ、やがて一瀉千里のごとく新しい目標に向かって走りだしたのだ。「いよいよ働かねばならぬ世」の到来が、すでにこのとき柳田によって明瞭確実に見通されていた、と言うべきか。そしてその新しい目標が、敗戦後の柳田の最初の著述活動である「新国学談」シリーズであったことは、もはや多言を要しないだろう。はやくもこの年の暮れのクリスマスには、同シリーズ第一冊の『祭日考』が脱稿するという手際のよさであるし、さらに年の瀬もおしつまった二十九日、息つくひまもなく同シリーズ第二冊となる『山宮考』を書き始めている。柳田じしんが言うとおり、正真正銘、彼は「寝食を忘れて」(29)同シリーズに専念していたことがわかるし、『稲荷神社考』『神宮儀式帳』を初めとする六月以来の神道資料の博捜が、これら一連の「新国学談」シリーズの述作を視野に入れたものであることは言うまでもなかった。してみると、厳密を期して言うなら「いよいよ働かねばならぬ世」というのは、ほんとうは柳田がそれを日記に記す二た月以上まえから実際上始まっていたのであって、敗戦後の世の中といってもそれは柳田にとり、たんにそのことを公然と主張できるようになったというだけのことかもしれない。

なお、この前後の柳田の読書記録を精査した内野吾郎は、昭和十九年には意外に専門的書籍の読書は少なく、江戸時代の随筆雑記類が多いこと、ところが二十年の六、七月ごろから神道国学関係の書籍が猛烈な勢いで読まれ、それが八月十五日以降には以前にもまして精力的になっていくことを指摘している(30)。これらの外形的事実からも、柳田国男の戦後は『先祖の話』の完成と踵を接するようにして始まり、またその戦後の始まりの具体的内容が「新国学談」シリーズへの着手にほかならなかったことが判明するだろう。

「新国学談」と神道のゆくえ

これまで見てきたように、柳田国男が戦中から戦後にかけてしめした民俗学者としての軌跡、あるいはよりひろく、彼が独自の日本の思想家として歩んだ軌跡は、われわれに向けて新たな問いを誘発せずにはおかない。つまり、柳田にとって戦争とは何であったのか、また、日本の敗戦は柳田の何を変え、何を変えなかったのか、という問いである。そしてさらに言えば、そのような問いに答えるためには避けて通ることのできない柳田の仕事、すなわち「新国学談」シリーズという仕事をとおして、彼はいったい何を実現しようとしていたのか、という問いである。

このような問いを立ててみるとき、即座に思い浮かぶのは、柳田にとって戦争は本質的な影響を与えず、彼の立場は戦前も戦後も一貫していたとする見解である。一例をあげれば、たとえば文芸批評家の梶木剛氏は大著『柳田国男の思想』で、戦争中の柳田がいくつかの戦争協力機関に関与しながらも、決して〈聖戦〉イデオロギーに熱狂することもなく、また国家神道にたいして批判的一線をくずすこともなかったと見て、彼の「戦時下から戦後へとわたる学問的基層が何ら基本的に変るものではなかった」し、〈固有信仰〉としての「常民の内なる信仰の一点を目指すことにおいて、柳田国男に戦中も戦後もない」と断ずる。(31)

たしかに柳田は、〈固有信仰〉の究明が自分の学問の一貫した目標であることをことあるごとに強調する。たとえば敗戦後まもない十月の談話で、柳田はこれから自分がなすべきこととして三点をあげるさい、

「その一つは国民の固有信仰、遠い昔からあったにちがいないもの、これが今までどういう風に、引きゆがめられていたかという点に心づくこと」(32)

だと語っている。しかしこれは、決して新しい世の中を迎えるにあたっての柳田の抱負と

いうわけではなかった。むしろそれは、戦中の昭和十九年十月に内務省神祇院で行なった講演「敬神と祈願」の初めで、柳田が次のようにみずからのめざす学問の目的を開陳していたときの語り口と異なるものではない。柳田はそこで、いかなる国の文物制度もよかれ悪しかれ昔のままそっくりに伝わるものはないが、なかでも神道は時世の変化につれて大きく変遷したものだとしたうえで、

「民俗学の方法として、今までの神道史研究とかわっている一つの特色は、この何段とも知れない今までの変遷の各段階が、捜せば国内のいずれかの部分に、やや切れ切れの状態にではあるが、今もなお残り伝わっているだろうという仮定をもって、これを尋ね出そうとしていること[33]」

だと述べる。つまりこれは、日本人の〈固有信仰〉は常民の信仰の歴史的な変遷を掘り起こすことをとおして明らかになるはずだという確信なのであり、さかのぼって言えば、そうした信念は開戦前の講演である「日本の祭」以来のものであった。したがって、そのような民俗学の方法についての揺るがぬ信念のありようという点において、なるほど柳田には「戦中も戦後もない」と言わねばなるまい。

そうであってみれば、同様の信念がたとえば戦後の昭和二十一年七月、靖国神社の文化講座で柳田が行なった「氏神と氏子」の講演で、寸分の揺るぎも見せずに披瀝されるのも何ら不思議なことではない。柳田はそこで、いわゆる〈固有信仰〉というものは「いずれの民族においても常に言説の外において発育している」ものであって、これをことばであらわそうとすると抜け落ちる部分も出るし、歪曲される部分も出るもので、ことに日本の場合は「初期の記述者」が偏狭な目的でこれを論ずることが多かったために、今日にいたるまでほとんど「事実の観察」がこころみられないままであったと批判し、だからこそ現在、「正しい認識」にもとづいた「学問の立て直し」が急務であると力説する。[34] 戦前戦後を通じて、柳田が民俗学の方法に託す信念は、微動だにしていないと見るほかない。

ところが一方、このような信仰の変遷について的確な判断を下せるものがほんとうにあるのだろうかという疑いもまた、柳田その人のものであった。それは、「新国学談」第一冊の『祭日考』に付された「窓の燈」の一節に、次のようにあるからである。

「『新国学談』を世に出すためには、自分は文字通り寝食を忘れていた。どうしてまたそのようにまで、急いでこの本を書いておこうとしたのか。心ある人ならばすぐにその下心を看破《みやぶ》ることができるが、看破られるよりも自分で語った方がよい。神社はどうなるだろうかということは、いかにも今日は万人の疑問となっている。そうして稀《まれ》には大胆にその疑問に、答えようとする人もないとは限らぬが、正直にいうと誰にもそんな資格はない。日本人の予言力はすでに試験せられ、全部が落第ということにもう決定したのである。これからは蝸牛の匐《は》うほどな速力をもって、まずその予言力を育てて行かねばならぬのだが、私などはただ学問より以外には、人を賢こくする途《みち》はないと思っている(35)。」

卑屈というのは当たるまいが、少しばかり投げやりな口調で、柳田はこれまで日本人が行なってきたことが全面的に無効であったと言ってはばからない。もちろんこういった否定的言辞が、さしあたっては軍人や政治家の無定見と大言壮語、学者・文筆家の軽薄な時局便乗に向けられたものであるのは明らかだろう。だが、ことは彼らの責任を追及するだけですまないのは明白で、在野の一学徒であった柳田にとっても、みずからの「予言力」を問い直すことは避けて通れない関門であったに相違なく、その自問自答の結果、柳田は己れの「予言力」、あるいは己れが倦まずたゆまず育てあげた学問じたいの「予言力」に、「落第」の烙印を押すほかなかったということだろうか。

それを考えるためには、とりあえず戦後の柳田の基本的な姿勢、ことに「新国学談」シリーズに託した新しい時代にたいする期待について、いま少し丁寧に見届けておく必要があろう。

まず書誌的な事実として、「新国学談」と銘打たれた著作は都合三冊。昭和二十一年十二月の『祭日考』、二十二年六月の『山宮考』、同年十一月の『氏神と氏子』である。いずれも同一書肆の刊行になるもので、三冊ともおなじ造本・装丁であった。また本シリーズについて、『定本柳田国男集』の「年譜」は昭和二十一年一月三十一日の項に、「『新国学談』出版を決意」とうたっている(36)。ただし、すでに見ておいたとおりこのための準備は前年の六月ころから、すなわち『先祖の話』の完成からさして間をおかずに開始されていたのであった。そして、これまた既述のとおり年末には『祭日考』が脱稿し、引きつづき寸暇を惜しむように次の『山宮考』が着手されるという具合であった。また第三冊の『氏神と氏子』に収められることになる三つの講演記録のうち、「祭と司祭者」および「敬神と祈願」はそれぞれ昭和十八年と十九年に行なわれたものだから、「年譜」の記すとおり昭和二十一年の初めには「新国学談」の少なくとも三冊分の構想はあらかた固まっていたと見て不都合はない。

ところで、ここで一言しておく必要があると思われるのは、このような柳田による「新国学談」構想がかたちづくられていく過程が、同時にまた日本の国家神道が根元から音をたてて崩れ去っていく時期でもあったということである。周知のとおり、昭和二十年十二月十五日にはGHQから「神道指令」が発せられて、神道と国家との法的、財政的、思想的かかわりの一切が禁止され、さらに翌年一月元旦には天皇の「人間宣言」により、天皇の現人神たることが天皇じしんのことばによって否定されたのであった。こうした大変革をめぐって、当の柳田がどのような感想をもっていたのかはわからない。そもそも『炭焼日記』は昭和二十年年末までで、翌年からの柳田の動静はにわかにつかみがたくなってしまうのである。

しかし、このように国家の敗北が即座に国家神道の解体をもたらし、日本の神社および神職の地位が存亡の危機に見舞われているのをまのあたりにした柳田が、それを拱手傍観できたはずがない。そしてこの時期の柳田の真意を推しはかるものがあるとすれば、それはやはり、彼が全精力を投入して実現しようとした「新国学談」シリーズを措いてほかにはないだろう。とりわけ一月三十一日の「新国学談」出版の決意じたいが、このような難局を迎えた日本神道にたいする柳田なりの支援策であったことは間違いないし、そのことは、先ほど引いた『祭日考』の「窓の燈」で、これから「神社はどうなるだろうか」ということが今や「万人の疑問」となっており、それに答えうる学問が再建されねばならないと言っていたこと、さらにまた、おなじ「窓の燈」の別のところで、

「これからさき神道はどうなって行くか、どうなるのが民族全体のために、最も幸福であろうか、それは微力でただちに決しられないとしても、少なくともそれを考えるのに、どれだけの予備知識を持っていなければならぬか、少なくともその最後の問題に、答えようとするのが自分の最近の仕事であった[37]。」

と言っていることを思い合わせるなら、難なく了解されるところだ。

また暗示的なことに、柳田はこのような救世の書を送り出すにあたっての感懐をたしかめるかのように、『祭日考』冒頭の「解説」に「昭和二十一年紀元節日」の日付を付しているのであった。国家神道が解体し、天皇の「人間宣言」が行なわれて国家の神聖性が完膚なきまでに剝ぎとられていったこの時期、虚しい形骸と化した紀元節というハレの日を迎えた柳田は、なおもこの国の起源に思いをはせて新著の序文を書いたのだろうか。当時もっとも身近にいた堀一郎が、岳父柳田の学問にははやくから「愛国」の情熱が流れており、なかんずく、

「戦争末期から終戦後にわたる学問は、もはや愛国以上の、切端《ママ》つまった憂国の熱情が、神道研究の上にほとばしった感が深い。しかもそれは、決して単に専門神職の

ための神道研究、理論や考証の学としての神道研究ではなかった。実に精神的混迷のなかに投げ出されている一般民衆に、自己と民族に内在している価値を見出させ、それに自信と誇りを実証的裏づけをもって与えようと試みた研究であったことは、見遁してはならないように思う。[38]」

と回想しているところを見ると、このころの柳田が日本国家の将来と神道のゆくえを本心から懸念し、しかもその不安動揺が深刻であればあるほど、みずからの学問の新生に賭けた情熱も熾烈であったことを疑うわけにはいかない。

なぜ〈新国学〉か？

しかしながら、そのような時代の危機に真っ向から対峙するものがもつ率直な情熱といったものが、柳田のことばからはどうにも伝わってこない憾みがある。それは、彼の晦渋でとらえどころのない文体のせいばかりではない。たとえば、ほかならぬ「紀元節日」にしたためられた『祭日考』の序文の最後に、柳田が「新国学談」シリーズの将来について次のような奇妙な予告を行なっているのなどがその例であろう。

「新国学談。筆者晩年の文集は、今後引き続いてこの書名をもって世に公けにする計画である。自分だけは数十巻、百巻にも達する日を夢みているが、現実は多分二、三巻をもって終るであろう。いささか雑誌の体裁を加味したが、以下次号というものをできるならばこしらえまいとしている。ゆえに読者は一巻ごとに、読んでみるか否かをきめることができる。すなわち解説の必要なるゆえんである。[39]」

何はさておき、新シリーズ第一冊の刊行にあたって、その先の見通しを百巻とも二、三巻とも言って人を煙に巻くのは、ずいぶん無責任な言い分ではないか。こう言って柳田は、話をわざとはぐらかしているのか、それとも何か公表をはばかる裏の事情があったのか、ともかく読むものの気持をもてあそぶ文章であることは否定できない。こういう文章に接すると、新しい世の中にたいするメッセージであるはずの「新国学談」シリーズに、柳田本人がどこまで本気だったのかと首をかしげたくなる。

ましてや、いまだ敗戦後の混乱状態を脱し切れず、戦後民俗学の新しい方向など見通しようもない地方の学徒らが、総帥柳田からこんな謎めいたことばを聞かされて途方にくれたであろうことは想像にかたくない。いわんや、この直前で柳田は、「新国学談」シリーズの各冊には「窓の燈」と銘打った「あとがき」的な欄をもうけることに関連して、これを「書斎からの小さな消息である。できる限り自伝風の部分を少なくし、変り行く世相と学問との交渉を、努めてこの窓に映し出そうとしている」[40]と書き、地方学徒にたいする的確な情報提供の必要を認めていた[41]のだから、なおさらであろう。

これらの事実を、いつものような柳田の韜晦趣味と見て横目で読み飛ばしておいていいものかどうか、それとも、岡正雄が柳田の学問を評して「一将功なって万骨枯るの学問」と言った[42]ような、柳田のエリート主義、過剰な指導者意識に由来する根深い現象だと見るべきなのかどうか。

いずれにせよ、柳田がみずからの戦後の学問的スタートを〈新国学〉の名称のもとに行なうにあたっては、何か及び腰でふっきれない雰囲気がつきまとっている。たとえば、世に言う柳田名彙としての〈祖霊〉〈固有信仰〉〈常民〉、あるいは〈海上の道〉などのタームは、その概念上の不明確さや時期による意味のズレなど、必ずしも学術用語として問題なきにしもあらずであったけれど、それらのことばを通じて柳田が明らかにしようとしていたものは、十分すぎるほどわれわれに伝わってくる。いわばそこには、一個の日本人として柳田がいだいた、信仰と呼んでもおかしくないような血の通った願望が込められていた。それらの柳田名彙は、よかれ悪しかれ柳田国男という人間と切っても切れない関係にあったのである。

ところが、柳田の言う〈新国学〉の語からは、そのような切実で人間的な肌ざわりが感じられない。感じられないばかりか、反対にそこには、何かしら納得がいかず、口ごもらざるをえないというような気配がただよっている。そもそも柳田は、自分で「新国学談」と名づけてスタートさせた新シリーズについて、その命名の事情を語るとき、積極的であるどころか、終始、釈明口調になってしまうのだ。実際、『祭日考』の「窓の燈」の欄では最初に〈新国学〉の見出しをかかげて、本シリーズの命名のいきさつが語られるが、そこでの柳田の語り口はお世辞にも明晰とは言いかねるものである。

まず最初に柳田は、以前、国学院の学生と話をしているときに、「何かの拍子にふと新国学という言葉を使ってみた」と言い、なぜならば、今は江戸時代の「御国学び」のように古典だけに専念していればいいといった時代ではなく、もっと広汎なものが要求されているためだからで、そういう期待を込めて、「一種警句のつもりで」このことばを使ったと述べる。そして、次のようにつづく。

「ちょうどそういう方向へ、彼等の心が動揺していた際であったからだろうか、ひどくこの一語が印象にこびり付いて、たちまち私の携わっている学問の異名が、新国学でもあるかのごとく、言いふらす者さえ現われた。実をいうと、自分もいささかこの流行を奇貨《きか》としたことはある。たしか一ぺんかせいぜい二度ほど、講演の中でこれを用いてみたが、もちろんいい方には気を付けて、それがこちらの専売だといったものと、取られないようにはしていた。そうして心の中では、何も本家本元だというのでないからよかろう。新国学はこれしかないと、主張しさえしなければ失礼であるまいと思ってもみた。（中略）語路《ごろ》さえ悪くないならば新国学の一つ、または一種の新国学とでもいおうかしらんと思いつつも、さすがに気が咎めてその後ふっつりとこの名を口にせぬようにしていた。(43)」

「何かの拍子」といい、また「警句のつもり」というように、柳田はこの語について最初から少々違和感をもち、気が咎めるものがあったことを隠そうとしない。いや、むしろそれを強調しさえして、偶然この語をもちいたことがあったとしても、自分は〈新国学〉の専門家を自任したわけでもなく、ましてや近年はまったく口にしないのだからとやかく言われる筋合いはない、といった調子なのである。これではまるで、いやいや〈新国学〉の名称を使ったと言わんばかりではないか。

もっとも、これにつづけて柳田は、次のように言ってはいる。

「ところが今度という今度は、国が新たになったという感じを、少なくとも若い人たちは皆抱こうとしているのである。その新たな国情にふさわしい学問の、これから改めて我々の国土に、茂り栄えるものが、今に現われようと想望している者は、すでに多いにちがいない。[44]」

〈新国学〉は旧式の「御国学び」としての国学につながるのではなく、世の中があらたまった現在、その「新たな国情にふさわしい学問」を意味するのだし、そのような新しい学問にたいする期待は巷にあふれているではないか、というのである。そのあと柳田は、錠前と鍵のたとえをもちいて、そうした新しい学問の特徴を比喩的に語る。持って回った表現で、正確に理解するのがむずかしい比喩であるが、そのあらましは多分こんなところだろう。

すなわち、敗戦によって日本の問題を解く鍵が失われてしまった今、まったく新しい鍵を外国からの受け売りとか翻訳で調達することはできない。やはり日本の過去に精通したものが、これまた過去の学問的遺産を継承しつつ新たな学問を形成していかなければなるまい、——おそらくこういった学問観は、柳田の唱える〈一国民俗学〉の理念と変わるところがないはずだが、ともあれそう書いたあとで、最後に柳田は以下のように締めくくる。

「こういう事をいっていると、何か私たちの学問までが、もう新国学ではなくなったような気がするが、それはもう致し方がないだろう。しかしともかくも今は国が新しくなろうとしている。この際に当って、人に向って学問の話をしてみようとするのだから、それで新国学談であるという方がよい。新しい国学だからこういう研究を集めて、新国学の談といおうとするのだと、解してもらわぬ方が今は無事でよかろう。[45]」

以上、何とはなし繰り言めいて聞こえる柳田の「新国学談」命名由来をやや丁寧に眺めてきたが、やはり率直に言って、どうしてこれが〈新国学〉でなければならず、たとえば「新民俗学」や「新日本学」ではいけないのかという理由は判然としない。また、「国」が新しくなろうとしていることに注意を向け、そうした新たな「国」情に相応した学問、という意味合いを強調しようとするなら、「新しい国の学」でも「新生日本の学問」でもよかったではないか。それをわざわざ「新しい国学」と受け取られるのが当たり前の名称をつけたうえで、予想される誤解をまぬかれようと柳田は釈明に必死なのである。

これは決して揚げ足とりでもなければ、ためにする議論でもない。率直に考えて、柳田のこの命名は不自然だし、その不自然さを言いつくろうような彼の釈明はなおさら不自然なのだ。

〈一国民俗学〉のオートマティズム

誤解されやすい言い方だが、以上見てきたように、戦後になっての柳田の〈新国学〉という名称にたいするこだわり方には、何かしら異様な、強迫観念めいた過剰反応がちらついている。そこには、押しも押されもせぬ民間学の泰斗・柳田ならではの悠揚せまらぬ自信も感じられず、また博識をもってなる柳田の論理の冴えもない。あるのはただ、かつての〈国学〉にたいする神経症的な嫌悪感と、新しく生まれつつある「国」への過剰なまでの期待感であるように見える。

ところで、「国」にたいする過剰なまでの期待感と言ったが、これはかつて益田勝実氏が示唆した[46]ように、すでに敗戦以前から柳田には戦後の「国」にたいするある種の願望とも言うべき思い入れがあったように思えるからである。それは、敗戦直後の九月に刊行される『村と学童』の「はしがき」を柳田は七月のうちに書いているが、そこで彼が、読者である子どもたちへのメッセージとして、「世が治まり国がますます栄えて行く際に及んで、この大切な知識を人生の役に立て、またはこれを一段と正確なものにして、次の代へ伝えるのも諸君の任務である[47]」と言っていること、また『炭焼日記』の七月二十三日の項には、桑木厳翼への返書に関連して、「我としては希望まことに少なし、しかし国としては別なり」[48]と書いていることなどを念頭に置いてのことだ。このような期待感というものは、おそらく先述した堀一郎の証言にあるような柳田の「愛国」とも「憂国」とも称すべき信念の意識下のあらわれなのであろう。そして間違いないのは、柳田の〈国学〉への嫌悪と「国」にたいする期待という、一見正反対の姿勢も、じつのところは今しがた見た「国」にたいする無条件の信頼とも言うべき感情の、正反ふたつのベクトルにほかならないだろうということである。

ただ、今はそんなにことを急がず、柳田の国学観を戦前にまでさかのぼって検討しておく必要があるだろう。なぜなら、『祭日考』で説かれるように柳田が終始一貫そのように国学を毛嫌いしていたかというと、必ずしもそうは言えないからである。戦前の一時期、柳田は国学の伝統を積極的に評価し、むしろ国学の伝統をてこにみずから志す学問の基礎的理念を説明することがあったのだ。そしてその一端が、『郷土生活の研究法』にしめされているのであった。

周知のように、昭和十年に刊行された『郷土生活の研究法』は、前年刊の『民間伝承論』と並んで、壮年期の柳田がみずからの学問の方法論的な土台づくりをこころみた代表的著作にほかならない。そして、そうした重要な著作のいずれにおいても、柳田は「新しい国学」に向けての抱負を語っていたのである。それは決して、『祭日考』で言い訳がましく書いているように、「何かの拍子に」「警句のつもりで」言ってみたというような性質のものではなかった。

まず『郷土生活の研究法』だが、本書の前半部分は昭和六年八月に神宮皇学館で、「郷土史の研究法」などの演題のもとに四回にわたって講演したものから成り立っている。内容的には、外国の民俗学研究の実情なども紹介しながら、日本における「郷土研究」の来歴と可能性を論じたものであるが、柳田はその最終章のタイトルを「新たなる国学」として、「郷土研究」の将来的な展望を語ったのであった。念のために断わっておけば、ここで柳田は「新たなる国学」と言っているのであって、『祭日考』のように「新たなる国の学」と言っているのではないのだ。

さて、ここで柳田が言わんとしている要点はまことに明快率直で、曖昧で含みのある表現など見当らない。まず率直さという点で言えば、柳田は自分がもともと農民史専攻であったにもかかわらず、近年とみに苦悩をましている農村の窮状を眼前にしながら、農民救済のための何の献策もたてられずにいるのは「学徒としてこの上もない恥辱」だと言う。そのような己れの非力を認めたうえで、自分にできることは何かと言えば、これまでの見聞と知識を整理し、まずは農村における教育と道徳の功罪を明らかにすることから始めるしかないが、いずれにせよ最終的には、もっとも痛切な問題、すなわち「何ゆえに農民は貧なりや」という根本問題の解決に向かわねばならない、——そう柳田は明言する。また、なぜそうなのかとの問いにたいする柳田の答えは、自分にとって学問が「実用の僕《しもべ》」であるのは決して恥ではないのだから、というものであった(49)。

このように述べたあと、さらに柳田は「学問救世」という小見出しを立てて、次のように言う。すなわち、現在の農村が陥っている苦しみは物質面だけからでは説明のつかないものが当然あって、そこには古い信仰の名残りが影響しているのだが、これはさらに上代の信仰の問題を度外視しては解決不能の問題なのである。そこに「お国ぶり」の学問が必要になる所以があり、いわゆる国学は本来そのような現実的な課題を内包していた。こうして、しだいに柳田の経世済民的な国学観らしきものが示唆されていくことになる。

「我々の三大人《うし》が出でて道を説かれたまでは、誰一人日本に国学という学問が新たに唱えらるる余地あることを信ずる者がなかった。その国学のひとえに盛んになった時世には、次に第二の新国学の改めて必要を生ずべきことを認める者のなかったのも是非がない。しかし学問が世を救うべきものであるならば、今はまたこの方式のお国学びが入用になってきているのである。つまりは学問に対する世間の注文が新しい時代に入ってまた一つ加わったのである。それは何かと言えば、『人が自ら知らんとする願い』である。我々はぜひともこれに答えなければならぬ。[50]」

一読して明らかなように、柳田はここで国学を語るとき、いささかも口ごもったりはしない。むしろ「三大人」が口火を切って始まった国学にはその時代の要求が込められていたのであり、それが今、新しい時代の「世間の注文」に応えるべく「第二の新国学」が要求されているにすぎぬ。それは、学問が救世のためのものである以上、必然事なのであって、目下はそのための新方式の「お国学び」によって、日本人が日本人のことをみずから知り、すすんでみずからを幸福にすることが可能にならなければいけない、というのである。

ちなみにこうした国学観、ひろく言えば学問観は、この時期に柳田がイメージしていた「郷土研究」の理念に通底するものであった。というのは、ほかならぬ『郷土生活の研究法』の最初には次のような簡明な定義がなされていたからである。

「郷土研究の第一義は、手短かに言うならば平民の過去を知ることである。(中略)平民の今までに通って来た路を知るということは、我々平民から言えば自ら知ることであり、すなわち反省である。[51]」

「平民の過去」を知るための郷土研究が、「人が自ら知らんとする願い」に応えるべき新方式の「お国学び」に接続していくことは、柳田にとって自明のことがらであったのだ。しかも西洋諸国などとはちがい、日本人には日本人の過去を知る手立てが身近にそなわっているのだから、そうした広義の「お国学び」こそが現在の知識として不可欠なのだということになる。

「わが個々の郷土には、坐《い》ながらにして自らわが世の過去を明らかにする途があるのである。我々の学問は結局世のため人のためでなくてはならない。すなわち人間生活の未来を幸福に導くための現在の知識であり、現代の不思議を疑ってみて、それを解決させるために過去の知識を必要とするのである。(52)」

このように眺めてくると、『郷土生活の研究法』で唱えられる「郷土研究」が「第二の新国学」という新しい方式の「お国学び」を呼び起こし、それが結局、柳田の例の〈一国民俗学〉の議論を誘発していく道筋が透けて見えてくるではないか。〈一国民俗学〉という、柳田の学問の特徴を言い当てているようでいながら、決してその内実がさだかではない呼称についてここで深入りする余裕はないが、一つだけ、柳田が公然と〈一国民俗学〉

の名をあげて、「もう今日となっては大胆僭越と評せられる懸念なしに、この名の新学問が将来日本の土に繁り栄えんことを、祈念しまた希望し得られるようである」と述べたのが昭和七年年初の「食物と心臓」においてであり[53]、またそこで柳田が、前年の昭和六年を回顧し、この年が従来の断片的採集方法を脱して、新たな系統立った観察と記録の方法が全国規模で出現してきた年だと持ち上げ、斯学の将来に祝福を送っていたことを思い出しておこう。念押しするまでもなく、『郷土生活の研究法』の骨子となる神宮皇学館での講義が行なわれたのが、その昭和六年なのであった。

またさらに、昭和八年九月から始まった柳田邸での「民間伝承論」の講義がもとになって翌年には『民間伝承論』が出版され、その第一章として〈一国民俗学〉の章が据えられることになる。しかも暗示的なことに、その書物の最終頁には新たに勃興しつつある学問の名として、再び〈新国学〉が名指しされるのであった。

「実際今日は学問上の重要な転換期であって、頼《らい》氏の『日本外史』あるいは宣長大人《うし》の国学によって、その当時の学問が変化させられたと同じ意味の、重要な学問的転換が、今や要望せられているのである。我々の学問はまさしくこの変転の契機をなすものといえる。これを『新国学』というも憚らぬ、国に必要な新興の学問である。」[54]

この一段は柳田が直接筆をおろした部分ではないが、彼の談話をもとに彼の著作として刊行されたものなのだから、むろんのこと、これが当時の柳田の真意にたがうものだとは考えられない。比喩的に言うなら、ここで柳田は江戸期の国学の隆盛を日本の学問の第一のルネッサンスだと見なし、その近代における再現として今や第二のルネッサンスが幕を開けようとしていると、誇らかに宣言しているのである。

以上のような経緯を踏まえてみると、昭和六年から八年にかけて柳田国男が歩んだ学問的な軌跡は、旧来の「郷土研究」が「第二の新国学」のイメージを触媒にして、最終的に〈一国民俗学〉へと収斂していくプロセスであったということができないだろうか。おそらく柳田にとっては、国学という、ナショナルな心情と学問的実証性とを合わせもった過去の遺産が、このときほど光り輝いて見えたことはなかったろう。

またさかのぼって考えるなら、明治末以来の土俗学的関心が雑誌『郷土研究』によって強固な足場を獲得し、それをさらに近代的な学問研究の場へと飛躍させるべく創刊されたのが雑誌『民族』であったにもかかわらず、そこでは欧米の学問動向に刺激されて異民族研究をめざすエスノロジー的な遠心力と、日本の平民生活の資料報告に重点を置くフォークロア的な求心力との分裂が際立ち、やがて最終的には柳田が同誌の編集から手を引くことで廃刊にいたったという経過があった。昭和初年の柳田を見舞ったそのような苦い経験が、この時期の彼の学問の傾向に少なからざる影を落としていることは想像にかたくないところで、エスノロジー的な研究方法と研究対象とを意識的に捨て去り、あらためて過去の平民の歴史を知るという「郷土研究」をみずからの土俵に選びとった柳田にとって、「国」の過去を探求するという国学の伝統がいかに心強い援軍に見えたことか。そのことは、いくら強調しても強調しすぎることはないだろう。おそらく柳田からすれば、そのような国学の伝統こそが、常民の「自ら知らんとする願い」に応えて、あたかも「坐《い》ながらにして自らわが世の過去を明らかにする途」を提供してくれるように見えたのではなかったか。

いわば、こうした国学のもつ自己完結的なオートマティズムに誘い込まれるようにして、柳田は〈一国民俗学〉という自閉的な観念のとりこになっていく。そして、そうした自閉的な観念のからくりを象徴的に物語っているのが、例の『民間伝承論』の冒頭に据えられた「序」の文、すなわち文人学者・柳田の面目躍如たる「民間伝承」学マニフェストではなかろうか。

というのは、そこでは「明日の学問」としての「民間伝承論」が一本の稚樹《わかぎ》にたとえられて、柳田はその成長をことほぎ、はげますのである。とりわけ注目に値するのは、この学問が三つの種類の方法の協同によって成り立つとされている点で、柳田はそれらおのおのを、「旅人の採集」「寄寓者の採集」「同郷人の採集」と呼ぶ[55]。あまりにも有名な部分だから解説の要もなかろうが、それらが対象とするものは順次、生活の外形であり、言語による知識であり、生活の意識であるという。言うまでもなく、旅人による採集は目に見えるものにかぎられた表面的な観察に終わり、寄寓者の採集はことばというコミュニケーションの回路に依存しないわけにいかない、そして最後の同郷人の採集だけが、目にも見えず、ことばにもならない「心」の奥底にまで参入できるというわけである。

子安宣邦氏によれば、この「同郷人」のみがもつ〈内なるものの目〉の特権性によって〈一国民俗学〉が可能になるのだという[56]。それは、見るものと見られるものの差異と対立が解消された自閉的オートマティズムの世界にほかならない。そして、そうした世界を柳田に保証するのが日本という「国」にほかならなかったのである。

なぜなら柳田はこれら三種類の方法を列記したのちに、次のように言っているからである。

「前の二者とても独立しては完成せず。

現に許多の誤解を世に残している。

国が『自ら知る』必要は、特に日本のごとき国柄において痛切である[57]。」

『郷土生活の研究法』で柳田は、経世済民の学がめざすところは「人が自ら知らんとする願い」に応えることであると言った。またそのような「願い」は農村の積年の窮状のなかから萌したものであって、農民史を志した柳田にしても、それにたいする有効な手立てを講じえなかったことが悔やまれたのである。農民の願いと学問との乖離、あるいは矛盾がそこではしかと見つめられていた。しかし、今やそれは「国が『自ら知る』」という自閉的な「国」のオートマティズムにとってかわられ、〈一国民俗学〉という、他者を必要としない、あるいは他者を寄せ付けない聖域が登場したのだ。〈一国民俗学〉なる理念は、「第二の新国学」という近代ルネッサンスの抱負のなかから生み落とされはしたものの、結局はその発生の母胎たる「農村の窮状」から目をそらし、ついには「人が自ら知らんとする願い」をも圧し殺すことに手を貸していくだろう。(58)

失敗した〈新国学〉

見てきたように、昭和六年から八年にかけての柳田学の変貌ぶりは、ありていに言って「国」に衝き動かされ、誘い込まれ、挙げ句の果てに自縄自縛に陥っていくプロセスだったと評することができる。またその場合のキーワードが、「新しい国学」であり「第二の新国学」にほかならなかった。

だとすれば、柳田が戦後になって『民間伝承論』が「失敗」であったと言ってはばからなかった[59]のと同様、戦前の〈新国学〉は「失敗」であり、また〈一国民俗学〉は「失敗」であったと言わざるをえまい。むろん、そのことに柳田が気づかなかったはずはない。気づいていたからこそ、柳田は『祭日考』の「窓の燈」で、神社の行く末について答える資格が誰にもなく、日本人すべての「予言力」はひとしなみに「落第」だと言うほかなかったのである。

しかし一方、柳田の体内に流れる「愛国」というナショナルな心情は、戦前に第二の学問ルネッサンスを待望させたときと同様に、再び〈新国学〉のキーワードをよみがえらせた。むろん、かつてのルネッサンスは「失敗」し、柳田じしんそれにいたく傷ついたはずであったから、このキーワードを口ごもらずに言うことはむずかしい。だから、韜晦ともはぐらかしともつかない、真意不明の表現が「窓の燈」の随所に顔を出すのは当然だったと言わねばなるまい。戦後の学問の新たなスタートを、その先頭に立ってみちびいていかねばならぬ宿命を負った柳田は、意気消沈して弱音を吐いてばかりはいられなかったということだろう。

しかし、ときには柳田の口から苦しい胸の内が聞こえてくることもある。たとえば昭和二十一年の十月五日に日本民俗学講座で行なった「現代科学ということ」という講演などがその好例であろう。そこで柳田は、かつての昭和十二年五月から六月にかけ、東北大学において日本の国立大学では初めてとされる「日本民俗学」を講じたころを回想して、次のような反省の弁をもらす。

「時代は我々の生活上の疑問を押え付け、極度にその提出を妨碍している際であった。大きな幾つかの国の問題には、あらかじめ堂々たる答えが準備せられ、人がどういうわけでぜひとも殺し合わねばならぬか、何ゆえに父母妻子を家に残して、死にに行かねばならぬかというような、人生の最も重要な実際問題までが、もう判りきっていることになっていた。第一に自分はそうは考えられぬのだがということが言えない。誰もがそうだからこれには背こうとする者がない。むしろ心の底からその気になってしまって、涙もこぼさずいさぎよく出て行く者が多かった。(60)」

こう柳田は述べて、自分たちの学問の腑甲斐なさをさらけだす。「人が自ら知らんとする願い」にたいして学問が何も答ええず、あまつさえ、そのような願いを知りながら答えを回避していたことを告白して言う。

「白状するならば私はやや遠まわしに、むしろ現世とは縁の薄い方面から、問はいつかは答えになるものだという実例を引いていた。従ってまた気楽な学問もあるものだというような印象ばかり与えて、国の政治上のこれぞという効果は挙げ得なかった。なんぼ年寄りでも、これは確かに臆病な態度であったが、しかし実際またあの頃は今とちがって、ただ片よった解決ばかりあって、国民共同の大きな疑いというものは、まだいっこうに生れてもいなかったのである。」(61)

前節の最後で述べたような、彼の唱えた〈一国民俗学〉の理念とその歴史上の役割との無惨なまでの分裂を、柳田じしん痛恨の思いを込めてこのように表現する。おそらく柳田が、己れの学問の本質をめぐっての苦衷と煩悶とを、これほどストレートに語った例はほかにないだろう。

とはいうものの、柳田のもの言いからは、自分じしんの「臆病な態度」を率直に認める一方で、「国民共同の大きな疑い」というものが醸成されていなかった時代情況に責任を転嫁しようとする気分が少なからず感じとれる。短兵急だとのそしりを覚悟で言えば、おそらくこのような弁明口調と、それからいくぶんか責任回避の匂いのする自己韜晦的な文体こそが、「学問」と「政治」の人であった柳田に固有の表現であったように思う。そして、そのような柳田国男じしんの人生にたいする基本姿勢を規定しているものはと言えば、若き日の詩人としての己れを放棄し、あまつさえ詩人であった事実さえをもみずからの人生の軌跡から消し去ろうとした彼の態度に象徴されるところの、家長としての、官僚としての、学者としての、あまりにも強烈な目的意志なのであったと思う。

その点、学問の人でありながら同時に詩人でもありつづけた折口信夫とは好対照だ。またそうした二人の対照的なありようは、敗戦時の身の処し方に典型的にしめされている。柳田はすでに敗戦まえから「働かねばならぬ世」を予期し、予期したばかりか敗戦まえから猛然と働き始めたが、折口は降伏の詔勅を聞いてのち四十日間を箱根の山荘に籠り、我が身と日本の行く末について思案をめぐらした。

柳田は、戦後まもなく枢密顧問官になったように、戦前も戦後も一貫して「学問」の人であるとともに「政治」の人であった。在任期間は短かったが枢密顧問官在任中につちかった政界・官界との人脈的なつながりは、その後の彼にたいする社会的評価をいやがうえにも揺るぎないものにしたし、なにより柳田に「天皇の教育がかり」という自負をもたせる機会ともなったのである。官にとどまったときも野に下ったときも、柳田は権力から疎外されたことなど一度たりともなかったように見える。

それにひきかえ折口信夫は、山を下ってのちはもっぱら「信仰」の人になったと言わねばならない。それは、本書第I部で見たように、折口の「神やぶれたまふ」という敗戦認識にあますところなくしめされており、さらに彼の唱えた「神道の宗教化」「民族教より人類教へ」という独創的宗教論を見れば明白なところで、折口は、そのいささかはやすぎた昭和二十八年の死まで、「政治」とかかわらないのはむろんのこと、その視線は終始「国」を越えた何ものかに注がれていたと言っていい。

そして、そのような「信仰」の人・折口信夫をつくりあげたものは、間違いなく藤井春洋への贖罪の意識であったはずで、柳田と折口の二人の戦後の生き方を根本的に分かつものもまた、そのような徹底的に私的な贖罪意識の有無にほかならなかったのだと思われる。

註

(1) 柳田国男『炭焼日記』、『柳田国男全集』第三二巻、ちくま文庫、一九九一年、三四三—三四四頁。

(2) 『折口信夫全集』第三一巻(中央公論社、一九七六年)の「年譜」では、金沢から柏に移動した春洋が「二・三度帰宅」したとあるが、加藤守雄によると、前線に送られる直前の春洋は柏から一晩泊まりに来ただけだという(加藤守雄『わが師折口信夫』朝日文庫、一九九一年、二二二頁)。もっともこの加藤の証言は、彼が同居中の師から性的関係を迫られて郷里に帰ってしまったときの折口からの手紙にもとづいているのだから、そのまま信じないほうがいいのかもしれない。あえて勘ぐって言えば、まだ加藤への未練を捨てられなかった折口は、加藤の留守中にたずねてきた春洋との関係をできるだけ素っ気なく伝えたかったにちがいないからである。なお加藤によれば、このとき春洋をひとり我孫子の町はずれで見送った折口は、春洋の行き先を八丈島だと思っていたらしい。

(3) 池田弥三郎『私説折口信夫』中央公論社、一九七二年、二三九頁。
(4) 柳田国男研究会『柳田国男伝』三一書房、一九八八年、七六八頁。
(5) 柳田国男『炭焼日記』二九三頁。
(6) 同、二六八頁。
(7) 折口信夫『古代研究（民俗学篇2）』、『折口信夫全集』第三巻、四九五頁。
(8) 昭和十九年八月十九日付の藤井巽（春洋の実兄）宛て書簡（『折口信夫全集』第三一巻、二五八―二五九頁）で折口は、春洋からの手紙に書き込まれた暗示の語句を推しはかって、彼の任地は硫黄島らしいが伊豆大島の可能性もあるとし、「大島ならよいが、硫黄列島だとすると、少し気がゝりです」と書いている。
(9) 柳田国男『炭焼日記』三九〇頁。
(10) 同、三五〇頁。
(11) 『古代感愛集』はこのとき刊行を目前にして空襲にあい大部分が焼けてしまったが、かろうじて手元にあった仮綴じの本を折口が自装し、そのうちの一冊を柳田に贈呈した。

(12) 折口信夫「硫気ふく島」、『折口信夫全集』第二二巻、四九九―五〇〇頁。
(13) たとえば折口は、戦後になってからだが硫黄島玉砕にあたっての軍のラジオ放送を次のように激しく非難している。

「今でも私は覚えてゐる。私が後に口舌をまじへて争ふことのある報道少将何某と言ふ人は、まるで島の運命を自分が握つて居て、其を今や断ちきつたのだ。そんな感じの語気を以てらぢおの上で演説した。私は、らぢお聴取器を中に据ゑて、徒らに歯を噛んで悶えた。／私の春洋は、もう死んだであらう。だがこんな男の、思ひあがつた表現で、葬り去られてよいものか。／私は憤つてらぢおを捻ぢ、暫くそのまゝすわつて居た。其後涙が私の頰に感じられた。」（折口信夫「わが子・我が母」、『折口信夫全集』第二八巻、一三〇―一三一頁）。

また『倭をぐな』には「情報局に招かれて」と題して次の一首がある（『折口信夫全集』第二二巻、九〇頁）。

一介の武弁の前に　力なし。唯々《キヽ》たるかもよ。わが連列《ツラ》の人
たけり来る心を　抑へとほしたり。報道少将のおもてに　対す

(14)『折口信夫全集』第三二巻、二六九頁。
(15) 折口は昭和十二年の「国学とは何か」で、大阪府立五中以来の師であった三矢重松をしのび、「数年前までは、三矢先生を以て国学最後の人といふ風に考へもし、また書きもしたことがある。だが今日になつて思うて見ると、私などがむしろその位置にあるものなのでないかといふ気がし出した」と書いている（『折口信夫全集』第二〇巻、二七七頁）。また昭和十七年刊

行の戦争歌集『天地に宣る』の「追ひ書き」には、「国学の伝統正しい筋を襲ぎながら、空しく老い朽ちようとする私ではあるが、心は、虚しく消えようとして居たのではないことを覚えて（後略）」との一節が見える（『折口信夫全集』第二五巻、五三五頁）。

（16）折口信夫「異訳国学ひとり案内」、『折口信夫全集』第二〇巻、二六三、二六八頁。なお本書第Ⅲ部「『古代研究』の成立まで」の二三二頁以下をも参照されたい。

（17）柳田国男『先祖の話』、『柳田国男全集』第一三巻、二〇八頁。

（18）同、二〇五頁。

（19）益田勝実「『炭焼日記』存疑」（神島二郎編『柳田国男研究』筑摩書房、一九七三年、所収）二四八頁。

（20）柳田国男『先祖の話』二〇六頁。

（21）益田勝実「『炭焼日記』存疑」二四九頁。

（22）いずれも『倭をぐな』に収録（『折口信夫全集』第二二巻、所収）。

（23）鈴木満男氏は『先祖の話』の執筆動機との関連で、戦死者にたいする柳田と折口の態度のちがいについて次のように述べている（『柳田・折口以後』世界書院、一九九一年、二二〇―二二一頁）。

「柳田が特攻隊員の霊の行くえを気づかっていた時期に、折口は、硫黄島に送られた養子春洋の安否を思って身も世もない思いをしていた。／柳田の近い身内に、出征し、戦死した者が果していたものかどうか――私はつまびらかにしない。が、柳田が若き戦死者の霊の全体を思いわずらっていたのと同じ時期に、折口が特にひとりの春洋の身の上を懸念していた、というこの対照は、私には甚だ象徴的に思われる。」

(24) 柳田国男『炭焼日記』四二六頁。

(25) 柳田国男の女婿である堀一郎の証言によれば、八月十二日の朝、柳田は堀宅を訪れて降伏決定のニュースを告げ、午後には柳田邸での「家の会」(木曜会の後身)で俳諧の講釈があったのち、再び「戦後に来るべき国内の問題など」について話し合い、柳田は「何よりも人心を結束せしむるの要あるべし」と語ったという(堀一郎「『新国学談』のころ」、『定本柳田国男集』第一一巻「月報」、筑摩書房、一九六九年、五頁)。

(26) 昭和十九年五月十五日の日記には、妻の孝が芦屋に行くについて警察の証明や切符の入手に奔走したむねが書かれ、「えらい世の中になったと思う。/もう外へ出るのがいやになる。本は毎日読むが身にならぬような気がする」とある(『炭焼日記』一二三頁)。

(27) 子安宣邦「一国民俗学の成立」、『思想としての20世紀』(『講座現代思想』1)岩波書店、一九九三年、三七五頁。

子安氏によれば、柳田の言う〈固有信仰〉とは、旅人という外部の視線を排し、〈内なる観察者〉という特権的な視線の所有者のみがなしうる〈一国民俗学〉が語り出した言説にほかならず、そのような特権者による民俗事象の記述は、「ただ心の思いを、軽くは己れの趣向を、重くは己れの祈りを綴っていくものでしかない」という(同、三七七頁)。辛辣にして的確な論評であろう。

(28) 柳田国男『炭焼日記』四一四頁。
(29) 柳田国男『祭日考』、『柳田国男全集』第一四巻、三七九頁。
(30) 内野吾郎「柳田国男の神道・国学観と新国学論の醸成」、『国学院大学日本文化研究所紀要』四八、一九八一年、所収。
(31) 梶木剛『柳田国男の思想』勁草書房、一九八九年、五五四、五七一頁。
(32) 柳田国男「喜談日録」、『柳田国男全集』第二二巻、五三三頁。
(33) 柳田国男『氏神と氏子』、『柳田国男全集』第一四巻、五七七頁。
(34) 同、五一〇頁。
(35) 柳田国男『祭日考』三七九―三八〇頁。
(36)『定本柳田国男集』別巻五、六五一頁。
(37) 柳田国男『祭日考』三七七頁。
(38) 堀一郎「『新国学談』のころ」(前掲)七頁。
(39) 柳田国男『祭日考』二五〇頁。
(40) 同、二四九―二五〇頁。
(41)『祭日考』の「窓の燈」によると、『民間伝承』を復刊するにあたって会員あてに千数百通の相談状を出したところ、そのうち三分の一以上が住所不明で戻ってきたことが嘆かれている(同、三八六―三八七頁)。柳田にとって、当面する課題が全国の学徒に正確な情報を与えることだというのは痛切に自覚されていたはずである。

(42) 岡正雄「柳田国男との出会い」、『異人その他』言叢社、一九七九年、三七九頁。
(43) 柳田国男『祭日考』三七二―三七三頁。
(44) 同、三七三頁。
(45) 同、三七四―三七五頁。
(46) 益田勝実「炭焼き翁と学童」、『文芸読本柳田国男』河出書房新社、一九八三年、所収。
(47) 柳田国男『村と学童』、『柳田国男全集』第二三巻、三七二頁。
(48) 柳田国男『炭焼日記』四一九頁。
(49) 柳田国男『郷土生活の研究法』、『柳田国男全集』第二八巻、九二―九五頁。
(50) 同、九五頁。
(51) 同、一〇―一一頁。
(52) 同、三〇頁。
(53) 柳田国男「食物と心臓」、『柳田国男全集』第一七巻、三〇三頁。
(54) 柳田国男『民間伝承論』、『柳田国男全集』第二八巻、五〇六頁。

なお、本書は序文と第一章のみが『定本柳田国男集』に収められ、第二章以下は「自筆にあらざる故」に収録されなかった。そればかりか、戦後の柳田は「筆記のさせ方が悪かったので誤りが多い」と言い、本書を「失敗」であったと斥けている（「現代科学ということ」、『柳田国男全集』第二六巻、五六九頁）。しかし大藤時彦によれば、本書には柳田の意向にはずれているところはまずないという（『民間伝承論』伝統と現代社、一九八〇年、「あとがき」二四四頁)。
(55) 柳田国男『民間伝承論』二五三―二五四頁。
(56) 子安宣邦「一国民俗学の成立」三七三―三七四頁。
(57) 柳田国男『民間伝承論』二五四頁。
(58) 村井紀氏によれば、昭和十年代において柳田の〈一国民俗学〉(=〈新国学〉)がナチズムの「全体主義」と類縁関係にあったことは否定しがたく、ナチズムにおける「血と土」に相当するものが民俗学では「家と郷土」であったという(『南島イデオロギーの発生』福武書店、一九九二年、五六頁)。
(59) 註(54)参照。
(60) 柳田国男「現代科学ということ」五七七頁。
(61) 同上。

第Ⅳ部　終章

いま折口信夫をどう読むか

学問におけるスケープゴートづくり

ルネ・ジラールは『暴力と聖なるもの』において、共同体の調和と安定のためにはつねに「身代りの山羊《スケープゴート》」が必要であると述べ、またそうした供犠の儀礼装置は、共同体が本質的にかかえ込んでいる原初の暴力を回避するためには不可欠のものであると論じた。つまり、人間のつくりだす社会において、そのメンバーは彼らにとって外的な存在、あるいはマージナルな存在をいけにえとして選び出し、それにたいして「満場一致の暴力」を加えることによって、集団内の果てしのない相互暴力の可能性を集団外へ排出しようとするのだという(1)。

また山口昌男氏は、このジラールのスケープゴート論を受け、同様のメカニズムが学問の世界にも作用しているとやや皮肉っぽく書いている。すなわち、研究者といえどもさほど理知的な存在ではありえず、彼らの最終的判断はその帰属集団から放り出されることへの恐怖心によって左右されることが多いと述べ、たとえば文化人類学の世界においてなら、フレーザーの学問が「肘掛け椅子の人類学」のレッテルを貼られていけにえの役割を押しつけられたのであり、機能主義理論万能の時代に「フレーザー的」と言われることは研究者にとって致命的なダメージであったというのである。そしてじつは、このようなスケープゴート理論の旗手であるジラールじしんが、人類学の世界にあってはフレーザーのみならずフロイトやエリアーデと同様、「現地調査抜き」を理由に否定の対象となっていると見る。そのことは、ジラールのスケープゴート理論とあまり変わらぬ内容をこの用語を使わずに展開したメアリ・ダグラスが、ジラールとは比べものにならないほどの評価を受けているのを見れば明らかだというわけだ。[2]

なぜこんなことから書き起こしたのかと言えば、こうした事情は何も文化人類学に固有の現象などではなく、本書のテーマである折口信夫の評価をめぐってもよく似た現象が始まるおそれなしとしないからである。つまり、これまでどちらかと言えば折口門下生や一部の鑽仰者によるオマージュか、さもなければ第三者からの黙殺あるいは冷笑という両極端の扱いしか受けてこなかった彼の学問や創作が、最近になって真正面から批判にさらされるようになったのである。そしてそのような動きは、どうやら上述のスケープゴート現象とまったく無関係だとは言えそうにないのだ。

具体的には後段で述べることにするが、そこには山口氏も説いていたような、学問があるパラダイムから別のパラダイムに変換していくとき必然的に経過しなければならない問題がふくまれている。というのは、学問上の仮説が特定のモデルを通じて世界を説明しようとする営為であるかぎり、そのモデルでは説明不能な対象が発見される都度、モデルの組み替えが要求されるのは必然だからである。折口信夫の学説もそのような一個の説明モデルであるとすれば、その一部が組み替えられたり、あるいは別の新しいモデルによって置き替えられねばならなくなるのは当然しごくである。

しかし肝心なのは、新旧のパラダイム変換が起こって旧来の説明モデルが捨てられることになったとしても、それがただちに古い説明モデルが誤っていたことを意味しないということだ。そのことは、たとえばニュートン力学の法則が量子力学や相対性理論の登場によって乗り越えられたという事実と、ニュートン力学じたいが有効でありつづけるかどうかという問題とが無関係であるのと同様、自明のことだ。あらためて言うまでもなく、量子力学や相対性理論とは、それまでニュートン力学によって説明されていた世界をその一部として包含するような、より広範囲の説明モデルとして意味をもったのであり、決してそれを否定したのではなかったのである。言い換えれば、両者はどちらが正しくどちらが間違っているかというような——一例をあげれば天動説と地動説とのような——二者択一の関係にあるのではなく、せいぜい対象を説明する範囲の多少によって区別されるにすぎない。

神学が排他的なドグマとして諸学を従属させていた時代はさておき、その後の学問（科学）における新旧のパラダイム変換とは本来こうしたものであった。したがってそのさい、旧来のモデルにたいして攻撃が加えられたり敵意がしめされたりすることはないはずなのだ。自然科学の場合であればそんなことは誰にでも明白なことがらであったから、学問上の論争が必要以上に感情的であったり党派的であったりすることはおのずから回避されてきたと言ってよかろう。だが、人文科学・社会科学の分野においてはルネ・ジラールや山口昌男氏が述べるようなスケープゴートの力学が、とりわけ新旧学説の交替期に発動し、いけにえに選ばれた古いモデルに容赦ない非難攻撃が集中することもまれではなかった。

本書との関連で言えば、すでに柳田国男の学問と彼の社会的な姿勢について、数多くの否定的な見解が積み重ねられてきている。ありていに言って現在、何のためらいもなく柳田の人となりや彼の学問研究を肯定的に評価したのでは格好がつかない、という雰囲気が行きわたっている。いちいち取りあげることは控えるが、たとえば柳田民俗学の研究対象から差別とかセックスといった人間の負の側面がきれいさっぱり抜け落ちていることとか、また彼の打ち出した〈常民〉や〈固有信仰〉といった中核的概念の抽象性・イデオロギー性が鋭く批判される一方、また柳田じしんのライフヒストリーに即しては、若き日の新体詩人たる自分をみずから抹殺し、あるいはフレーザーの民族学から受けた強大な影響を隠蔽するといったような自己欺瞞的な言動の数々、また近代日本の植民地政策と日本民俗学の浅からざるむすびつきなどが白日のもとにさらされ、大袈裟な言い方をすれば今や柳田は地に堕ちた偶像といった感すらあるのである。

他人事のようにばかり言ってはなるまい。

本書第Ⅲ部の「〈新国学〉の戦前と戦後」で私は、折口信夫と柳田国男の関係を彼らの〈新国学〉への態度をとおして吟味してみたが、多分そこで与える印象からすれば、柳田には必要以上に辛口の評価を加え、いわばそれと引き替えにして折口の生き方や発言にたいして好意的なもの言いを弄しているように読めるだろう。むろん私は、そうした対照的な評価が自分の恣意であるとは思っていないし、それどころか二人の学問の性格を分ける重要な視点だと考えてはいるものの、だからと言って、そこで下した柳田への否定的な評価が、今しがた述べたような柳田バッシングの風潮と無関係であるとも確言できないところがある。露悪的に言うなら、柳田を叩くことで目下のマジョリティの側につこうという思惑がまるではたらいていないとは言いかねるのだ。

思い返してみれば、七〇年代の初め〈土着〉のキーワードとともに柳田国男ブームが起こったとき、それはあたかも、袋小路に陥った〈革命〉の理想を日本の歴史と風土に軟着陸させる唯一の通路のように感じられたものだ。それが二十年たつかたたないうちに、石もて追われるような仕打ちを受けて、柳田は時代の表舞台からの退場をしいられているように見える。そこには明らかに、純粋に学問上のパラダイム変換とは別個の、ジラールふうに言えば「満場一致の暴力」が作用していると見なさざるをえない。むろん、個々の柳田批判はそれぞれに当を得た内容のもので、決してためにする議論などではない。しかし、それらが共鳴し合ってつくりだす〈時代の意思〉とでも称すべきものは、好むと好まざるとにかかわらず「満場一致の暴力」という力学的効果を生み出しているのではないか。

もしもそのように考えられるとすると、あらためて問われねばならないことが二つほどあろう。すなわち第一は、そのような情況下で折口信夫を論ずることは、柳田批判という時流に棹さし、柳田を表舞台から追放するような「満場一致の暴力」に荷担したことにならなかったかどうか、ということである。たしかにこれまでの折口論の多くは、明示的であるか否かはともかくとして「対柳田」という関係軸を暗黙の前提にして展開されており、いわば柳田というオーソドキシーによって無視され冷遇された異端者のイメージを売りものにしてきたところがある。それは折口じしんが柳田を終生「師」として遇したことによる鬱屈した心理にまでさかのぼりうるものであるし、そうした折口のルサンチマンが無意識のうちに論者によって増幅されてきたのでもある。繰り返される柳田バッシングの背後には、そのような「見えざる折口信夫」の影があったのではないか。

そしてもう一つの問題は、このようにして柳田国男を葬り去ったスケープゴートづくりの暴力が、次なる標的として今度は折口信夫を選び出し、再び同様のサイクルが始まろうとしているのではないかということである。

そこで以下においては、最近公にされた折口信夫批判のうち代表的なものを二つばかり取り出して、その特徴を上記の問題点と関連させながら検討していきたいと思う。誤解を避けるために付言しておくと、これは決してそれら諸説を批判するところに主眼はないということだ。そうではなく重要なのは、もし最近の折口信夫批判がたんなる折口叩きではなく、これまで等閑視されてきた折口学説の根本的な問題点にたいする追及であるとするなら、それをありふれたスケープゴートづくりの一つに終わらせないためには何が必要であり、何をなすべきでないかを明確にしておかねばならないと思うからである。

折口学の〈体系〉は崩壊するのか?――諏訪春雄氏の批判――

そこでまず最初に取りあげるのは、諏訪春雄氏によって書かれた『折口信夫を読み直

す』である。(3)

この本は小冊ながら、折口の打ち立てた「壮大な体系」を真正面から批判するというラジカルな意図をもつもので、その方法として〈まれびと〉〈翁と三番叟〉〈依代〉〈鎮魂〉〈常世・他界〉の五つの折口名彙を選び出し、それらについて折口以降獲得された学問的成果によりつつ、その欠陥と問題点を究明したものである。

さて、諏訪氏の見るところによると、折口の提唱する理論には「永久運動型」とでも名づけるべき特徴があって、それはつねに形成途上にあって完成したかたちをしめさない。そのうえ、一つの理論が熟しきらないうちにそこから枝葉のように別の理論が派生し、両者が相互に共ぶれしながらふくらんでいくため、迷路のように入り組んだ理論構成になって全体像をつかむのを不可能にしているという。(4)

そのため、折口の理論は一見「壮大な体系」をなしているように思える。それは、彼の学説を全面的に批判するだけの学問がこれまでの日本に育たなかったためでもあり、また人びとが折口門下を敵にまわすことを恐れたためでもあるが、まさにそれゆえに、このように一部の熱烈な信奉者によって「無菌栽培」されてきた学問体系は、その土台がゆらげば一挙に全体が崩壊するはずだとする。(5)

そして言うまでもなく、この書物はそれを実行すべく企図されたもので、〈まれびと〉

以下の折口学の中核的な概念の誤りや不十分さを明らかにすることをとおして、折口の民俗学分野での業績はほとんど消え失せ、わずかに国文学分野の仕事が大きな訂正を加えたうえで生き残るにすぎなくなった、という判断をしめすのである。(6)

なるほど、諏訪氏の主張には耳を傾けるべきところが多い。ここには従来誰も明確にすることのなかった折口学への根底的な批判がストレートにしめされており、そのため折口説のウィークポイントが随所で暴露されていると言っていい。

二、三、例をあげよう。まず折口は、能における三番叟を翁の〈もどき〉と考え、来訪神たる翁にたいして反抗したり、まぜっかえしたりするところに〈もどき〉役としての三番叟の中心的役割を見る。本書の第Ⅱ部で私もその理論的枠組を記したとおり、そうしたうえで折口は両者の関係を「神と精霊の対立」として一般化し、その関係をもとに日本の芸能や文学の発生を説明したのであった。

しかしながら、実際の翁猿楽における翁・千歳・三番叟のあいだには折口の言うような役割分業は存在せず、むしろこの三者はもとは一つの家族を構成するメンバーであったことが推定されると諏訪氏は言う。すなわち「式三番」として定式化される以前の猿楽は、祖先神としての翁と、祖父・父・若者・幼児の家族構成メンバーに相当する役割からなっていたと推定するのである。そしてそう考えられる根拠として諏訪氏があげるのが、中国・貴州省に住むイ族の正月儀礼ツォタイジに見られる来訪神歓待儀礼なのである。[7] 時代的な制約が大きいとはいえ、いわばこのような比較民俗学的方法をまったく欠落させていたところに折口学説の致命的な欠陥が見出されるのは当然であり、むしろこうした視点からの批判がこれまで行なわれなかったことのほうが不可解だと言うべきだろう。

また諏訪氏によれば、同様な例は折口の〈鎮魂〉論にも見られるという。折口説によれば、日本の「たまふり」「たましづめ」の基本は外来魂を身体内部にしずめるとともに、それを振り動かして威力を増進させようとすることである。しかし、古代人の霊魂観念からすれば外在する霊魂には悪鬼や凶癘魂など追い払わねばならないものも多かったのだから、善魂と悪魂を選り別ける必要があったはずなのに折口はその点について何も説明していない。そこでは、古代の追儺や大儺式、あるいは現在の中国の悪霊祓いである儺戯などとの関係が説明されてしかるべきだというのである。[8]

このように諏訪氏は、折口がみずからの仮説を組み上げるうえで利用したデータが日本国内の、しかもかぎられた文献や知見にもとづくものであるため、もしそのようなデータにたいする誤解や恣意的な解釈があった場合には、彼の仮説そのものが瞬時に崩壊するというのである。とりわけ日本の民俗や芸能を東アジアというひろがりをもった文化圏のなかに置いて眺める〈比較〉の視点が欠けているため、その仮説の危うさは蔽いがたいということだ。

またそのような折口学に固有の欠陥につき、諏訪氏は柳田国男のケースと比較して興味深い指摘を行なっている。氏の言わんとするところを私なりにまとめてみると、あらまし次のようなことになるだろう。

柳田の学問は複数の小さな学説を形成したが全体を総合するような大きな体系をつくることがなかったため、個々の学説にたいして批判を受けても少しずつほころびを繕うことで生き延びることができた。しかし、折口の学説はそれと対照的に、一見「壮大な体系」をもっているかのように見えても、それらは複雑で入り組んだ構成になっているので根本的な批判にさらされることがなかったし、熱狂的な折口門下の反感が予見されるところでは批判も出にくかった。だからこそ、折口の行なった個々のデータ解釈における誤りや限界が露呈してくるならば、彼の「学問体系」は一挙に崩れ去ることになるだろう、と。(9)

私見によれば、ここには折口信夫の学問を批判的に扱う場合のポイントがしめされている。折口批判が生産的なものになるか、それとも、神話化され神棚に祀り上げられた折口学説のたんなる棚卸しに終わるかの分かれ目が、ここに暗示されているように思われるのである。

なるほど、諏訪氏が上記のようなところに折口と柳田の学問の性格の差を認めているのは正当であり、そのことじたい何ら異論をさしはさむ余地はない。柳田の学説がディテイルの微修正によって生きつづけるのに反して、折口のそれは、いったん土台が崩れれば全体が無に帰してしまいかねないものだということ、それゆえ、柳田学は個々の批判にたいして打たれ強く、折口の提示する仮説はその一部にキズが入ればたちどころに全構造を揺るがすことになるということだ。比喩的に言うなら、地味なレンガ積みの柳田の学問はその一部に損傷を受けても全体に影響は出ないのに、人目を引くデザインの折口の学問は危うい均衡のうえにたもたれているために小さな破損でも致命傷になる、ということか。

しかし、すでに本書第Ⅲ部の「『古代研究』の成立まで」でも論じたように、じつは二人の学問のあいだにあるこのような相違について、当の折口が無自覚であったわけでは決してない。それどころか、折口じしん明確な意図をもってこうした柳田の学問との相違を際立たせようとしていた。詳細は第Ⅲ部に述べたとおり、折口が柳田の膝下から抜け出すことを決断した昭和三年、彼はあえて「新実証学風」の名を冠して我がすすむべき孤立無援の道に歩み出したのであった。すなわち『古代研究』の「追ひ書き」で、「及ぶ限り資料を列ねて、作者の説明がなくとも、結論は、自然に訣る様になつてゐる」(10)ような〈フレーザー・柳田学〉の立場と対比して、じしんの〈経験〉と〈実感〉に裏打ちされた学問こそが追究されるに値するのだと、折口はいわば開き直っていたのであった。

そうであってみれば、折口の仕事について、一般の〈実証〉を方法的な前提とする批判と反批判の応酬が有効であるとは思えない。少なくとも折口じしんは、そのような研究者相互の学問上の約束事を一方的に破棄し、そうした作業の無意味さを明言していたと考えられる。率直に言わせてもらうなら、諏訪氏の議論はそのような折口学の根本的な性格を無視したないものねだりになっているのではなかろうか。

極論するなら、こうも言えようか。折口じしんが標榜した学問とは、彼じしんの〈経験〉と〈実感〉に裏づけられた「壮大な体系」としてのみ意味があるのであって、「体系」を構成する個々の学説じたいに意味があるのではなかったのだ、と。そしてその折口による「壮大な体系」、言い換えるなら彼の言う〈古代〉を統一的に理解するための一連の説明モデル――諏訪氏がその著で批判の俎上にのせた〈まれびと〉以下のいわゆる折口名彙がそれに当たろう――は個々の歴史的事実とは無関係であり、むしろ逆に、個々の歴史的事実を事実として理解するための認識上の枠組にほかならないのだ、と。

たしかに、折口じしんが〈まれびと〉を初めとする一連の説明モデルを、そこまで明晰に限定づけたうえで使用していたのでないことは認めざるをえない。そのため、はやくは鈴木満男氏によって指摘されたように、折口の言う〈まれびと〉には神話的モデルと歴史的モデルの双方があって、それらが未分化のまま論じられているため概念上の混乱が生じているのも事実である[11]。ということは、折口の〈まれびと〉を歴史的事実の側に引きつけて検証していけば、さまざまな矛盾や齟齬があらわれてくることが避けられないということだ。

そうした観点からの〈まれびと〉論批判として代表的なものは、諏訪氏も同書で引いている谷川健一氏のものだ[12]。谷川氏の〈まれびと〉論批判は諏訪氏の整理によれば六項目におよぶが、そのうちたとえば宮古島狩俣における〈まれびと〉が土地に常在する始祖神であって折口の説くような来訪神ではないこと、あるいは西表島のアカマタ・クロマタは一言もことばを発しないのだから、折口が言うように〈まれびと〉の呪言が文学の発生だと解するのはこの場合あてはまらないこと、などといった具体的な疑義が提出されている。時間の経過とともに資料はより広範囲から収集され、またその分析も緻密さをましていくのが当然であってみれば、こうした矛盾点や誤認が数多く発見されていくのは何ら特別なことではないし、いわゆる研究の進歩なるものもそのこと抜きにはありえない。そういった批判と修正の作業は、後につづく研究者が先行研究にたいして取るべき学問上の責務ですらあろう。

そうであればこそこの場合、折口の〈まれびと〉論は個々の新しい事実の発見によって「破綻」したと結論されるべきではないだろう[13]。そうではなく、そこで企てられるべきことは、新発見の事実をも包含するような新しい〈まれびと〉論――むろんそれは〈まれびと〉という折口名彙を踏襲する必要はない――をオールタナティヴとして提出することなのではないだろうか。つまり、折口が〈まれびと〉の根本的な特徴とした来訪神的ありかたとか呪言を発するという性格と、それとは異質な他の性格との双方を同時に説明しうる高次のモデルが考案されなければならないということだろう。

にもかかわらず、どうも〈まれびと〉を初めとする折口の仮説の数々は、個別的事実についての反証をぶつける――折口の言い方にしたがえば「別化性能」[14]を発揮する――だけで議論が終わってしまうきらいがあって、肝心の問題がないがしろにされる傾向があるのではないか。たとえば戦後の折口と柳田との座談[15]において、柳田が最後までその内容について執拗に問いつめ、結局、折口の〈まれびと〉は何ら歴史的な根拠をもつものではなく、「古典の直覚」からきたものにすぎないと断定したままで放置されたことなどにも、同様の傾向が見てとれるだろう。

このように、折口の〈まれびと〉概念の矛盾点や不完全さを個々の歴史的あるいは民俗的なデータを引証しながら暴露し、それにたいし学問的な無効の烙印を捺そうとするのは非生産的な作業であろうし、時宜にかなったことでもない。あるいは、そのような折口名彙の基本的問題点はとうに気づかれもし批判もされてきたのであれば、その批判の精度を今さら少しばかり高めてみたところで得るところはさして多くないと言うべきだろう。

むしろ現在こころみられるべきことは、〈まれびと〉の歴史的実態をせんさくして折口説の棚卸しをすることとは反対に、それを分析概念として性格づけたうえで効果的に援用し、神話やフォークロアにあらわれる言説の構造を解明していこうとすることではなかろうか(16)。本書第Ⅱ部で、折口の〈神〉観念の分析を行なうにあたって私がもちいた〈まれびと〉や〈神の嫁〉などの概念も、むろんそのような性格づけを前提にしており、決してそれらを歴史還元的に使用しているわけではない。またそこで私は、「神と精霊の対立というパラダイム」の形成を折口古代学の自立をしめすメルクマールだと考えてみたが、やはりそれも、そのような説明モデルを設定することによって折口の考える〈古代〉の世界のしくみが一貫した構造をたもちつつ浮かびあがってくるからであって、決して「神と精霊の対立」が具体的な歴史的事実のなかに発見されるという意味ではないのである。

見てきたように、〈まれびと〉や〈神の嫁〉など折口名彙のもつ抽象性・非歴史性というものは、彼の学問体系の破綻を物語るものではなく、むしろ反対に、その抽象性・非歴史性をさらに徹底し純化したうえで、よりひろい応用範囲をもち、より鋭利な解像力をもった概念として整備され再利用されるべきだろう。そうしてこそ、過去の学問は貴重な遺産として後代のわれわれのために寄与しうるのであって、やみくもに過去の巨人の名声や権威を引きずり下ろし、その影響力を地上から消滅させることに精力がそそがれるべきではなかろう。

そしてまた、冒頭で述べたように学問研究はいつもそうしたパラダイム変換を経過しながら新たな段階へと踏み出していくものである以上、われわれに必要なのは過去の学説をいけにえとして葬り去ることではなく、それをより包括的なパラダイムへとつくりかえる努力であるにちがいない。そしてそうした新たなるパラダイム変換の可能性を強くもつものとして、折口信夫の提示したさまざまな仮説は格段に魅力に富んでいるように見えるのだ。

折口批判において「戦争責任」とは何か？——村井紀氏の批判——

さて次に考えておきたいのは、村井紀氏によってなされた折口信夫批判をめぐってである。

周知のとおり村井氏は先年、柳田国男による日本民俗学の樹立が近代日本国家のアジア侵略、とりわけ台湾および朝鮮半島の植民地化政策と切っても切れない関係にあることを厳しくえぐり出した。そして、日本民俗学の母胎となり、またのちの民俗学徒にとっては聖地ともなった〈遠野〉や〈南島〉が、じつは柳田みずからがそうした植民地化政策、なかんずく「日韓併合」に深くかかわったことを隠蔽するために見出された、、、ものだとしたのである。[17]またそのさい、柳田のそのような国家主義イデオローグの立場にくらべ、折口信夫は、たとえば関東大震災の折りの作歌などに見られるように、事態をもう少しありのままにとらえていたと評価したのであった。

ところが最近になって、村井氏はそのような折口にたいする評価を反転させ、彼の戦中の詩歌や戦後の神道論にたいして仮借のない批判を加えることになったのである。[18]すなわち氏によれば、これまで不問に付されてきた昭和十年代の折口の「好戦的」な詩歌は日本のファシズムを讃える言説として理解されねばならず、彼が戦中に果たした役割は、古代の神々や神話を呼び出して「聖戦」を歌いあげる「語り部」にほかならなかったとされる。また戦後になって折口が唱えた「神道宗教化論」における国家神道批判の主張も、時期的にGHQの「神道指令」や天皇の「人間宣言」のあとから言い出されたものだということを見落としてはならず、結局それは、神道家たちが戦犯として追及され皇室の民主化路線が明らかになったあとでの「時流に乗った」発言にすぎないという。

ここで列挙される折口の「戦争責任」について、なるほど人びとは従来あまりにも寛容でありすぎた。その寛容さは決して折口の直弟子たちにかぎって見られたことではなく、戦中の作家・知識人の時局迎合的発言にたいする公正な点検というレベルに照らして、相当に甘かったと言わざるをえない。

どうしてそのようなことが起こったのかを私なりに自問してみると、多分こんなところだろうか。すなわち、どう見ても紋切り型の戦意高揚用語を並べただけの詩や歌は、折口の作品の水準からすれば取るに足りない駄作であることはまちがいないし、そういった時局的作品が折口の学問内容と直接ふれあうこともない以上、それらは折口の人物論を始めるならともかく、彼の学問を論ずるさいにはノイズとして無視してかまわない、といったような判断がはたらいたのであろう。とは言っても、それで折口の「戦争責任」が免罪されることにならないのはもちろんである。

ところで村井氏はさらに、折口の戦後神道論のモチーフである「民族教より人類教へ」の中身についても容赦なくその欺瞞性をあばいてゆく。この問題は、本書第I部で私が考えたテーマでもあるから、やや詳しく見ていこうと思う。

つまり折口の言うところによれば、戦前戦中の神道は「民族教」にとどまっていて真の宗教からは程遠いものであったことを反省し、新時代の神道はキリスト教をモデルとするような「人類教」に脱皮することが絶対に必要だとされた。が、村井氏はそのような折口の見方は事実に反すると言う。すなわち、すでに戦前から日本政府は台湾・朝鮮を始め満洲・シンガポールにまで「海外神社」をつくって「異民族」に改宗を迫り帰依をしいていたのであり、これこそ「神道の人類教化」そのものではなかったかと言うのである。

たしかにこれは意表をついた指摘であり、なるほど言われてみればそうであったと思う。折口がみずからの弟子たちを「喝采」をもって戦地に送り出したばかりでなく、「満洲国祭祀府祭祀官」として赴任していった友人の死にあたり追悼のための祭文まで草したという事実を知らされると、戦中から彼がこうした「海外神社」拡張政策に荷担して「神道の人類教化」を実行していた、と見ることもあながち不可能ではない。

しかし、実際のところはどうであったろうか。さしあたり推測だけで言うことを許してもらえば、戦前戦中の「海外神社」の創設は「神道の人類教化」と言えるほどの高邁な理念をともなっていたはずもなく、たかだか「五族協和」や「八紘一宇」といった便宜的スローガンの補塡物にすぎなかったのが実情だろう。歴史的事実に即して言えば、「海外神社」は天皇教という「民族教」の粗野で無神経な海外拡大策ではあっても、とても「神道の人類教化」といえるほどのしろものではなかったはずである。言うまでもなく語の本来の意味での「人類教」とは、人種・民族や国家の枠を越え、あらゆる人間を普遍的な救済の対象と見る世界宗教をさす以上、国家神道が製造する「海外神社」がそうした世界宗教の対極に位置するものであるのは明白だからである。おそらく、折口をふくめた戦中の神道関係者のうちには、「海外神社」を神道の本来の意味での「人類教化」の一環だと考えたものは誰もいなかったはずだ。

　もしもそう考えていいとすれば、戦後になって「民族教より人類教へ」の転換を唱えた折口にそれほどしたたかで戦略的な見通しがあったとはとても思えない。たしかに氏の言うとおり、戦後の折口の神道批判が「転倒」していなかったわけではない。しかしその発言が、何らかの作為や自己欺瞞から発していると断定するのは躊躇される。少なくとも、村井氏が言うようにこのときの折口の発言に、「戦争には負けた、それではつぎには『神道』(『宗教』)で、人類を征服しよう[19]」との意味があったとは到底思えない。そのような見方は折口信夫という、率直に言えば一人の社会的なはみだしものにすぎない人物の政治力・組織力をあまりに買いかぶったもの言いだということになりはしないか。

　本書の第Ⅰ部であらまし述べたように、戦後の折口の神道宗教化論は客観的な見通しとか具体的な実行計画をともなって発言されたものではなかった。むしろ、そうした発言をうながしたもっとも奥深い力は、やはり本書第Ⅲ部の「〈新国学〉の戦前と戦後」で推測しておいたように、硫黄島で死んだ藤井春洋にたいする贖罪の意識であったろうし、また彼をしてそのような死地に赴かせた国家と軍隊への憎しみであり、さらに翻って言えば、そうした国家と軍隊を神話的な粉飾をもって歌いあげた罪深い己れにたいする嫌悪の念であったろう。

誤解を恐れずに言うなら、敗戦とともに折口信夫の心のうちに芽生え、その後の晩年の彼の人生に少なからぬ重みをもつにいたったものは〈自己処罰〉への欲求だったのではないかと思う。藤井春洋にたいする贖罪の意識、あるいは戦争の悲惨を糊塗し、雄々しく美しく歌うことしかしなかった己れの腑甲斐なさ、——老境にさしかかろうとする今そのような負の刻印を背負った自分をもし再生させるものがあるとすれば、それは折口その人を厳しく罰する巨大な力のほかにはなく、またそのような巨大な力による過酷な罰を彼じしんの再生にむすびつけるために、それをみずからの手でたぐり寄せようとする自虐への志向が萌していったのではなかろうか。

というのは、神道の宗教化こそが戦後日本の新生のために不可欠だとした折口が、そのような道筋の果てに到達した至高の神のイメージが〈既存者〉という「罰する神」であったことを、われわれは知っているからである。本書第I部の「日本神道の〈対抗宗教改革〉プラン」でも述べたとおり、折口が神道の宗教化のために必須であると考えた要件は、従来の「系図につながる神」から「むすびの神」への転換であった。そこで述べたように、昭和二十一年六月の段階で折口は「むすびの神」の重要性を説き始めたのであるが、しかしその主張が終生変わらなかったのではない。というのは、昭和二十四年発表の論文である「道徳の発生」になると、「むすびの神」よりもさらに根源的な神が想定され、それにるたいして〈既存者〉という何やら秘教めかした名が与えられることになるからである。〈既存者〉という名で折口が何を伝えようとしたのか正確に言うことはむずかしいが、ともかくこれによって、生産の根本をつかさどる「むすびの神」でもなく、かといってユダヤ教やキリスト教における創造神と同一だとも言えぬ、日本の風土に根ざした至上の神のことを言いあらわそうとしたようなのだ。折口はそれについて、言いよどみながらであるが、「天地の意志と言ふ程抽象的ではないが、神と言ふ程具体的でもない。私どもは、之を既存者と言ふ名で呼んで、神なる語の印象を避けようとする[20]」と記している。

そして疑いないのは、折口がどうやらこの〈既存者〉を「罰する神」としてイメージしていたらしいということである。なぜなら、この「道徳の発生」の一節で折口が、「日本古代にも、天つ罪と言はれるものは、此意味の既存者が与へる部落罰である[21]」と書いているところからも察せられるとおり、道徳を論ずる場合の中心点を折口が、古代の農耕社会において犯される「罪」、とりわけスサノヲが高天原で犯した「畔《あ》放ち」「溝埋み」など、いわゆる「天つ罪」をモデルにした「罪」に求め、同時にその「罪」をあがなうための「贖罪」という行為に求めたらしいからである。言い換えれば折口は、このような太古における根源的な「罪」と、それをあがなうために引き受ける罰としての「贖罪」の組み合わせのなかに道徳の発生を見ていたわけで、そのことは、次のような部分を読めばよりよく納得できよう。

「天つ罪に対する贖罪が、時としては、無辜の贖罪者を出し、其告ぐることなき苦しみが、宗教の土台としての道徳を、古代の偉人に持たせたことのあつたことは、察せられる。[22]」

「自分の行為が、ともかくも、神の認めないこと、寧、神の怒りに当ることゝ言ふ怖れが、古代人の心を美しくした。罪を脱却しようとする謹慎が、明く清くある状態に還ることだつたのである。[23]」

このように、「道徳の発生」で構想された〈既存者〉という新しい神のイメージは、折口によれば「罪」とそのあがないとしての「贖罪」とに不可分にむすびつくものであった。言い換えるなら折口は、日本神道の宗教化が達成されるためには、〈既存者〉という「罰する神」の存在と、その神に向かってみずからの「罪」を徹底的にあがなう「贖罪」の行為が不可欠だと考えたことになる。したがって、敗戦後まもなくは神道宗教化のために「むすびの神」を主宰神に立てるとか、あるいは天皇を教主として待望するとかいったように、具体的な教養や制度の改革を提唱しているように見えた折口は、時間の経過とともにそのような実践的主題から大きく距離をとり、もっぱら〈既存者〉という至上の「罰する神」とそれにひたすら服し謹慎する「贖罪」のほうに関心を移したのである。

少々強引な論の運びかもしれないが、あらまし以上のような経緯をたどって折口の晩年の関心は、罰と贖罪という彼じしんの内面的なテーマへと方向づけられていった。そしてそのような勢いは最後までおとろえることなく、最晩年の問題作「民族史観における他界観念」（昭和二十七年）での「未完成霊」への執拗な関心となって生きつづけるのである[24]。言うまでもなく、そこで祖先霊や新精霊と区別された「浮かぶことなき無縁霊」とは、藤井春洋をふくむ多くの若き戦死者の霊にほかならなかったはずである。

このように見てくると、折口信夫の敗戦後の仕事はまず天皇の身分や役割など天皇制をめぐる法的・政治的問題、あるいは日本の神社と神官の将来という国家神道体制の後始末にかかわる問題をめぐって始まりはした。が、そのような公的・実践的な諸問題は年月の経過とともに徐々に背後にしりぞいていき、次には、ありうべき神たる〈既存者〉の観念を呼び起こすことになった。そしてついに、そのような神に向かって「浮かぶことなき無縁霊」の救済を懇願せざるをえぬ折口じしんの姿だけが残ることになったとは言えまいか。最晩年の日々、――とは言ってもまだ彼は六十五歳であったが――「民族史観における他界観念」という長大かつ晦渋な論考の完成に精魂を傾けている折口に、そのような孤独な贖罪者の姿を見るのはまちがっているだろうか。

さて、村井氏の容赦のない折口批判に接して、とりあえず私は以上のような、少々センチメンタルにすぎるような「折口擁護」を口にせざるをえない気になった。もちろんそれは、村井氏の批判が不当であるという意味でのものではない。むしろそれは、氏によるエポックメイキングな柳田国男批判の延長上で当然あらわれるべくしてあらわれた批判であったと思う。日本民俗学の同行者として、柳田がこうむるべき批判を折口だけがまぬかれる道理はないからである。

しかし氏の折口批判には、先行する柳田批判の余勢をかってなされているという印象がある。柳田批判を行なった氏の基本的スタイルが、そのまま折口批判でも踏襲されていると言ったらいいだろうか。比喩的に言うことを許してもらえば、氏の折口批判には柳田批判の残務整理という感じがある。

そういった私の違和感がどこに由来するかと考えてみると、多分次のようなことが言えるだろう。

本書第Ⅲ部「〈新国学〉の戦前と戦後」の最後でも書いたように、私には、柳田は一貫して「政治」の人であったが、折口は少なくとも戦後ますます「信仰」の人になっていったと感じられてならない。近年の一連の柳田批判によって彼の政治性・イデオロギー性というものはほとんど完膚なきまでに明らかになったと判断できるし、そのような柳田の個性が日本民俗学の性格に直接影響を及ぼしていることも明白となった。柳田にとって「政治」と「学問」は両立するものであるばかりか、ほとんど一体のものであったと言っていい。村井氏が鋭く衝いたのは、おそらくその一体性である。

だが、折口にたいしてその論法は有効だろうか。折口が柳田と同様「政治」の人であったとすればともかく、そうでないとすれば折口批判のポイントは柳田にたいするそれとはまったく別のところに求められる必要があろう。世に言われるように、折口がほんとうに社会的なあぶれものであり、異端者や遊民であったかどうかはわからないが、「政治」の人でなかったことはまちがいなかろう。だとすれば、これまでの柳田批判が彼の「学問」と「政治」とのつながりに的をしぼって展開され、それがいわゆる柳田民俗学と国家や権力との浅からざるかかわりを明るみに出したからといって、それと同工異曲の批判が折口においても効を奏するわけではない。柳田において「学問」と「政治」とが唇歯輔車の関係にあったことを今や誰も疑わないとしても、折口批判の勘どころがそこにないことは大方の認めるところではなかろうか。

私の見るところ、これまでの柳田国男批判にはどこかしら有名人のスキャンダルあばきのような雰囲気がまとわりついていて、それが先述のような学問におけるスケープゴートづくりとしての機能をになっていたのだが、動機はともあれ結果として、そのような批判をとおして柳田学の掛け値のない全体像がよりいっそう明瞭に立ちあらわれてきたことは疑いない。

しかし、その手法は折口には通じない。正直に言えば、学者であり詩人でも歌よみでもあり、また社会的なあぶれものでもあった折口信夫の人間と思想を一括りにして、その全輪郭を鮮明に浮かびあがらせるような決め手が、いまだ誰によっても発見されていないのだと思う。ただ、柳田の場合「政治」ということがそのための大きな決め手であったことを考えれば、折口のケースではやはり彼の「信仰」のありようから目をそらすわけにいくまい、というのが私のかすかな予測である。そしてまた、その場合の「信仰」とは、先ほど述べた意味での「贖罪」の意識にかぎるものではなく、たとえば彼が「釈迢空」と名乗ったところに明示されているような、浄土真宗門徒の一員としての「信仰」にもつながる何かであろう。が、今のところそれはまだ一つの予測にすぎない。

それゆえ、これまでの柳田批判の大きな成果と比べられるほどの、根本的かつ生産的な折口批判が姿をあらわすまでには、まだまだかなりの試行錯誤が要求されるはずである。そのさい肝に銘じておくべきなのは、前節でも述べたように、新たなパラダイム変換をもたらすような批判スタイルの追求であって、個々の事実認識の誤りやデータ不足を理由にした揚げ足とりではないということだろう。先行学説の欠陥を見つけ出して得点かせぎをすることでなく、大胆で創造的な説明モデルが競い合う情況が待望される。

そして、まだまだ緒についたばかりの折口批判の先行きを遠望するにあたって、学問におけるスケープゴートづくりという悪しき力学が再現しないことを願うものである。

註

(1) ルネ・ジラール『暴力と聖なるもの』(古田幸男訳) 法政大学出版局、一九八二年。

(2) 山口昌男「スケープゴートの詩学へ」、『文化の詩学Ⅱ』岩波書店、一九八三年、所収。

(3) 諏訪春雄『折口信夫を読み直す』講談社現代新書、一九九四年。

ちなみにこの『折口信夫を読み直す』は、内容的にはこれに先立って刊行された『日中比較芸能史』(吉川弘文館、一九九四年) の収録論文 (「季節に来訪する神」「翁と三番叟」など) と重複するところが多い。したがって同書は、氏によってこれまでなされてきた折口学説への批判的検討を基礎としつつ、「折口批判」という主題によりいっそう重点を移してまとめられたものと言える。それゆえ以下では、氏の意図する「折口批判」の核心を見きわめるためにも、『折口信夫を読み直す』にそって議論をすすめることにしたい。

(4) 同、三四頁。

(5)同、一九八頁。
(6)同、二〇二頁。
(7)同、六九頁以下。
(8)同、一二九頁以下。
(9)同、一九八頁。
(10)折口信夫『古代研究(民俗学篇2)』、『折口信夫全集』第三巻、中央公論社、一九六六年、四九八頁。
(11)鈴木満男『マレビトの構造』(三一書房、一九七四年)によれば、折口の言う〈まれびと〉には、記紀や万葉などの古典や沖縄の民俗にあらわれる「原始・国家以前」の「第一次モデル」と、古代国家の形成過程においてあらわれる「第二次モデル」との両面があって、前者は主に神話次元にかかわり後者は主に歴史次元にかかわるという。
(12)谷川健一「『まれびと論』の破綻」、『南島文学発生論』思潮社、一九九一年。
(13)谷川氏の〈まれびと〉論批判にかんして、それが折口のつくりあげた観念なり図式を実体化したうえでの批判であり否定になっているという疑念が、関根賢司氏によって提出されている(山下欣一・谷川健一編『南島の文学・民俗・歴史』三一書房、一九九二年、一一〇頁)。なお諏訪春雄氏も、折口が〈まれびと〉を古代から現在まで一貫して存在する「歴史的実在」であると考えたことを前提に批判を展開している(『折口信夫を読み直す』四一頁)。
(14)「別化性能」と「類化性能」の語をもちいて折口が自分と柳田との資質の相違を説明して

みせたことについては、本書第Ⅲ部「『古代研究』の成立まで」を参照。

(15)「日本人の神と霊魂の観念そのほか」、宮田登編『柳田国男対談集』ちくま学芸文庫、一九九二年。

(16) そのような作業の具体例としては、小松和彦「簑笠をめぐるフォークロア」(『異人論』青土社、一九八五年、所収)、上野千鶴子「異人・まれびと・外来王」(『構造主義の冒険』勁草書房、一九八五年、所収)、および小松・上野両氏の対談「権力のディスコースと〈外部性〉の民俗学」(小松和彦対談集『逸脱の精神誌』青弓社、一九九〇年、所収)をあげておこう。

(17) 村井紀『南島イデオロギーの発生』福武書店、一九九二年。

(18) 村井紀『[増補・改訂]南島イデオロギーの発生』(太田出版、一九九五年)に新たに収録された論文「折口信夫の戦争」(一九五頁以下)、および『現代思想』(一九九五年一月号)所収の「偽造された記憶」を参照。

(19) 村井紀「折口信夫の戦争」二一三頁。

(20) 折口信夫「道徳の発生」、『折口信夫全集』第一五巻、三四七頁。
なお、「道徳の発生」で展開された折口の「神」については、天艸一典氏のすぐれた考察がある(「折口信夫の『神』」、『現代思想』〈臨時増刊・総特集折口信夫〉一九八七年、所収)。

(21) 同、三四九頁。

(22) 同上。

(23) 同、三五〇頁。

(24) 折口信夫「民族史観における他界観念」、『折口信夫全集』第一六巻、三〇九頁以下。

あとがき

海を見ていると、過ぎ去った時間がよみがえってくる。それは、繰り返し繰り返し岩場に寄せて砕ける波を見ていてもそうだし、遠くひろがる水平線を見ていてもそうである。はるか遠い昔の人びとが、この場に立ってこれとおなじ波の音を聞き、きらめく海面を見ていたはずだと思うと、へだたった二つの時が一瞬のうちに溶けて重なる。これまでしばしば、そういう経験をしてきた。

折口信夫が、若い日、大王崎の先端に立って海の彼方の常世を思い、そのノスタルジックな思いが祖先たちからの間歇遺伝（あたゐずむ）ではないか、と書いたのはあまりにも有名だ（「妣が国へ・常世へ」）。折口ふうの詩的な感傷とはいささかちがって、この夏、沖縄を訪れ、まだ真新しい平和の礎（いしじ）に彫りつけられた死者たちの名の、気の遠くなるほどの堆積のあいだを通り抜け、真昼の陽の光に照りかがやく海を見たとき、やはり、五十年まえ、この岬を覆いつくしたであろう阿鼻叫喚と、茫漠として音もなくひろがる眼前の海原の風景とが一瞬溶け合って、不覚にも涙が頬をつたった。

大正十年と十二年の二た夏、琉球採訪の旅に出た折口が、とりわけ丁寧に歩いたと思われる山原《やんばる》一帯のどこにも、すでに折口の旅の痕跡は残っていなかった。わずかに、国頭村のシヌグ祀りで山に入り、木の葉を身体いっぱいにまとって異人となった男たちが、太鼓の響きに合わせて叫び声をあげながら村に降り、女たちを木の枝で叩きまわるのを間近に見たとき、八重山のあんがまあとも通じるまれびと来臨の形式にふれた思いがした。ただ、そこに折口の発見した〈古代〉の一面がのぞいていたとしても、一方の摩文仁の丘での予期せぬ経験は、徹頭徹尾そのような〈古代〉の無力を思い知らせるものであった。

戦後五十年を数えるこの夏、いまだ〈歴史〉として定着されることのない国家間の愚行をめぐって、さまざまなセレモニーや意思表示が地球規模で展開された。一方からは、不様としか言いようのない政治的取り引きの産物である国会決議が出るかと思えば、また一方からは、原爆投下の正当性という神話がまだまだ効力をもっている実情が伝わってくるといったありさまだ。

また、ナチス・ドイツの絶滅収容所からの生還者の肉声を積み重ねた映画〈ＳＨＯＡＨ〉が公開され、ことのほか暑かった真夏の夜にはテレビ放映もされはしたが、その公開が欧米諸国より十年も遅れた事実に、この国が五十年前の出来事にたいしてどんなポジションをとってきたかが露呈してくる。地獄の世界から生還したことで逆に圧し殺すよりほかなかった彼らの〈経験〉は、その声と涙と長い沈黙の向こう側にたしかに存在するのに、この国ではそれと正面から向き合おうとする意思があまりに弱かったと言うほかない。

そのことは、この夏よく聞くことになった〈歴史観〉という妙な言い方にもあらわれていた。このことばの使用法をよくよく検分すると、人は過去の出来事をどのように認識し評価するのも自由なのだから、それをめぐってケンカするのは止めておこう、という夜郎自大な考えが透けて見える。〈歴史観〉ということばによって多様な過去の主観的な信念を野放しにし、結果的に〈歴史〉を流産させようとするものだと言っていい。

何はともあれこの夏は、地震とサリンで幕開けした世紀末的様相が戦後五十年という時系列の終点に折り重なっていることを、このうえなく見事に納得させたものだ。

ちょうどそんな折りに、この本の最後の仕上げをするめぐり合わせになってしまったが、それは特別に意図したためではない。ただ、折口信夫が日本の天皇の起源を問うために「女帝考」を書きすすめる一方で、愛弟子たちをまえにして天皇は「神道の教主」になればいいと語っていたころ、また柳田国男が「氏神と氏子」の講演で〈固有信仰〉についての学問の立て直しを説き、新しい社会の領導者オピニオンリーダーたらんとしていたころ、——まさにそんな日々に私の人生が始まったのだということを年譜を繰りながら得心し、感慨がなかったわけではない。そしてその前後の数年が、否も応もなく時代と人間が急速度で変わっていった日々であったことに今さらながら驚きもし、また、そうした日々を彼らと同時代の人間として〈経験〉することのなかった私たちの世代というものを、あらためて確認せざるをえなかったのでもあった。

いずれにせよ、この数年、折口信夫という傑出した資質と感覚をもった人物によって探り当てられたこの国の〈古代〉というものに関心をそそられ、いくつかの文章を書きついできた。それらを多少なりともまとまりをつけて組み立ててみたのが本書である。

こうして振り返ってみるとき、折口の学問は、われわれ現代人が〈古代〉という過ぎ去った時代にたいしてどのような対し方をすることができるのかという、一つの特異な可能性をしめしたものだったことがわかる。そしてその〈古代〉というものが、〈歴史〉を越えてある種の規範に転化する可能性をもったとき、彼の学問は最大の難局をみずからたぐり寄せることになったはずである。彼が発見した〈古代〉は、彼の分身でもあったにちがいない藤井春洋という青年の命を弄ぶことで、彼に最大の復讐をとげたと言ったらよかろうか。そのようにして折口は、あらためて敗戦という出来事をどのような〈経験〉として引き受けるかに、晩年のほとんどの時間をついやすことになったのだと思う。

折口信夫の学問的営為は、言うまでもなく過去の時間に属する。だから、それを過ぎ去った時間のなかに封じ込めて、あれこれと論評を加えることはむろん可能だ。時代に復讐されずにはいなかった彼の学問と人生を、あたかもガン細胞に冒された患者の身体であるかのように見なして、その病因と病歴を追跡してみるのも一つの方法ではあろう。だがその方法は、折口じしんの〈経験〉を棄ててかえりみないということを意味する。

だからと言って、逆に彼の〈経験〉と現在とのあいだにある時間がまるで存在しないかのように見なし、その〈経験〉を共有しうると錯覚するのも滑稽なことだ。愛憎の対象となればなるほど、学問は多くの不幸を生むものだからだ。

率直に言うと、この本によって私は、そうした折口学との向かい合い方のむずかしさをよりいっそう際立たせただけのようにも思う。出来栄えについてはもちろんそんなに誇る気分ではないのだが、ただ、たんなる折口擁護でも折口否定でもない第三の道を、さしずめ踏み分け道の始まりであるかのようにほんの一歩なりとも歩き始めてみたかった、という意図を汲みとってくれる読者がいたとしたら、たいへん有難いことだと思う。

最後になったが、私が折口信夫の学問に付き合うことになったきっかけとして、一九八九年から国際日本文化研究センターの「日本思想の重層性」という共同研究（代表・山折哲雄氏）に参加したことをあげておかなければならないだろう。本書の巻頭に置いた一文は、そのときの研究会で話した内容がもとになっており、その論文が機縁となって、それにつづく文章を他のところに発表する機会もふえていったのであった。いちいちお名前は記さないが、その折りの共同研究のメンバーをはじめとして、その後のさまざまな機会にお世話になった方々に深く感謝したい。

また前著の『日本の神と王権』につづいて法藏館東京事務所の中嶋廣さん、そして今回は林美江さんにもずいぶんお世話になった。心からお礼を申し上げる。

一九九五年十月

中村生雄

初出一覧

第Ⅰ部　折口信夫の戦後天皇論

1 「『女帝考』はなぜ書かれたか」『思想』七九七、岩波書店、一九九〇年、原題「折口信夫の戦後天皇論」

2 「日本神道の〈対抗宗教改革〉プラン」『仏教』29、法藏館、一九九四年（前半部を加筆した）

第Ⅱ部　折口古代学の基礎理論

1 「神と精霊の対立というパラダイム」『史層を掘る5・漂泊する眼差し』新曜社、一九九二年

2 「〈神〉観念と〈性〉のメタファー」『折口博士記念古代研究所紀要』六、一九九二年、原題「折口信夫の〈神〉観念と〈性〉のメタファー」

第Ⅲ部　折口信夫と柳田国男

1 「『古代研究』の成立まで」未発表（一九九三年度日本民俗学会年会発表の草稿に加筆した）

2 「〈新国学〉の戦前と戦後」『日本思想史学』26、日本思想史学会、一九九四年（前半部を加筆した）

第Ⅳ部　終章

「いま折口信夫をどう読むか」書き下ろし

解説

三浦佑之

二一世紀に足を踏み入れてすでに二〇年、折口信夫論は変わらず盛行している。ここ一〇年ほどに限ってわたしの書棚から見つけ出すことができた本だけでも、上野誠『魂の古代学 問いつづける折口信夫』（新潮社、二〇〇八年）、安藤礼二『折口信夫』（講談社、二〇一四年）、保坂達雄『神話の生成と折口学の射程』（岩田書院、二〇一四年）、斎藤英喜『折口信夫 神性を拡張する復活の喜び』（ミネルヴァ書房、二〇一九年）、上野誠『折口信夫的思考 越境する民俗学者』（青土社、二〇一八年）、岡野弘彦『最後の弟子が語る折口信夫』（平凡社、二〇一九年）といった具合である。そこで論じられる内容は多彩だが、傾向としては「まれびと」論や神あるいは神道と祭祀など信仰に傾斜した著作が多いとみてよいように思う。

一方、一九九五年に刊行された本書『折口信夫の戦後天皇論』（法藏館）の主題は、そのタイトルが示している通り「天皇」の問題であった。そこでは、戦前から戦後へと生き抜いた折口信夫の、「天皇」に対する認識の揺れと変貌という問題が、中村生雄にとってはもっとも重大な関心事だったのである。大雑把な言い方になるが、はじめに掲げた近年の折口論との違いはそこにあり、本書が、いま新たに文庫版となって刊行される大きな意義もそこにあると言ってよい。

先に挙げたなかでは、上野誠『魂の古代学』が第二章に「神と天皇」という章を立て、中村の著作にも目配りをしながら戦前・戦中から戦後へと移る折口の「天皇」観を、「天子非即神論」を梃子として歴史的な連続性のなかに位置づけることで、安心できる〈折口信夫〉像を組み立てているようにみえる。それに比べると、中村生雄が認識する「天子非即神論」は、天皇の人間宣言から一年、天皇という存在に揺れ動き、あるいは模様眺めを経た先に折口が見いだした到達点であった。その思考の道筋には、折口と同質ともいえる中村の苦悩と揺れがあるようにみえるのである。おそらく、本書（あるいは本書所収の論文）が書かれた一九九〇年代前半というのは、そうした手さばきをもってしか、柳田国男を、そして折口信夫を論じることができない時代だったのである。

このあたりのことは、具体的には、本書の最後に置かれた第Ⅳ部（終章）を読んでいただくのがよいだろう。「新旧のパラダイム変換」としての「学問におけるスケープゴートつくり」が行われていた時代にあって、ある種必然的な批判が柳田や折口に対してなされた、それが一九八〇年代末から九〇年代前半の時代だったのである。ふり返れば、それは最後の戦後処理であり、また全共闘運動を経たのちに出てきた研究の最良の成果の一面ということができるのかもしれない。

それはそうだろう、折口信夫の「天皇」論に限っていうと、「国学の学徒の部隊《イクサ》／たゝかひに　今し出で立つ」と歌い出された「学問の道」という題をもつ長歌と反歌を、学徒動員で出征する学生たちへの手向けとして贈った折口は、学問を途中で棄てることの無念を謳いあげて学生たちを感動させたのだが、「汝《イマシ》らの千人《チタリ》の一人／ひとりだに生きてしあらば、／国学は　やがて興らむ」とか、「国学の学徒たたかふ。神軍天降るなし　まさにたゝかふ」（反歌）とかの言辞を散りばめながら、勇ましく散り逝くことを讃美したのである。そして当時、国学院大学では、「この詩の縮写写真を学生みんなに一枚ずつ配」ったのだという（「読売新聞」二〇二〇年二月八日朝刊「［時代の証言者］情念をうたう　岡野弘彦〈9〉」）。そのことの清算なくしては、「天子非即神論」を、延いては折口信夫の学問を受け入れるのはむずかしかったというのは当然だと思うのである。

その中村の『折口信夫の戦後天皇論』の内容は、終章にあたる第Ⅳ部を除くと、以下の三部によって組み立てられている。本文庫版の読者の邪魔にならない程度に、ごく簡略に紹介しておきたい。なお、この部分に関しては、本書元版の刊行直後、「図書新聞」に請われて書いた書評を下敷きにしている。そのほうが、刊行時のわたしなりの受け取り方がわかってもらえるのではないかと思ったのである。

一九四六年に書かれた「女帝考」、四七年に発表された「神道宗教化の意義」「天子非即神論」などをもとに、折口の戦後天皇論・神道論を分析したのが第Ⅰ部「折口信夫の戦後天皇論」である。「人間宣言」に対する衝撃から出発し、「中皇命」を「天神と天皇との中間にある高級巫女」とみる折口の〈女帝〉論は、万世一系という〈血〉の否定であり、皇祖神と離れた「むすび」の神を中核に据えた「神道宗教化」や「天皇の教主化」とともに、戦後における「折口流日本改造プランの構想にもとづく必然的な営為」であったというのが中村の読みである。

こうした中村の認識は、第Ⅲ部「折口信夫と柳田国男」に収められた論考とつながる。そこでは、「戦前も戦後も一貫して「学問」の人であるとともに「政治」の人」であった柳田国男に対して、「学問の人でありながら同時に詩人」であり「遊民」であり「信仰」の人であった折口の戦後は、「藤井春洋への贖罪の意識」によってつくりあげられたものであると中村は言う。そして、そうした「徹底的に私的な贖罪意識の有無」に、「柳田と折口の二人の戦後の生き方を根本的に分かつもの」を見ようとした。その上で、その実践的な分析として、折口の「壮大な体系」を読み解いてみせるのが、第Ⅱ部「折口古代学の基礎理論」に置かれた二本の論文である。「神と精霊の対立というパラダイム」では、「海の神と山の神の対比を系統論的視点からではなく構造論的視点」から論じた「翁の発生」（一九二八年）が折口の〈神〉観念を「〈動く神〉のダイナミズムのうちに解放」したのであり、そのパラダイムを「文学・芸能・国家をつらぬいて妥当する一般理論の位置」へと押し上げ、折口古代学を成立させていった道筋を論じる。一方、「〈神〉観念と〈性〉のメタファー」においては、〈神の嫁〉によって展開された折口の巫女論をおおう「〈性〉をめぐるメタファー」を先のパラダイムと重ねながら解き明かしていった。

本書は、戦中から戦後への折口信夫の軌跡をきちんと確認した上で、他に比肩する者がないと言っても過言ではない「壮大な体系」をもつ折口学が、「新たなるパラダイムの変換の可能性」をもつ「格段に魅力に富ん」だ仮説として今にあることを再認識させてくれる。その点で本書は、先に最後の戦後処理という言い方をしたが、まさに戦後五〇年という節目の年に世に出るにふさわしい書物だったのである。そしておそらく、全共闘運動にかかわった世代の誠実さを窺い知ることができる本でもあるようにわたしには思われた。

裏返して言えば、このようなかたちで中村生雄が折口の戦後を整理することによって、折口学は危ういところで試練を乗りこえ、現在の止まるところのない活況に身を置くことができたと言うこともできるのではなかろうか。いささか大げさかもしれないが、わたしは本書をそのように位置づけている。

ここで話題を転換して、中村生雄さんについてふれることを許していただきたい。中村さんは、二〇一〇年七月、白血病によってこの世を去った。享年六三（あと数日で六四歳になるはずだった）。個人的なことになるが、一九九八年に供犠論研究会という魅力に溢れた学際的研究組織を立ち上げ、その発起人の一人に誘ってくれた中村さんのあまりにも早い死は悔しいことであった。

この供犠論研究会からは、多くの成果が世に出た。たとえば、六車由実『神、人を喰う人身御供の民俗学』（新曜社、二〇〇三年）、松井章『環境考古学への招待　発掘からわかる食・トイレ・戦争』（岩波書店、二〇〇五年）、平林章仁『神々と肉食の古代史』（吉川弘文館、二〇〇七年）、原田信男『なぜ生命は捧げられるか　日本の動物供犠』（御茶の水書房、二〇一二年）、同『神と肉　日本の動物供犠』（平凡社、二〇一四年）、赤坂憲雄『性食考』（岩波書店、二〇一七年）、中澤克昭『肉食の社会史』（山川出版社、二〇一八年）など、近年の動物供犠や生贄に関する主要な論考は、中村さんが主導していた供犠論研究会での成果を主要な核として生み成されたとみなせる業績ばかりである。また、中村生雄・三浦佑之・赤坂憲雄編『狩猟と供犠の文化誌』（森話社、二〇〇七年）は、研究会メンバーが結集した論文集であった。

そのなかで中村さん自身も、死の直前に『日本人の宗教と動物観　殺生と肉食』（吉川弘文館、二〇一〇年）をまとめ、没後には『肉食妻帯考　日本仏教の発生』（青土社、二〇一一年）と題した遺稿集が出た。どちらも、中村さんが研究のベースとした日本の仏教思想を視点とした動物供養や肉食などの問題を扱っている。そして、本書『折口信夫の戦後天皇論』以降の研究業績を概観すると、中村さんにとっても供犠論研究会がきわめて大きな刺激の場としてあったことを思い知らされる。

書き添えれば、『折口信夫の戦後天皇論』以前に出た中村さんの単著には、『カミとヒトの精神史　日本仏教の深層構造』（人文書院、一九八八年）、『日本の神と王権』（法藏館、一九九四年）の二冊がある。そこからは、中村さんの仕事が、日本仏教と神あるいは天皇という大きな二つの道筋のなかでなされており、思想史家というのが中村生雄さんの肩書にはふさわしいということがわかる。そして、その敬愛する思想史家が二〇一一年三月の大震災を経験することなく逝ってしまったことが、わたしには残念でならない。

あの、東北を、そして福島を襲った大天災と取り返しのつかない人災について、もし中村さんが体験していたら、何をどのように発言したであろうか、ぜひ聞いてみたかった。あの時以来、日本列島に生きる人びとのあり方が、大きく捩じれてしまったように感じるわたしに、わたしたちが進むべき方向を的確に、そして辛辣に示してくれたに違いないと思うからである。

（千葉大学名誉教授）

【付記】じつは、中村生雄さんには右に紹介した以外に、もう一冊の単著がある。『わが人生の「最終章」』と題され、一周忌にあたる二〇一一年七月四日に春秋社から出た。国際標準図書番号（ＩＳＢＮ）が付いていないのは、中村さんの娘さんの手になる遺稿集だからである。

この本には発病直後に書かれた文章と、死の直前の一年あまりブログ「ふたたびの春」に書き継がれた文章とによって構成されている。どの部分にも、自らの死を相対化しつつ、宗教やいのちを見つめながらの日常が、宗教史家らしい冷徹なまなざしによってつづられている。市販本ではないので手に入りにくいが、目にふれる機会があったら手に取っていただきたい。中村生雄という人物がよくわかるだろう。

中村生雄（なかむら　いくお）
1946年静岡県生まれ。京都大学文学部（宗教学専攻）卒業、法政大学大学院修士課程（日本文学専攻）修了。静岡県立大学教授、大阪大学教授、学習院大学教授を歴任。2010年歿。著書に『日本の神と王権』（法藏館）、『肉食妻帯考：日本仏教の発生』（青土社）がある。

折口信夫《おりくちしのぶ》の戦後《せんご》天皇論《てんのうろん》

二〇二〇年五月一五日　初版第一刷発行

著　者　中村生雄
発行者　西村明高
発行所　株式会社 法藏館
京都市下京区正面通烏丸東入
郵便番号　六〇〇-八一五三
電話　〇七五-三四三-〇〇三〇（編集）
〇七五-三四三-五六五六（営業）

装幀者　熊谷博人
印刷・製本　中村印刷株式会社

ISBN 978-4-8318-2608-4 C1121

法蔵館文庫既刊より

さ-1-1
増補 いざなぎ流 祭文と儀礼 斎藤英喜著
高知県旧物部村に伝わる民間信仰・いざなぎ流。中尾計佐清太夫に密着し、十五年にわたるフィールドワークによってその祭文・神楽・儀礼を解明
1500円

キ-1-1
老年の豊かさについて キケロ著 八木誠一 八木綾子訳
老人にはすることがない、体力がない、楽しみがない、死が近い。キケロはこれらの悲観的通念を吹き飛ばす。人々に力を与え、二千年読み継がれてきた名著。
800円

た-1-1
仏性とは何か 高崎直道著
「一切衆生悉有仏性」。はたして、すべての人にほとけになれる本性が具わっているのか。日本仏教に根本的な影響を及ぼした仏性思想を明快に解き明かす。
1200円

さ-2-1
アマテラスの変貌 中世神仏交渉史の視座 佐藤弘夫著
童子・男神・女神へと変貌するアマテラスを手掛かりに中世の民衆が直面していたイデオロギー的呪縛の構造を抉りだし、新たな宗教コスモロジー論の構築を促す。
1200円

て-1-1
正法眼蔵を読む 寺田透著
さまざまな道元論を世に問い、その思想の核心に迫った著者による「語る言葉（パロール）」と「書く言葉（エクリチュール）」の「講読体書き下ろし」の読解書。
1800円

い-1-1

地獄　石田瑞麿著

古代インドで発祥し、中国を経て、日本へとやってきた「地獄」。その歴史と、対概念として浮上することとなった「極楽」の歴史を詳細に論じた恰好の概説書。

1200円

く-1-1

王法と仏法　中世史の構図　黒田俊雄著

強靭な論理力と斬新な学説で中世史の構図を一変させ、「武士中心史観」にもとづく中世理解に鋭く修正を迫った黒田史学。その精髄を示す論考を収めた不朽の名著。

1200円

な-1-1

折口信夫の戦後天皇論　中村生雄著

戦後「神」から「人間」となった天皇に、折口信夫はいかなる可能性を見出そうとしていたのか。折口学の深淵へ分け入り、折口理解の新地平を切り拓いた労作。

1300円

あ-1-1

禅仏教とは何か　秋月龍珉著

仏教の根本義から、臨済宗・曹洞宗の日本禅二大派の思想と実践までを体系的に叙述。難解なその内容を、禅の第一人者が簡潔にわかりやすくあらわした入門書の傑作。

1100円